现代商贸研究丛书

丛书主编：郑勇军
副 主 编：肖 亮 陈宇峰

教育部省部共建人文社科重点研究基地
浙江工商大学现代商贸研究中心资助

中国流通发展报告
（2014）

李金昌 朱发仓 著

经济科学出版社
ECONOMIC SCIENCE PRESS

图书在版编目（CIP）数据

中国流通发展报告.2014/李金昌，朱发仓著.—北京：
经济科学出版社，2014.11
（现代商贸研究丛书）
ISBN 978 – 7 – 5141 – 5193 – 0

Ⅰ.①中…　Ⅱ.①李…②朱…　Ⅲ.①商品流通 – 经济
发展 – 研究报告 – 中国 – 2014　Ⅳ.①F724

中国版本图书馆 CIP 数据核字（2014）第 266521 号

责任编辑：柳　　敏　李晓杰
责任校对：徐领弟　隗立娜
责任印制：李　　鹏

中国流通发展报告（2014）
李金昌　朱发仓　著
经济科学出版社出版、发行　新华书店经销
社址：北京市海淀区阜成路甲 28 号　邮编：100142
总编部电话：010 – 88191217　发行部电话：010 – 88191522
网址：www. esp. com. cn
电子邮件：esp@ esp. com. cn
天猫网店：经济科学出版社旗舰店
网址：http：//jjkxcbs. tmall. com
北京汉德鼎印刷有限公司印刷
三河市华玉装订厂装订
710 × 1000　16 开　22.75 印张　500000 字
2014 年 12 月第 1 版　2014 年 12 月第 1 次印刷
ISBN 978 – 7 – 5141 – 5193 – 0　定价：50.00 元
（图书出现印装问题，本社负责调换。电话：010 – 88191502）
（版权所有　侵权必究　举报电话：010 – 88191586
电子邮箱：dbts@ esp. com. cn）

本书受

浙江省高校人文社科重点研究基地浙江工商大学统计学、

浙江工商大学现代商贸流通体系建设协同创新中心、

教育部人文社科重点研究基地浙江工商大学现代商贸研究中心

资助出版

总　序

随着经济全球化和信息化的快速推进，全球市场环境发生了深刻的变化。产能的全球性过剩和市场竞争日趋激烈，世界经济出现了"制造商品相对容易，销售商品相对较难"的买方市场现象。这标志着世界经济发展开始进入销售网络为王时代，世界产业控制权从制造环境向流通环境转移，商品增加值在产业链上的分布格局正在发生重大变化，即制造环节创造的增加值持续下降，而处在制造环节两端——商品流通和研发环节所创造的增加值却不断地增加。流通业作为国民经济支柱产业和先导产业，已成为一国或一个地区产业竞争力的核心组成部分。在全球化和信息化推动下的新一轮流通革命，引领着经济社会的创新，推动着财富的增长，正在广泛而深刻地改变着世界经济的面貌。

世界经济如此，作为第二大经济体和全球经济增长火车头的中国更是如此。正处在经济发展方式转变和产业升级转型的关键时期和艰难时期的中国迫切需要一场流通革命。

在20世纪90年代中后期，中国已从卖方市场时代进入买方市场时代。正如一江春水向东流一样，卖方时代一去不复返。买方市场时代的到来正在重塑服务业与制造业的关系，以制造环节为核心的经济体系趋向分崩瓦解，一种以服务业为核心的新经济体系正在孕育和成长。在这一经济转型的初期，作为服务业主力军的流通产业注定被委以重任，对中国经济发展特别是经济发展方式转变、产业升级转型以及内需主导型经济增长发挥关键性的作用。

中国经济的国际竞争优势巩固需要一场流通革命。随着中国经济发展进入工业化中期、沿海发达地区进入工业化中后期，制造业服务化将是大势所趋，未来产业国际竞争的主战场不在制造环节，而是在流通环节和研发设计。谁占领了流通中心和研发中心的地位，谁就拥有产业控制权和产业链中的高附加值环节的地位。改革开放以来，我国制造业发展取得了举世瞩目的成就，在国际竞争中表现出拥有较强的价格竞争优势和规模优势，但流通现代化和国际化明显滞后于制造业，物流成本和商务成本过高已严重制约我国产品价格的国际竞争优势。随着我国土地、工资和环保等成本上升，制造成本呈现出刚性甚至持续上升的趋势已大势所趋。如何通过提高流通效率和降低流通成本，继续维持我国产品国际竞争的价格优势，将会成为我国提升国家竞争优势的重大的战略选择。

中国发展方式转变和产业升级需要一场流通革命。中国经济能否冲出"拉美式的中等收入陷阱"继续高歌前行，能否走出低端制造泥潭踏上可持续发展的康庄大道，能否激活内需摆脱过度依赖投资和出口的困局，关键取决于能够通过一场流通革命建立一套高效、具有国际竞争力的现代流通体系，把品牌和销售网络紧紧地掌控在中国人手中，让中国产品在国内外市场中交易成本更低，渠道更畅，附加值更高。

中国社会和谐稳定需要一场流通革命。流通不仅能够吸纳大量的就业人口，还事关生活必需品供应稳定、质量安全等重大民生问题。目前，最令老百姓忍无可忍的莫过于食品安全问题。中国市场之所以乱象丛生，与中国流通体系的组织化程度低、业态层次低，经营管理低效和竞争秩序混乱不无关系。中国迫切需要一场流通革命重塑流通体系。

令人遗憾的是，尽管流通业作为国民经济支柱产业和先导产业的地位将会越来越突出，但中国学术界和政府界却依然以老思维看待流通，几千年来忽视流通，轻视流通的"老传统"依然弥漫在中国的各个角落。改革开放以来我国形成了重工业轻流通、重外贸轻内贸的现象没有得到明显改观。

中国需要一场流通革命，理论界需要走在这场革命的前列。这就是我们组织出版这套丛书的缘由。

浙江工商大学现代商贸研究中心（以下简称"中心"）正式成立于2004年9月，同年11月获准成为教育部人文社会科学重点研究基地，是我国高校中唯一的研究商贸流通的人文社科重点研究基地。成立7年以来，中心紧紧围绕将中心建设成为国内一流的现代商贸科研基地、学术交流基地、信息资料基地、人才培养基地、咨询服务基地这一总体目标，开展了一系列卓有成效的工作。目前，中心设有"五所一中心"即：流通理论与政策研究所、流通现代化研究所、电子商务与现代物流研究所、国际贸易研究所、区域金融与现代商贸业研究所和鲍莫尔创新研究中心。中心拥有校内专兼职研究员 55 人，其中 50 人具有高级技术职称。

成立 7 年以来，中心在流通产业运行机理与规制政策、专业市场制度与流通现代化、商贸统计与价格指数、零售企业电子商务平台建设与信息化管理等研究方向上取得了丰硕的科研成果，走在了全国前列。在最近一次教育部组织的基地评估中，中心评估成绩位列全国 16 个省部共建人文社会科学重点研究基地第一名。

我们衷心希望由浙江工商大学现代商贸研究中心组织出版的现代商贸研究丛书，能够起到交流流通研究信息，创新流通理论的作用，为我国流通理论发展尽一份绵薄之力。

郑勇军

浙江工商大学现代商贸研究中心主任

2011 年 12 月 6 日

序　言

　　2014 年，在国际经济环境不甚乐观、国内宏观经济增速放缓、工业增长速度降低的大背景下，我国社会消费品零售总额继续保持增长势头，特别是电子商务相关产业逆势上扬。这充分说明了商贸流通产业在我国经济增长中的引擎与驱动作用。因此，在我国经济发展进入新常态的新时期，对商贸流通产业发展状况进行科学评估就显得尤为重要。

　　国务院于 2012 年下发了《关于深化流通体制改革、加快流通产业发展的意见》（国发〔2012〕39 号），对我国今后流通产业发展提出了明确的目标。我们收集了相关数据，测算了"中国流通发展指数"，并于 2012 年首次发布了《中国流通发展报告》（由于政府统计数据的滞后性，报告期为 2010 年），受到了社会各界的关注。2014 年 5 月 5 日，商务部新闻发言人、政研室主任沈丹阳率商务部政研室何亚东处长、商务部驻杭州特办副特派员李可等到我校就国内贸易体制改革问题进行专题调研。在座谈会上，我们汇报了《中国流通发展报告》的研究成果。沈丹阳主任对我们的研究成果给予了高度的肯定，并提出了进一步加以改进与完善的希望。基于此，我们进行了如下三个方面的改进：一是将行业进行了扩展，将租赁和商务服务业、居民服务和其他服务业包含进来；二是对评价模型和评价指标体系进行了修订；三是将数据基期往前推到 2003 年。新的研究结果表明，以 2003 年为基期，2012 年中国流通发展指数为 472.57，四个一级指标的贡献率分别为 13.64%、13.68%、65.59% 和 4.39%。整体而言，我国商贸流通发展支撑力越来越强，但是分布不够均衡。就技术现代化而言，现代信息技术在商贸流通产业中得到了普遍应用，信息化程度和现代化程度较高；就国际化而言，流通产业走出去的步伐越来越大。外商投资企业的批发零售售额虽然逐年递增，但是在总销售额中所占比重呈下降趋势，说明内资企业的竞争力越来越强。同时还发现，在人均连锁经营规模呈现大幅度上涨的同时，相应的物流配送程度却呈现下降趋势，说明零售业在规模总量扩张的同时，物流配送环节还存在制约因素，这可能是流通产业未来发展的障碍。提升流通发展绩效，特别是发挥流通产业拉动生产和促进消费的作用，在我国仍然有很大的空间。

作为浙江省 2011 协同创新中心——现代商贸流通体系建设协同创新中心的主任，我一直关注中国商贸流通产业及其相关领域问题的研究。本研究成果是教育部人文社科重点研究基地——浙江工商大学现代商贸研究中心和浙江省协同创新中心——浙江工商大学"现代商贸流通体系建设协调创新中心"的重大项目研究成果之一，同时得到了浙江省高校人文社科重点研究基地——浙江工商大学统计学的资助，今付梓印刷，倍感欣慰。

项目组主要成员朱发仓副教授不仅参与了研究报告的整体框架设计，还担负起了研究报告的统稿工作；舒莉老师参加了第二章部分内容的初稿撰写工作；研究生贾艳艳、叶帆帆、马芳芳、秦岭、李闻闻、邓永慧、李葳葳、汤喜红、杨会利、许福志、周红伟、杨森参与了大量的数据收集和初稿撰写工作。郑勇军教授、肖亮教授、赵浩兴教授和陈钰芬教授等对本研究报告提出了宝贵的意见。为此，我要衷心感谢全体项目组成员的精诚合作与卓有成效的工作，感谢相关教授的宝贵意见。

李金昌

2014 年 10 月 1 日

目 录

第一章　概述 ·· 1

第二章　中国流通发展指数测算及分析 ················· 7

　　第一节　中国流通发展评价指标体系 ··················· 7

　　第二节　中国流通发展指数测算及分析 ················· 15

第三章　流通发展指数各构成要素分析 ················· 24

　　第一节　流通发展支撑能力指数 ························· 24

　　第二节　流通发展现代化指数 ··························· 39

　　第三节　流通发展国际化指数 ··························· 51

　　第四节　流通发展绩效指数 ····························· 65

第四章　华北地区流通发展分析 ······················· 83

　　第一节　北京市 ··· 85

　　第二节　天津市 ··· 92

　　第三节　河北省 ··· 101

　　第四节　山西省 ··· 108

　　第五节　内蒙古自治区 ··································· 117

第五章　东北地区流通发展分析 ······················· 129

　　第一节　辽宁省 ··· 131

　　第二节　黑龙江省 ······································· 143

　　第三节　吉林省 ··· 154

第六章　华东地区流通发展分析 ···················· 167
　第一节　上海市 ···················· 168
　第二节　江苏省 ···················· 173
　第三节　浙江省 ···················· 179
　第四节　安徽省 ···················· 186
　第五节　福建省 ···················· 195
　第六节　江西省 ···················· 202
　第七节　山东省 ···················· 210

第七章　中南地区流通发展分析 ···················· 219
　第一节　河南省 ···················· 220
　第二节　湖北省 ···················· 228
　第三节　湖南省 ···················· 234
　第四节　广东省 ···················· 240
　第五节　广西壮族自治区 ···················· 246
　第六节　海南省 ···················· 254

第八章　西南地区流通发展分析 ···················· 263
　第一节　重庆市 ···················· 264
　第二节　四川省 ···················· 271
　第三节　贵州省 ···················· 279
　第四节　云南省 ···················· 286

第九章　西北地区流通发展分析 ···················· 295
　第一节　陕西省 ···················· 296
　第二节　甘肃省 ···················· 305
　第三节　新疆维吾尔自治区 ···················· 313
　第四节　青海 ···················· 322
　第五节　宁夏回族自治区 ···················· 327

第十章　结论与展望 ···················· 334
附录　主要数据 ···················· 341

第一章 概 述

流通产业作为连接生产与消费的桥梁与纽带，对引导投资、优化产业结构、促进合理消费等均具有重要作用。"十二五"时期，我国流通产业取得了长足稳定的发展，质量和效益均不断提高。2012 年，国务院《关于深化流通体制改革、加快流通产业发展的意见》指出："流通产业已成为国民经济的基础性和先导性产业，到 2020 年，基本建立统一开放、竞争有序、安全高效、城乡一体的现代流通体系，流通产业现代化水平大幅提升，对国民经济社会发展的贡献进一步增强"。为此，各省纷纷出台了有关支持现代流通产业发展的政策，加快了对传统流通产业的升级改造。可以说，流通产业对我国"十二五"时期深化改革开放、加快经济发展方式转变发挥了至关重要的作用。与此同时，流通产业自身发展方式的转变亦迫在眉睫。

一、我国流通产业发展现状

（一）流通产业发展规模不断扩大

随着市场经济的不断发展，居民生活水平、消费意识不断提高，我国消费结构悄然升级，以汽车、住房、旅游、通信等为代表的新兴消费热点不断出现，有力地促进了我国流通产业的快速发展，流通产业发展规模不断扩大。在 2003～2012 年间，我国流通产业创造的增加值由 2003 年的 22 208.72 亿元逐年增加到 2012 年的 84 518.61 亿元，年平均增长率高达 16.09%，其在 GDP 中所占的比重也不断提高，年平均增长率维持在 15.17% 左右。2012 年，实现社会消费品零售总额 210 307 亿元，较 2003 年翻了两番，年平均增长率为 16.7%，增长态势保持稳定。显然，在拉动经济增长的"三驾马车"中，消费已居主导地位，足见流通产业在我国经济发展中的基础性与先导性的地位。图1-1为全国流通产业增加值变化趋势。

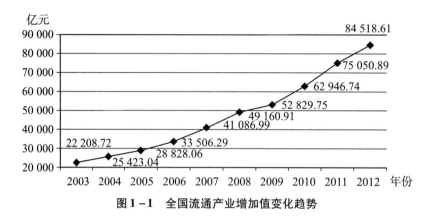

图1-1　全国流通产业增加值变化趋势

（二）吸纳就业能力进一步增强

流通产业涉及批发零售业、交通运输仓储业和住宿餐饮业等，创造了大量就业岗位，是吸纳社会就业的主要渠道。从总量看，2003～2006年间，我国流通产业从业人员数呈缓慢下降趋势，但下降幅度不大。2006年之后，流通产业从业人员数呈持续上升趋势，至2012年达1 998.8万人，较2003年增长了325.8万人。从所占份额看，流通产业从业人员占全社会从业人员的比例一直比较稳定，维持在13.67%水平上下。从就业贡献率来看，虽然我国流通产业从业人员对全社会就业水平的贡献度并不是很高，2004～2006年间甚至出现负向作用，但自2007年之后，流通产业就业贡献率上升较快，特别是2008年，就业贡献率高达27.19%，近几年基本保持稳定，维持在10.54%水平上下。可见，流通产业容纳了较多的劳动力人口，吸纳就业能力进一步增强，但仍具有较大的提升空间。

（三）流通产业现代化发展迅速

"十二五"规划明确指出要构建我国现代流通产业发展体系。随着现代企业模式的兴起，连锁经营、物流配送、电子商务等新型营销方式快速发展，逐渐成为我国现代化流通方式的主要部分，我国流通产业现代化发展势头十分迅猛。2003～2012年间，我国电子商务成交额由6 694.45亿元增加至78 517.21亿元。此外，据不完全统计，2012年"双十一"仅淘宝就创造了 191 亿的交易业绩，可见，电子商务这种现代流通发展方式具有非常巨大的发展潜力和空间。除了电子商务，我国连锁经营也得到了快速发展。2012 年，全国共有连锁企业门店数 192 870 个，比 2003 年净增 153 780 个，连锁企业经营销售额也由 2003 年的 3 434.41 亿元上涨至 2012 年的 35 462.13 亿元，基本形成了国内、国外连锁企业齐头并进的流通格局。物流业基础设施也逐步改善，发展规模不断扩大，据统计，2012年全国社会物流增加值达 35 483.13 亿元，较 2003 年的 9 112.24 亿元，翻了近两番。可见，我国流通产业的发展方式已逐步由传统向现代化转变。图 1 - 2 为流通产业从业人员数变化趋势，图 1 - 3 为历年连锁经营销售额和电子商务成交额变化情况。

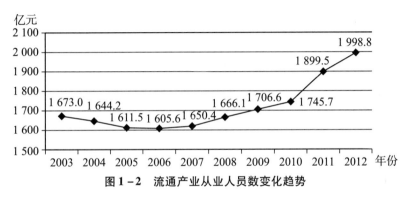

图 1 - 2　流通产业从业人员数变化趋势

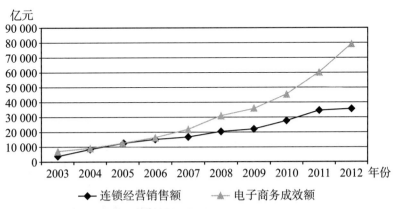

图 1 - 3　历年连锁经营销售额和电子商务成交额变化情况

（四）流通产业总体效益迅速增长

近年来，随着城市竞争逐渐聚集到"现代服务业"上，特别是商贸流通产业，商贸流通产业发展效益得到了稳定增长。2003~2012年间，流通产业经营规模不断扩大，总体效益不断攀升。从销售额来看，2003~2012年间，流通产业主营业务收入由42 636.23亿元上升至372 602.53亿元，年平均增速达29.68%。从资产来看，2012年，我国流通产业流动资产达到131 774.4亿元，较2003年翻了三番。从利润来看，批发零售业主营业务利润从2003年的1 714.72亿元上升至2012年的25 180.98亿元，年平均增速达42.2%，凸显了流通产业较强的实力和蓬勃发展的生机（见图1－4）。

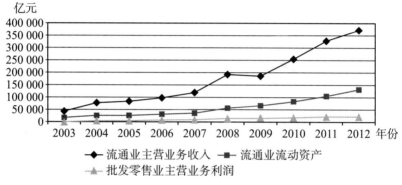

图1－4　历年流通产业主要财务指标变化情况

二、各地开展商品与服务价格指数编制工作情况

市场价格是市场配置资源最灵敏、最直接、最有效的经济杠杆，商品或服务价格指数的变动，微观上是市场供求关系的表现，宏观上是经济运行的综合反映。编制和发布价格指数，将变化复杂的价格信息指数化，能够及时、有效地反映商品和服务价格走势，既有利于充分发挥价格信号作用，提高市场配置资源的效率和效果，也有利于政府及相关部门及时、全面地了解市场价格变化，分析经济形势，不断提高政府宏观调控的前瞻性、科学性和有效性。2012年，国家发改委办公厅下发了的《关于加快推进重要商品和服务价格指数编制工作的通知》和价格司下发的《关于印送重要商品和服务价格指数编制工作计划的通知》，要求各地分工开发价格指数。

基于此，各地结合本地的产业优势，开发了一系列商品和服务价格指数，例如山东省基于其产业优势、核心竞争力和综合实力，编制、发布了山东省重要商品和服务价格指数，旨在形成"山东价格"；广东开发了商品和服务价格信息平台，统一发布辖区内所有指数；安徽省成立了省物价局成本价格指数编制工作领导小组，领导价格编制工作；新疆开发了棉花价格指数。浙江省在指数开发方面一直走在全国前列，据不完全统计，目前已由浙江工商大学等开发了义乌·中国小商品指数、中国·柯桥纺织指数、中国·海宁皮革指数、杭州·中国女装指数、中国·永康五金机电指数、中国·舟山水产品指数、杭州大学生创业企业发展指数、浙商发展指数、浙江省自主创新能力指数（创新驱动指数）、中国流通发展指数、浙江省电子商务发展指数等十余种与商贸流通产业相关的指数，同时还开发了中关村电子产品价格指数、上海有色金属价格指数、上海贵金属价格指数、中国·成都中药材指数、中国·成都五金机电指数、中国·寿光蔬菜价格指数、中国·昌邑生姜指数、中国·金乡大蒜指数、中国·水头石材指数等，浙江省物价局也在开发价格信息平台。

这些指数的开发无疑为监测价格变动提供了更多途径，但这些指数还仅限于某个领域，且主要局限于价格变化，对全国商贸流通发展趋势还缺乏概况和梳理。

三、对中国流通发展测度的改进

面对经济发展进入新常态，如何全面系统地反映我国流通产业的发展状态和发展轨迹，对不同区域流通产业发展状况进行对比，深入探讨流通产业发展的制约因素，提出具有针对性的意见措施，是一个十分重要的问题。项目组于 2013 年发布的《中国流通发展报告》，虽然引起了企业界和政府部门的强烈反响，但毕竟是首次尝试，难免存在不足与缺陷，需要不断加以改进和完善。2014 年 5 月 5 日，商务部新闻发言人、政研室主任沈丹阳率商务部政研室何亚东处长、商务部驻杭州特办副特派员李可等到我校就国内贸易体制改革问题进行了专题调研，对我们的《中国流通发展报告》给予充分肯定的同时也指出了需要进一步改进的方面。因此，在保持与上年度发展报告可比性的基础上，本年度发展报告对理论模型进行了微调，将目前流通产业发展的关键要素归纳为四个：流通发展基础、流通发展现代化程度、流通发展国际化程度以及流通发展绩效，理论模型如图 1-5 所示。另外，本报告对测度指标体系也进行了修改和完善，主要体现在三个方面：一是对行业进行了扩展，将租赁和商务服务业、居民服务和其他服务业包含进来；二是对评价指标体系进行了修订，主要改进了三级指标；三是将数据基期往前推到 2003 年，具体后文详述。

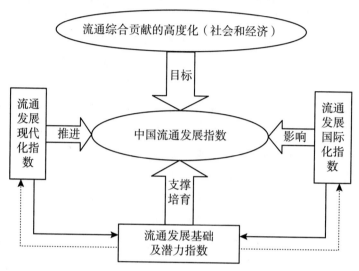

图 1-5　中国流通指数模型思路

第二章 中国流通发展指数测算及分析

第一节 中国流通发展评价指标体系

一、流通产业范围界定

目前，流通经济学者对商品流通的研究主要分为两方面：商品流通过程和商品流通产业。商品流通过程是一个复杂的系统工程，既包括流通过程的各个环节，也包含着经营要素的整合和业态的完善，是商品与服务的统一、内贸和外贸的一体化、城乡市场的互动。商品流通产业发展是必然趋势，商品流通产业逐步向多功能、规模化、网络化方向发展，向消费者提供低成本服务为目标，最终实现生产者和消费者的链接，从将来发展趋势看，绝大多数产品将通过流通渠道进入市场。因此，商品流通产业不仅关系商品价值的实现，而且关系到经济运行的效率与效益。而关于流通产业的范围界定，分为广义和狭义两种，广义流通产业包括批发贸易、零售业、物流业（仓储运输）、餐饮业、拍卖业、会展业、典当业、租赁业、旧货业等，狭义流通产业主要包含批发业、零售业、餐饮业和物流业。

对于流通产业的界定目前尚有争议，因此关于流通产业的研究，必定需要先对流通产业的范围做出界定。本研究报告为进一步突出商贸流通产业概念，将流通产业界定范围进行扩大，主要包括交通运输业、批发零售业和住宿餐饮业、租赁和商务服务业、居民服务和其他服务业。

二、综合评价指标体系的构成、计算方法及说明

在 2012 年的《中国流通发展报告》中，已经详细介绍了中国流通发展综合评价指标体系构建的基本思路和框架、综合评价指标选取原则、评价指标体系的构成和说明以及采用的综合评价方法。根据专家反馈结果，本年度报告将在原来评价指标体系基础上进行进一步改进，完善流通发展综合评价指标体系，并对指标的测算方法和角度进行改进，下面将对综合评价指标体系的各个方面进行详述。

（一）发展支撑力

流通产业的发展离不开各项基础设施的保障，更离不开消费者购买，因此可从发展要素基础和购买潜力来测度流通产业发展支撑力。基础指标分别使用人均社会消费品零售总额、流通产业固定资产投资额占比、财富流通里程强度来测度；用城镇人均可支配收入和农村人均收入测度流通产业的发展潜力。具体指标计算公式见表 2 - 1 - 1。

表 2 - 1 - 1　　　　　中国流通发展评价指标体系

一级指标	二级指标	三级指标	计算公式/说明
发展支撑力	基础	人均社会消费品零售总额	社会消费品零售总额/常住人口
		流通产业固定资产投资额占比	流通产业固定资产投资额（限额以上）/全社会固定资产投资
		财富流通里程强度	流通里程综合指数（公路里程数×5 + 铁路里程数 ×3 + 2 × 水运里程数）/GDP
	潜力	消费者购买力	城镇居民家庭人均可支配收入
			农村居民家庭人均纯收入
发展现代化	技术现代化	人均流通资本	流通产业固定资产原值/流通产业从业人员数
		电子商务成交额占比	电子商务成交额/批发零售业销售总额
	业态现代化	物流配送化程度	连锁零售企业统一配送商品购进额/零售业销售总额
		连锁经营化程度	连锁经营销售额/零售业销售总额
	城乡一体化	乡镇连锁覆盖率	县及县以下连锁门店数/连锁门店总数

一级指标	二级指标	三级指标	计算公式/说明
发展国际化	外向度	流通产业对外直接投资净额	对外直接投资净额是按行业分对外直接投资额
		流通产业对外直接投资占比	流通产业对外直接投资净额/全社会对外投资净额
	开放度（内向度）	流通产业实际利用外资占比	实际利用外资额是分行业的外商直接投资额
		外资商业销售额占比	商业销售主要是包括批发和零售行业的外资商业销售额
		外资住宿餐饮营业额占比	外资住宿餐饮营业额/住宿餐饮营业额
发展绩效	效率	流动资产周转率	流动资产/主营业务收入
		库存周转率	主营业务成本/库存
	社会经济贡献	国民经济贡献率	流通产业增加值占 GDP 比重
		工业拉动力	流通增加值增长速度/工业总产出增长速度
		消费促进力	流通增加值增长速度/社会消费品零售总额增长速度
		税收贡献率	商品销售税金及附加费/总税收收入
		就业贡献率	流通产业从业人员数占比

（二）发展现代化

流通产业现代化的内涵是指信息技术带来的流通技术结构、业态形式和结构布局的现代化转型。通过流通现代化建设，流通体系和内部结构将进一步健全，农村流通体系逐步完善，增强流通产业功能，降低流通成本，提升流通效率。

1. 业态现代化

连锁经营由于是流通企业在整体规划布局下进行专业化分工，并在分工的基础上实施集中化管理，使复杂的商业活动简单化，更容易获取规模效益。因此，连锁经营（包括直营、特许经营和自由连锁）是未来的发展方向之一。

现代物流是利用先进信息技术和物流装备，整合传统运输、储存、装卸、搬运、包装、流通加工、配送、信息处理等物流环节，实现物流运作一体化、信息化、高效化运营的先进组织方式，是降低物质消耗、提高劳动生产率以外的第三利润源泉，其发展水平已成为衡量一个国家和地区综合竞争力的重要标志。因此，它是未来的发展方向之一。

因此，本书通过从物流配送化程度、连锁经营程度、人均连锁经营规模三方面来衡量流通产业业态现代化发展程度。具体指标计算公式见表 2-1-1。

2. 技术现代化

电子商务是发展方向之一，以技术现代化为基础，电子虚拟流通方式及其与传统实体流通主体的创新结合是流通未来发展的方向之一。我们知道，创新技术是要以大量资金和时间作为基础的，因此新技术的研发和使用可以通过人均流通资本指标来间接衡量现代化技术的投入和使用程度，进而反映流通产业的技术现代化程度。因此，本书通过电子商务成交额指标和人均流通资本指标来衡量流通产业技术现代化发展情况。具体指标计算公式见表 2-1-1。

3. 城乡流通布局一体化

目前我国农村流通体系分散，结构单一，城乡失衡现象严重。因此，发展乡镇流通，实现城乡流通一体化，是我国流通产业未来发展的方向之一。由于农村流通体制的落后，导致流通数据有较多的缺失，而连锁经营可以反映商贸流通发展的现代化程度，因此选择乡镇连锁覆盖率来测度城乡流通一体化的程度。具体指标计算公式见表 2-1-1。需要说明的是，由于部分省份无法获得该指标的数据，在省级层面测度时，我们对此指标采用替代指标。

（三）发展国际化

流通发展国际化是流通要素跨国界的流动，其基本表现形式为资本的国际化、管理的国际化和商品经营的国际化（邓永成，2004）。我们认为流通国际化是一个双向过程，可以将其概括为外向度（外向国际化）和开放度（内向国际化），前者是一国的企业通过各种形式参与国际流通市场竞争，使企业经营具有国际化特征；后者是外国流通企业进入国内市场，使国内市场竞争呈现出国际化特征。对于流通产业来说，能够较好地反映流通国际化程度可以从资金流角度来衡量，包括资金投入和产出。同时从行业结构角度进一步了解流通国际化的国际化发展程度。因此，我们从流通产业对外直接投资情况来测度流通产业发展外向度；从流通产业实际利用外资、外资商业销售额、外资住宿餐饮营业额三方面来测度流通产业发展开放度，具体指标计算方式见表 2 - 1 - 1。

（四）发展绩效

流通产业发展首先是为了降低流通成本、提高流通效率，最终为了更好地促进经济和社会发展，提高对社会和经济发展的贡献度。

本书使用流动资产周转率和库存周转率指标来反映流通效率发展情况；通过从流通产业对增加值贡献、工业增长贡献、消费增长贡献、税收贡献以及就业贡献五个方面的情况来反映流通产业对经济社会发展的贡献。具体指标计算公式见表 2 - 1 - 1。

三、综合评价方法

以上重点介绍了指标选取依据、指标内涵解释及指标计算方法。面对大量的指标，需要将这些单项指标综合成总评价指标，才能完成最终评价。因此需要选择科学合理的合成模型，这是构建整个评价模型的重点。关于综合评价方法，目前主要有定性评价法、效用函数平均法、多元统计分析、模糊评价法、灰色系统评价法、神经网络与遗传算法等。方法中都有许多可变化的参数，不同的方法可能会得到不同的评价结果。因此在实际应用时，应根据实际需要选择合适的方法。对于事物的评价，在选择评价方法和评价模型时，首先要考虑选择的方法是否符合其实际意义，其次看合成模型是否适于所选取的指标，最后评价结果是否符合公众的一般认知情况。

根据以上考虑，本报告认为采用最基本也最直观的评价模型—效用函数平均法。这种方法既能分别分析流通产业的各层面，发现薄弱环节和不足，还能综合分析流通总状态。具体操作步骤为：

①将每一个指标按一定的形式转化为"评价当量值"；

②采用一定的统计合成模型计算总评价值。

用公式表达为：

假设记第 i 个地区（共 n 个地区）第 j 个评价子系统（共 m 个子系统，本报告中 $m=6$）的第 k 个指标（共 p 项指标）的实际值为 y_{ijk}，也为基础指标值用 i，j，k 分别表示个地区、评价子系统和指标项数，（$i=1$，2，$\cdots$，n；$j=1$，2，$\cdots$，m；$k=1$，2，$\cdots$，p_j）

子系统内各指标权重为 w_{jk}，且 $\sum_{k=1}^{p_j} w_{jk} = 1$；

各子系统之间的权重分配为 w_{ok}，且 $\sum_{j=1}^{m} w_{ok} = 1$；

$f_{jk}(j=1$，2，$\cdots$，m；$k=1$，2，$\cdots$，p_j）为单项指标无量纲化函数（效用函数或当量函数）。φ_j 为第 j 子系统内部的合成模型，φ_0 为总目标合成模型。

（1）计算无量纲化值：$z_{ijk} = f_{jk}(y_{jk})$；

（2）计算各系统内部的合成值：$z_{ij} = \varphi_j(z_{jk}, w_{ijk})$；

（3）计算总系统的合成值：$z_{ij} = \varphi_0(z_{ij}, w_{0j})$。

$z_i = \varphi_0 [\varphi_j(f_{jk}(y_{ijk}), w_{jk}), w_{0j}]$（$i=1$，$2$，$\cdots$，$n$；$j=1$，$2$，$\cdots$，$m$；$k=1$，$2$，$\cdots$，$p_j$）

以上即为基于分层组合评价思想的一种效用函数平均法评价模型。有三个关键因素的确定，其决定了最后的评价结论。分别为：单项指标无量纲化 $f_{jk}(j=1$，2，$\cdots$，m；$k=1$，2，$\cdots$，p_j）、每项指标及子系统的权重分配 $w_{jk}(j=0$，1，$\cdots$，m；$k=1$，2，$\cdots$，p_j）、加权合成模型 $\varphi_j(j=0$，1，2，$\cdots$，m）。

（一）指标数据无量纲化方法

指标同度量化就是将每一个评价指标按照一定的方法量化，消除因为单位不同导致的数值变化，成为对评价问题测量的一个量化值，即效用函数值。

从理论上说，可作为同度量化的具体方法有：综合指数法、均值化法、标准化法、比重法、初值化法、功效系数法、极差变化法等。一般来说，只要单项指标的取值区间与取值点的物理含义明确，综合评价的结果是比较好理解和解释的。在众多方法中，综合指数法不仅方法简单，而且含义更直观，意含绝对目标的相对实现程度。同时，方法的复杂度与评价结论的合理度并无必然关系。因此，本报告将采用综合指数法同度量化的一般计算公式为：

$$z_{ijk} = \begin{cases} 100 \times y_{ijk}/y_{jkB} & （正指标） \\ 100 \times y_{ikB}/y_{ijk} & （逆指标） \end{cases}$$

其中，z_{ijk} 为第 i 单位 j 子系统 k 指标的单项评价分数，y_{ijk}、y_{jkB} 分别为第 j 指标的实际值与标准值。当实际值等于标准值，单项指数等于 100；当实际值优于标准值时，单项指数大于 100；当实际值劣于标准值时，单项指数小于 100。对于适度指标，则先通过单向化处理再用上述公式做无量纲化，或采取分段函数做无量纲化处理。

根据综合指数法的计算公式，发现确定标准值是其方法的关键。实际中常用的标准值有：最大值、最小值、算术平均值、变量总值、初值法、环比速率、历史标准值或经验标准值等。由于流通发展状态评价是一个动态过程，而实际又需要固定标准值，因此，可以将标准值设为各变量的平均值或是发展目标值或是最优值等。

（二）流通发展指数中的权重问题

在整个评价指标体系中，各个指标的作用和重要性都是不同的，因此需要设定权重来反映各指标的相对重要性和作用。目前统计领域中存在多种方法来确定权数，有主观和客观权重之分。主观权重确定方法中比较科学的方法是基于专家系统的 AHP 构权法，即专家 AHP 法。

AHP 构权法（Analytic Hierarchy Process），即层次分析法，它把一个复杂决策问题表示为有序的递阶层次结构，通过人们的比较判断，计算各种决策方案在不同准则及总准则之下的相对重要性量度，从而据此对决策方案的优劣进行排序。其在构造统计权数方面应用十分广泛，是比较有效的构权方法之一。AHP 构权法构权过程如下：

（1）选 m 位专家组成员，要求各成员对商贸流通领域比较熟悉且能够理解 AHP 法的操作思路，能够较为准确判断在综合评价过程中不同指标之间重要性的差异。

（2）由专家 AHP 法构造各子系统下各指标重要性两两比较的比例判断矩阵。对于某一个有 P 项指标的子系统，第 k 专家所给出的 AHP 比例

判断矩阵记为 $A(k)$，即

$$
A(k) = \begin{matrix} & I_2 & I_2 & \cdots & I_p & \text{指标} \\ & \begin{bmatrix} a_{11(k)} & a_{12(k)} & \cdots & a_{1p(k)} \\ a_{21(k)} & a_{22(k)} & \cdots & a_{2p(k)} \\ \cdots & \cdots & \cdots & \cdots \\ a_{p1(k)} & a_{p2(k)} & \cdots & a_{pp(k)} \end{bmatrix} & \begin{bmatrix} I_1 \\ I_2 \\ \vdots \\ I_p \end{bmatrix} k = 1, 2, \cdots, m \end{matrix}
$$

（3）计算平均合成矩阵 $\bar{A} = (\bar{a}_{ij})_{p \times p}$，式中 $\bar{a}_{ij} = \dfrac{1}{m} \sum\limits_{k=1}^{p} a_{ij(k)}$（$i, j = 1, 2, \cdots, p$）

（4）计算基于平均矩阵的重要性权向量：$w = (w_1 \quad w_2 \quad \cdots \quad w_p)^T$，$w$ 的计算方法很多，在判断一致性较高的情况下，不同方法之间差异极小。本报告采取了"行和法"确定权向量，即：

$$
w = \sum_{j=1}^{p} \bar{a}_{ij} \Big/ \sum_{h=1}^{p} \sum_{j=1}^{p} \bar{a}_{hj}
$$

（5）计算一致性比率 CR，对判断矩阵的一致性进行检验，判断专家权重的合理性。

$$
CR = \frac{CI}{RI}
$$

$$
CI = \frac{\lambda_{\max} - p}{p - 1}
$$

$$
\lambda_{\max} = \frac{1}{p} \sum_{i=1}^{p} \frac{(\bar{A}w)_i}{w_i}
$$

$$
\bar{A}w = \begin{bmatrix} \bar{a}_{11} & \bar{a}_{12} & \cdots & \bar{a}_{1p} \\ \bar{a}_{21} & \bar{a}_{22} & \cdots & \bar{a}_{2p} \\ \cdots & \cdots & \cdots & \cdots \\ \bar{a}_{p1} & \bar{a}_{p2} & \cdots & \bar{a}_{pp} \end{bmatrix} \begin{bmatrix} w_1 \\ w_2 \\ \vdots \\ w_p \end{bmatrix}
$$

CI 为一致性指标，RI 为随机一致性，可查表获得。当 $CR \leqslant 10\%$，即认为判断是一致的，所构权向量是合格的。通过多轮专家的咨询，在专家 AHP 判断矩阵的基础上进行平均，最后导出权值体系，所有 CR 均是符合要求的。

（三）流通发展指数合成方法

加权合成模型为 $\varphi_j(j = 0, 1, 2, \cdots, m)$（0 表示综合成模型，其余为

子系统内部合成模型)。考虑到实际评价工作的现实可操作性与可直观理解性,以及所选指标的特点,本书决定采用普通加权算术合成方式,表达式为:

$$z_{ij} = \sum_{k=1}^{pj} (z_{ijk} \times w_{jk}) / \sum_{k=1}^{pj} w_{jk} \ (i=1, 2, \cdots, n; j=1, 2, \cdots, m)$$

第二节　中国流通发展指数测算及分析

一、指标数据来源及说明

本书的数据来源于国家统计局的官方网站和国研网网站,以及《中国统计年鉴》、《中国连锁经营统计年鉴》、《中国物流年鉴》、《中国电子商务年鉴》、《中国连锁批发零售统计年鉴》、各个省的统计年鉴等,主要获取相关指标2003~2012年全国及地区统计数据,与本书上期对比,扩大了流通产业发展水平计算范围,更加完整地刻画出流通产业发展轨迹。由于西藏关于流通现代化指标数据缺失多,且数据偏小,造成对西藏流发展水平测度的困难,因此在本书所选样本中略去西藏,只收集对全国及全国(港澳台除外)30个省、市、自治区2003~2012年流通产业发展水平测度指标体系的相关统计数据,测算各全国和地区的流通产业发展水平。同时本书仍将采用综合指数法对表2-2-1中给出的各个指标数据进行无量纲化,实现对流通产业发展水平的综合评价。

同时,需要进一步说明的是,由于目前我国关于流通产业统计体系还不是很完善,在综合分析时,我们针对全国和分省使用稍有差异的指标体系,但从整体上来讲,并不影响流通指数的主要发展趋势分析和地区比较分析。

二、实证结果

根据流通产业发展评价指标体系内容,及上述综合评价方法,本书以2003年为基期(2003=100),测算了全国及除西藏外的30个省市地区2004~2012年的流通产业发展综合指数。具体结果如表2-2-1和2-2-2所示。需要特别说明的是,由于某些地区三级指标相关数据的缺

中国流通发展指数指标

表2－2－1

指标	2004年	2005年	2006年	2007年	2008年	2009年	2010年	2011年	2012年
中国流通发展指数	135.07	167.12	167.50	310.01	294.25	295.30	374.74	403.14	472.57
一、发展支撑力	112.51	126.48	135.91	158.51	182.79	199.55	231.87	271.31	303.31
1. 基础	113.42	128.97	134.03	156.72	181.68	199.48	238.11	280.85	310.70
1.1 人均社会消费品零售总额	112.64	126.42	148.16	174.26	212.77	244.65	288.11	335.90	382.19
1.2 流通产业固定资产投资额占比	97.59	99.00	101.70	97.76	95.86	106.64	104.78	96.23	95.27
1.3 财富流通里程强度	114.03	127.97	85.32	101.22	114.98	120.58	136.70	157.39	167.49
1.4 社会物流总额	129.41	162.51	200.94	253.64	303.09	326.03	422.84	533.91	597.84
2. 潜力	111.59	123.99	137.80	160.31	183.91	199.62	225.64	261.76	295.93
2.1 城镇人均可支配收入	111.21	123.85	138.80	162.72	186.27	202.72	225.55	257.43	289.94
2.2 农村人均收入	111.98	124.13	136.79	157.90	181.55	196.52	225.73	266.09	301.91
二、发展现代化	129.51	162.07	179.76	190.41	201.63	234.87	267.24	305.09	344.06
1. 技术现代化	138.43	172.55	191.58	216.41	213.39	269.34	272.78	265.09	296.84
1.1 人均固定资产投资额	118.06	139.39	167.19	186.62	205.78	272.83	303.91	282.95	309.62
1.2 电子商务成交额占比	158.80	205.72	215.97	246.20	221.01	265.84	241.64	247.22	284.05

续表

指标	2004 年	2005 年	2006 年	2007 年	2008 年	2009 年	2010 年	2011 年	2012 年
2. 业态现代化	140.05	192.16	213.20	216.59	227.78	236.50	268.29	321.31	320.36
2.1 物流配送化程度	98.34	126.30	127.48	122.52	96.17	90.02	80.21	84.54	76.13
2.2 连锁经营化程度	126.29	158.63	153.81	139.05	120.22	114.48	105.73	103.10	91.19
2.3 人均连锁经营规模	195.94	292.13	358.95	388.85	467.65	505.71	619.74	777.25	794.73
3. 城乡一体化	110.44	121.98	135.03	138.81	164.33	199.49	261.46	329.81	416.02
3.1 乡镇连锁覆盖率	110.44	121.98	135.03	138.81	164.33	199.49	261.46	329.81	416.02
三、发展国际化	189.33	268.99	234.77	762.98	646.11	596.57	853.27	887.80	1 077.41
1. 外向度	287.81	407.48	328.73	1 374.55	1 123.53	1 010.48	1 525.13	1 568.94	1 940.41
1.1 流通产业对外直接投资净额	378.89	661.05	579.32	2 481.81	2 137.90	1 923.81	2 928.75	3 022.30	3 758.61
1.2 流通产业对外直接投资占比	196.73	153.91	78.14	267.29	109.16	97.15	121.50	115.57	122.20
2. 开放度	90.84	130.49	140.82	151.41	168.68	182.65	181.42	206.67	214.42
2.1 流通产业实际利用外资占比	104.74	125.74	161.30	171.88	203.04	224.46	211.26	252.58	287.11
2.2 外资商业销售额占比	102.51	139.13	127.18	145.60	168.49	163.60	176.48	209.40	201.52
2.3 外资住宿餐饮营业额占比	65.55	127.01	134.40	137.19	135.03	160.45	157.08	158.64	155.26

续表

指标	2004 年	2005 年	2006 年	2007 年	2008 年	2009 年	2010 年	2011 年	2012 年
四、发展绩效	108.93	110.95	119.58	128.15	146.49	150.21	146.59	148.34	165.48
1. 效率	106.43	108.99	126.89	126.14	132.52	106.25	112.93	110.27	114.03
1.1 流动资产周转率	120.43	122.38	124.72	123.66	130.28	110.29	115.96	132.04	98.19
1.2 库存周转率	100.45	107.08	159.86	160.31	170.81	115.31	130.99	105.59	150.60
1.3 物流费用率	98.73	97.85	96.48	94.82	96.88	93.47	92.17	93.51	93.65
2. 社会经济贡献	111.42	112.90	112.26	130.16	160.45	194.16	180.25	186.41	216.93
2.1 流通产业增加值占 GDP 比重	95.75	94.54	93.48	93.90	94.83	94.56	95.82	95.96	98.00
2.2 工业拉动力	105.62	119.62	133.25	172.76	168.06	334.61	157.68	163.65	316.88
2.3 消费促进力	85.22	98.19	78.32	114.61	75.83	47.27	93.63	94.07	75.39
2.4 就业贡献率	107.46	115.71	122.25	130.84	145.95	158.60	172.61	189.19	205.18
2.5 税收贡献率	163.07	136.44	134.01	138.69	317.57	335.76	381.49	389.21	389.20

表 2－2－2　　全国 30 个省市地区 2004～2012 年流通发展指数

地区	2004 年	2005 年	2006 年	2007 年	2008 年	2009 年	2010 年	2011 年	2012 年
上海	450.00	539.99	581.32	683.43	739.62	642.31	716.73	772.97	782.15
天津	276.29	289.39	393.97	408.09	392.39	399.54	469.94	454.40	475.81
北京	245.51	302.55	318.47	366.59	396.31	433.25	447.80	491.76	493.97
广东	215.25	237.43	279.44	312.41	340.87	342.92	382.21	431.74	459.98
江苏	150.20	189.84	237.17	273.77	318.73	319.43	382.71	429.28	448.48
福建	140.63	148.22	171.33	199.34	220.35	238.92	277.89	319.07	338.04
浙江	165.54	192.87	224.56	249.73	279.47	278.46	316.99	364.97	399.09
辽宁	116.69	128.15	138.77	160.38	180.38	184.48	210.39	245.59	274.78
海南	90.16	90.70	113.19	123.97	109.28	104.91	138.49	138.16	194.58
新疆	72.61	85.37	107.73	133.31	168.88	150.79	168.46	197.46	229.58
内蒙古	77.20	100.66	110.25	124.24	147.18	177.49	195.17	211.05	201.85
甘肃	83.73	77.41	83.96	75.94	78.55	76.03	111.02	117.85	151.97
青海	78.62	75.41	87.38	93.06	92.82	102.02	112.50	119.20	156.22
重庆	79.75	90.56	96.20	111.17	123.52	140.00	161.37	199.65	231.26
湖北	98.51	104.53	119.59	127.14	148.47	158.73	176.94	194.52	210.91

续表

地区	2004年	2005年	2006年	2007年	2008年	2009年	2010年	2011年	2012年
贵州	56.51	76.01	82.56	83.29	85.65	95.02	101.67	108.25	122.97
云南	71.44	90.87	84.57	91.30	91.97	124.21	137.79	151.72	147.82
山东	104.36	117.39	128.03	143.55	172.91	185.93	228.53	253.06	275.03
黑龙江	69.70	73.13	86.66	90.17	106.84	109.46	129.86	169.03	189.30
河北	58.99	79.34	94.81	102.87	124.50	133.69	141.84	181.26	193.40
安徽	98.03	112.56	119.77	132.12	141.52	147.51	162.74	178.26	206.88
江西	95.96	110.03	137.40	115.48	126.96	158.19	195.85	203.57	222.35
广西	99.85	97.20	108.89	118.20	141.67	157.76	185.73	197.83	210.26
湖南	61.86	82.60	100.38	102.57	112.14	132.72	140.57	157.31	166.51
吉林	67.64	75.85	75.26	88.98	120.19	129.39	152.95	148.91	166.83
陕西	107.70	103.16	108.39	125.28	141.43	177.95	152.28	189.25	205.47
山西	61.51	78.81	71.06	79.26	92.42	108.50	126.92	137.66	163.67
河南	89.98	102.65	76.30	81.21	85.65	99.23	130.41	145.43	168.87
四川	64.60	71.12	75.41	82.09	101.47	129.78	152.27	173.01	193.69
宁夏	63.67	75.03	80.38	86.69	99.03	153.17	143.37	152.50	178.47

失，尤其是关于流通国际化的基础数据，使得某些地区基础指标数值缺失，因此为了使区域间能够具有可比性，本书一方面对区域流通发展评价国际化的三级基础指标稍有调整，另一方面以全国2003年三级指标水平为基准从而计算各个省份的指数值。

三、全国流通发展分析

根据中国流通发展指数的测算结果，如图2-2-1所示，可以发现在2003~2012年间，我国流通产业发展取得了较好的成绩，其增长趋势明显，与2003年对比，2012年中国流通产业发展水平翻两番。同时，中国流通产业发展水平增长速度较快，均在13%以上，尤其从2007年开始，增长速度值均在20%以上，并且每年呈现逐步递升的态势。这就说明我国流通产业正处于快速扩张发展阶段，流通产业发展水平有了相当程度的提高，从2009~2012年中国流通发展指数走势来看，明显表现出迅猛发展趋势，这让我们看到，未来我国流通产业仍具有较大的发展潜力和发展空间，能够作为我国的支柱产业和战略产业，拉动我国的经济发展，实现经济增长方式的加快转变。

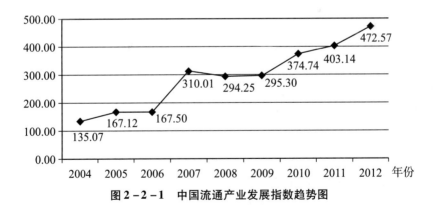

图2-2-1 中国流通产业发展指数趋势图

中国流通产业发展取得了十分明显的进步，其发展的动力因素是哪些？从流通产业发展评价的四大构成要素来看，依据测算指数，在2003~2012年间，流通发展国际化板块成为我国流通产业发展的最主要驱动因素，其年平均贡献率为65.38%，拉动流通产业发展增长128.26个百分点。流通发展支撑力和流通现代化对流通产业发展的贡献度旗鼓相当，其平均贡献率分别为 11.36% 和 18.15%，分别拉动流通产业增长 22.84 和 30.96 个百分点。流通发展绩效体现了流通发展的最终发展状况，但从测算结果可知，流通发展绩效是相对较弱的，平均贡献率为 5.12%，贡献点数为 9.02 个百分点，说明其在流通产业对经济和社会发展最终影响力还有待进一步提升。具体结果如图 2 - 2 - 2 所示。

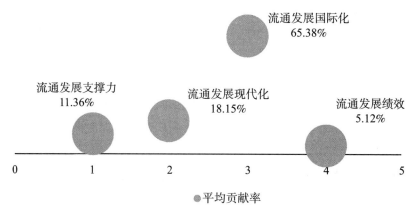

图 2 - 2 - 2　流通发展指数构成要素的平均贡献率

从流通发展的具体的二级构成要素的平均贡献率来看，最大的是外向度指标的贡献率，远远超过了其他各项指标，达到 61.52%，其他各项指标的贡献率均在 10% 以下。在除外向度指标的其他各项指标中，贡献率相对较高的是技术现代化和业态现代化指标，分别为 6.7% 和 7.44%，贡献率相对较低的是效率和社会贡献率指标，分别为 1.61% 和 3.51%（见图 2 - 2 - 3）。这反映了我国流通效率是制约我国流通发展的影响因素，也反映了我国目前流通领域所存在的重要问题，与实际情况较为符合。同时连锁化经营和物流业发展也较为不足，城乡流通发展差距较大，影响了我国流通产业的整体发展，其贡献率也仅为 4.05%。因此，我国流通产业发展的短板仍是在于流通效率偏低，与其他产业的融合度不够而不能很好地推动整体经济和社会发展，这正是我国流通发展需要加强和提高的地方。

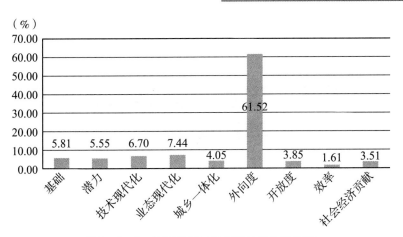

图 2 - 2 - 3　流通发展二级指标的平均贡献率

从整体情况来讲，我国流通产业发展通过对外开放发展取得了较大的进步，这也体现了我国的改革开放政策得到了有效的实施。为了进一步探讨每年究竟是哪些具体因素如何带动我国流通产业的发展？下面将对流通产业发展指数的各级构成要素指标进行逐个分析，更加深入地了解流通产业的发展状况和动因，以便能够制定更加合理的政策，进一步发挥优势和弥补弱项。

第三章 流通发展指数各构成要素分析

流通发展支撑能力指数

流通发展支撑能力指数是指对中国流通产业发展起支撑作用的因素的综合评估。它主要由基础指数和潜力指数组成，是中国流通产业得以快速发展的重要力量。

一、流通发展基础指数

基础指数是从流通发展的基础因素考察流通发展支撑力的状况，分别从人均社会消费品零售总额、流通产业固定资产投资额（限额以上）占比、流通里程强度和社会物流总量四个方面来衡量流通产业发展基础情况。

（一）基础指数的变化趋势及贡献分析

从图 3 – 1 – 1 中可知，一方面，在 2004 ~ 2012 年期间，除了 2006 年的小幅上升，基础指数基本上呈现逐年稳定递增趋势，且 2012 年增长幅度最大。另一方面，从基础指数值大小来看，2004 年开始以来，我国流通发展基础指数均在 100 以上，且 2012 年达到 310.70，相较 2004 年翻了一番多，表明我国流通基础要素发展速度较快。因此，从整体来说，我国流通发展产业的基础要素处于不断扩张的阶段。

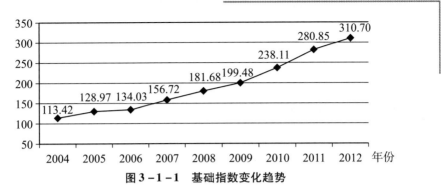

图 3 - 1 - 1　基础指数变化趋势

从流通基础指数对中国流通产业发展的贡献率情况来看（如图 3 - 1 - 2 所示），2004 ~ 2012 年内，在经历 2007 年的一个骤降后，基础指数对中国流通产业的贡献率整体呈稳步上升趋势，2012 年出现小幅下降：2004 ~ 2006 年内从 4.78% 小幅上升至 6.3%；2007 年下降至 3.38%，这主要是由于 2007 年 GDP 指标的下降导致；2008 ~ 2011 年贡献率逐年上升至 7.46%，2012 年小幅回落至 7.07%，且 2009 年增长幅度较大。从流通基础指数对中国流通产业发展指数的贡献点数上看，分别拉动中国流通发展上升了 1.68、3.62、4.25、7.09、10.21、12.43、17.26、22.61、26.34 个百分点，2012 年的贡献点数最大，2004 年最小。由此可知，我国流通基础要素对流通产业发展的贡献率变化趋势中存在大幅下降（2006 年）和小幅上升（2009 年），但总体表现出逐年增长趋势。而流通基础要素对流通产业发展的拉动情况呈现逐年上升趋势，这表明我国流通产业的发展对流通基础要素的依赖度在逐步增强，需要进一步分析流通基础要素发展的内部构成要素发展状况。

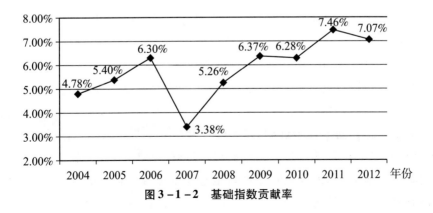

图 3 - 1 - 2　基础指数贡献率

（二）基础指数构成要素分析

1. 人均社会消费品零售总额指数的变化趋势及贡献

人均社会消费品零售额是指地区批发和零售业、住宿和餐饮业以及其他行业直接售给城乡居民和社会集团的消费品零售额，反映了社会商品潜力的实现程度，以及零售市场的规模状况。因此，从消费品流通发展情况可以间接反映流通基础要素的情况。从图3－1－3可以看出，人均社会消费品零售总额指数从2004年到2012年逐年稳定递增，从112.64上升到382.19，增长了三倍有余。这表明我国商贸流通市场发展较为稳定，且表现出明显的扩张趋势。

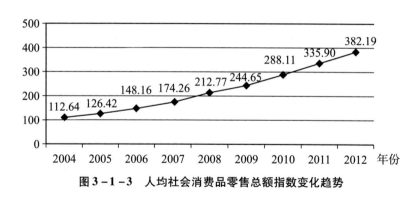

图3－1－3　人均社会消费品零售总额指数变化趋势

同时，从人均社会消费品零售总额对流通产业发展的贡献情况来看，如图3－1－4所示。可以看出，人均社会消费品零售总额对流通产业发展的贡献率处于波动上升状态，2009年增长幅度最大。2004～2008年从1.13%上升到2.23%，2007年骤降至1.11%，2008年和2009年连续大幅升至2.31%，2010～2012年稳步小幅度变化，达到2.37%。这与流通基础指数的发展轨迹类似，可以认为人均社会消费品零售额对我国流通产业的基础要素发展产生了一定的影响。这一点从对中国流通产业发展指数的贡献点数上也得到了证明，2004～2012年分别拉动了中国流通发展0.39、0.83、1.5、2.32、3.52、4.52、5.88、7.37、8.82个百分点。可以看出，2004～2006年的贡献率皆低于贡献点数，表明消费品流通市场发展力度滞后于流通基础能力的发展。但随着对流通产业的贡献点数逐年提高，可以发现2007~2012年的贡献点数皆高于贡献率，例如，2012年的贡献率为2.37%，贡献点数达到了8.82，表明2012年消费品流通市场发展力度超前，对流通产业发展的拉动力较为强烈。因此可以看出，自2007年后，消费品流通市场得到发展，拉动了流通产业的发展。

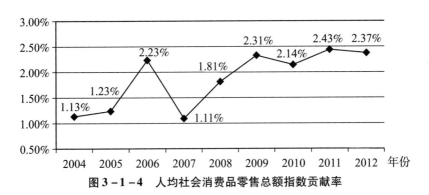

图3-1-4　人均社会消费品零售总额指数贡献率

2. 流通产业固定资产投资额占比指数的变化趋势及贡献

从图3-1-5可以看出，流通产业固定资产投资额占比指数整体上呈明显波动下降变化趋势。2004~2006年从97.59升至101.7，2007和2008年连续下降至95.86，2008年低于2004年的投资水平。2009年大幅升至106.64，表明流通产业固定资产投资力度明显提高，但2010年又出现小幅回落，2011年则大幅下降至96.23，2012年再次呈现历年新低，下降至95.27。从此方面来讲，我国流通产业发展虽然得到各界的重视，固定资产投资水平提高，然而发展速度较为缓慢。

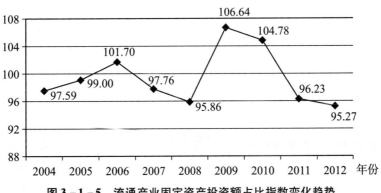

图3-1-5　流通产业固定资产投资额占比指数变化趋势

从图 3-1-6 可以看出，2004～2012 年，流通产业固定资产投资额占比指标对流通产业发展的贡献率与流通产业固定资产投资额占比指数变化趋势相近，呈上下波动变化且出现负值，主要是由于流通产业固定资产投资力度滞后于全社会固定资产投资力度，进而导致该指标值呈现负值，并对中国流通产业发展产生负向作用。2004～2006 年贡献率从 -0.21%升至 0.08%，首次由负转正，而随后两年又回落至 -0.07%，2009 年虽然出现大幅上升，再次出现正值，为 0.11%，2010～2012 年则又连续下降至 -0.04%。

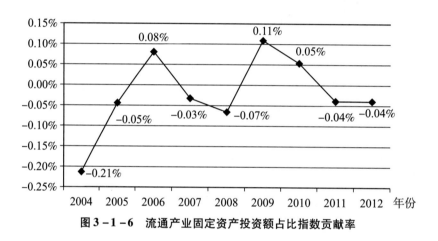

图 3-1-6 流通产业固定资产投资额占比指数贡献率

3. 流通里程强度指数的变化趋势及贡献

从图 3-1-7 可以看出，在经历 2006 年的骤降后，流通里程强度指数值整体上呈先逐年稳步上升趋势。2004～2005 年从 113.03 小幅升至 127.97，2006 年则出现一次骤降，降至 85.32，2007～2012 年呈明显上升趋势，从 101.22 持续上升至 167.49，2008～2012 年的流通里程强度皆高于 2004 年水平。表明随着 GDP 指标逐年增强的同时，流通发展的载体（交通设施）的发展力度在逐步减弱，这可能受到城市规划整合的影响。

从图 3-1-8 可以看出，流通里程强度对流通产业的发展的贡献率总体呈波动上升趋势：2004～2005 年从 1.25% 小幅升至 1.30%；2006 年大幅下降至 -0.68%，首次出现负值；2007 年贡献率上升，由负转正，达到 0.02%；2007～2012 年呈逐年稳定上升趋势，持续升至 0.57%。从对

中国流通产业发展指数的贡献点数上看,2004~2012年分别拉动了中国
流通发展 0. 44、0. 87、-0. 46、0. 04、0. 47、0. 64、1. 15、1. 79、2. 11
个百分点,2012 年的贡献点数最大,2006 年最小,说明我国流通交通设
施发展愈加完善。从贡献点数来看,相比发展基础的其他指标,流通里程
强度贡献力度最小。

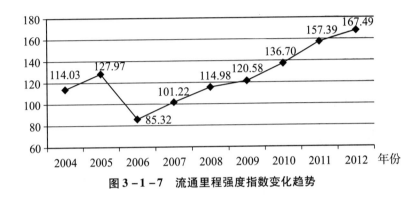

图 3 - 1 - 7　流通里程强度指数变化趋势

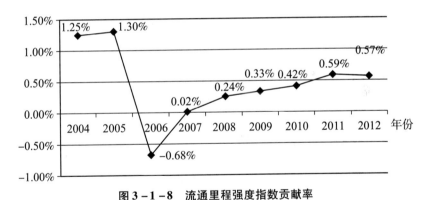

图 3 - 1 - 8　流通里程强度指数贡献率

4. 社会物流总额指数的变化趋势及贡献

从图 3 - 1 - 9 可以看出,社会物流总额指数从 2004~2012 年呈持续
上升趋势,从 2004 年的 129. 41 持续升至 597. 84。这说明社会物流总额持
续增长,且发展势头较为强劲。表明我国的物流行业处于快速发展阶段,
呈现出社会物流总额增长速度较快的状态。

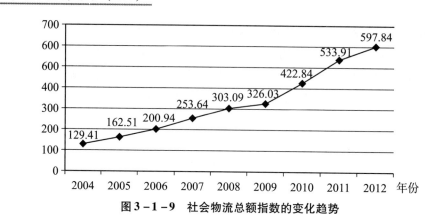

图 3 - 1 - 9　社会物流总额指数的变化趋势

从图 3 - 1 - 10 可以看出，社会物流总额对流通产业的发展的贡献率在 2004 ~ 2006 年从 2. 62% 升至 4. 67% ，在 2007 ~ 2011 年以后一直保持上涨的势头，升至 4. 47% ，2012 年小幅回落至 4. 18% 。从社会物流总额发展对中国流通产业发展指数的贡献点数上看，2004 ~ 2012 年分别拉动中国流通发展上升了 0. 92、1. 95、3. 15、4. 8、6. 35、7. 06、10. 09、13. 56、15. 56 个百分点，贡献点数不断攀升，表明我国物流业在 2004 年之后发展较为迅猛，对我国流通产业发展的拉动作用不断加大，需要重视物流业的发展。

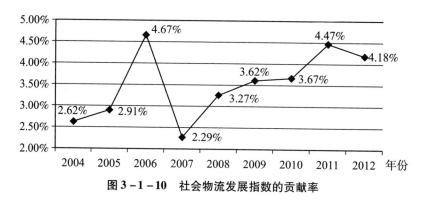

图 3 - 1 - 10　社会物流发展指数的贡献率

（三）各省市地区基础指数排名

从表 3 - 1 - 1 可以看出，2012 年基础指数排名前十位的省市依次是北京、天津、上海、江苏、浙江、广东、山东、福建、内蒙古、吉林；排在最后十位的省市是陕西、广西、安徽、江西、宁夏、云南、青海、新疆、甘肃、贵州。可以发现，流通产业的基础要素发展虽无明显的规律，但整体上经济较发达或中等水平的地区排名较靠前，经济较落后的地区排名较靠后。但排名较靠前的地区中，同时也存在经济落后的地区，较为明显的地区是内蒙古；而排名较靠后的地区中，属于华东地区的安徽地区也处于其中。因此，我们需要进一步分析这些流通基础能力发展分布较为不正常地区的深层原因。

表 3 - 1 - 1　　　　　2012 年各省市基础指数排名

排名	省市	基础指数	排名	省市	基础指数
1	北京	711.16	16	海南	176.91
2	天津	624.36	17	山西	175.91
3	上海	501.72	18	湖南	173.37
4	江苏	367.50	19	河南	169.49
5	浙江	367.30	20	四川	168.67
6	广东	338.88	21	陕西	164.76
7	山东	290.46	22	广西	164.52
8	福建	286.82	23	安徽	145.78
9	内蒙古	225.39	24	江西	140.22
10	吉林	225.24	25	宁夏	130.76
11	辽宁	214.25	26	云南	119.75
12	湖北	213.15	27	青海	117.20
13	河北	209.15	28	新疆	110.47
14	重庆	185.54	29	甘肃	105.77
15	黑龙江	178.07	30	贵州	103.02

内蒙古的人均社会消费品零售总额为451.87，居全国第9位；流通产业固定资产投资额占比为93.70，居全国第10位；流通里程强度为130.58，位居全国第17位，故反映三个方面综合能力的基础指数比较大，排名位于全国第9位。福建省的人均社会消费品零售总额为427.02，居全国第10位；流通产业固定资产投资额占比为75.25，居全国第24位；流通里程强度为173.47，居全国第10位，因此基础指数排在全国第10

位。基于以上原因，虽然内蒙古地处我国西部经济不发达地区，但是发展的基础能力比较强，在全国的指数排名中位次比较靠前，然而尽管吉林的流通里程强度高于内蒙古的水平，但流通产业固定资产投资额占比却远远落后，因此在全国的指数排名中位于内蒙古之后。

安徽省的人均社会消费品零售总额为235.74，居全国第23位；流通产业固定资产投资额占比为59.25，居全国第29位；流通里程强度为142.36，居全国第15位。从而安徽省的基础指数值也比较小，排名落后，居全国第23位。陕西省的人均社会消费品零售总额为287.43，居全国第18位；流通产业固定资产投资额占比为83.59，居全国第20位；流通里程强度为123.27，居全国第20位。尽管陕西省位于西北地区，但其对流通产业的消费能力和投资力度都较强，因此在全国的指数排名中位于安徽省之前。

（四）基础指数总体评价

通过多角度对2004~2012年间流通产业发展基础比较分析，对流通产业发展支撑力基础指数的变化有了全面的了解。总的来说，在2004~2012期间，流通基础指数持续上升，虽然对流通产业发展的贡献存在轻微波动，但整体仍是处于上升趋势。从内部组成要素来看，2004~2012年人均社会消费品零售总额和社会物流总额皆是连续上升，流通产业固定资产投资额占比上下波动变化，流通里程强度指标持续上升，四个指标的变化最终使基础指数整体上呈现连续小幅度稳定上升的趋势。可知中国流通发展业的基础能力在显著增强，但发展的速度仍缓慢。从2012年的各地区流通基础指数排名来看，绝大多数地区处于前进发展状态，且全国30个省份中除了最后两名的甘肃省和贵州省，其余省份皆已超过2004年全国水平。

二、流通发展潜力指数

流通发展潜力是指我国商品消费市场发展的潜力，可以通过居民的消费能力来反应，因此采取收入指标来进行间接衡量。潜力指数从流通发展的潜在条件来考察流通发展支撑力的状况，分别用城镇居民家庭人均可支配收入和农村居民家庭人均纯收入来衡量。

（一）潜力指数变化趋势及贡献分析

从图3-1-11可以看出，潜力指数从2004～2012年从111.59持续上升至295.93，这说明我国的居民收入不断增强，且增长速度较快，这可以间接反映出我国流通市场的发展潜力越来越大，有利于带动未来的流通产业快速发展。

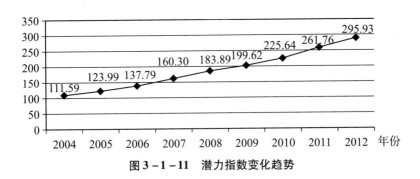

图3-1-11　潜力指数变化趋势

从图3-1-12可以看出，居民潜力对我国流通产业发展的贡献率整体上呈现逐年稳步上升趋势，从2004年的4.13%上升至2012年的6.57%，2008～2009年增长幅度较大，上升了2.79个百分点，2009年以后增幅变缓并在2010年出现小幅回落，早2012年达到6.57%。从对中国流通产业发展指数的贡献点数上看，2004～2012年，分别拉动中国流通发展上升了1.45、3.00、4.72、7.54、10.49、12.45、15.71、20.22、24.49个百分点，2004年的贡献点数最小，2012年达到最大值，是2004年的20倍以上，但2012年的贡献率仅为6.57%，这反映了流通产业的发展较好地受益于居民消费的贡献，且居民的消费能力远超于流通基础能力的发展，说明居民消费对流通产业发展的贡献仍存在较大的潜力。同时，这也间接反映出我国流通产业的发展仍然较为落后。

（二）潜力指数构成要素分析

1. 城镇居民家庭人均可支配收入指数变化趋势及贡献分析

从图3-1-13可以看出，指数2004～2012年逐年持续上升，从111.21上升到289.94，增长了近三倍，各年指数值上升幅度相近，变化趋势稳定。这说明随着经济的发展，我国城镇居民家庭人均可支配收入逐年增加，并且增长速度较快。

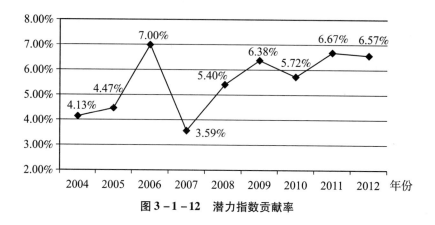

图3-1-12　潜力指数贡献率

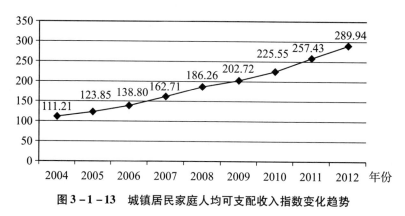

图3-1-13　城镇居民家庭人均可支配收入指数变化趋势

从图3-1-14可以看出，城市居民家庭人均可支配收入对流通产业发展的贡献率在2004～2012年变化趋势整体处于波动上升状态。2004～2006年从2%上升至3.59%，2007年骤降至1.87%，2008～2009年的增长幅度最大，连续两年增至3.29%，2010年出现轻微回落至2.86%，2011～2012年的增幅变缓，2012年达到3.19%。从对中国流通产业发展指数的贡献点数上看，2004～2012年分别拉动中国流通发展上升了0.70、1.49、2.43、3.92、5.39、6.42、7.85、9.84、11.87个百分点，2004年的贡献点数最小，2012年最大，整体上呈现逐年稳定增长态势。可以看出，城镇居民家庭人均可支配收入稳定拉动中国流通的发展，且拉动力逐年增强，很好地带动流通经济的发展。

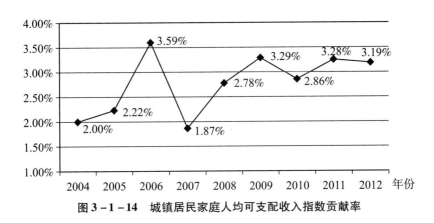

图 3 - 1 - 14 城镇居民家庭人均可支配收入指数贡献率

2. 农村居民家庭人均纯收入变化趋势及贡献分析

从图 3 - 1 - 15 可以看出，农村居民家庭人均纯收入指数近五年的变化趋势和城镇居民家庭人均可支配收入的变化趋势一致，2004~2012 年从 111.98 上升到 301.91，各年逐渐稳速变化。说明近九年随着我国经济的发展，农村经济也表现出利好势头，农民收入不断增高，与城镇居民收入相比，增长速度差距不明显。

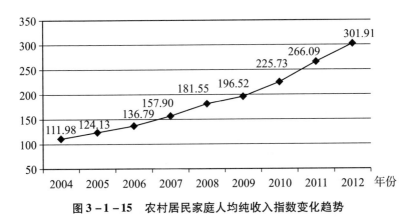

图 3 - 1 - 15 农村居民家庭人均纯收入指数变化趋势

从图 3 - 1 - 16 可以看出，农村居民家庭人均纯收入对流通产业发展的贡献率在 2004~2012 年的变化趋势也和城镇居民家庭人均可支配收入的保持一致，为波动上升状态，2004~2012 年从 2.14% 上升至 3.39%，

2007 年出现骤降，2008 年和 2009 年的增长幅度最大。从对中国流通产业发展指数的贡献点数上看，2004～2012 年，分别拉动中国流通发展上升了 0.75、1.51、2.30、3.62、5.10、6.03、7.86、10.38、12.62 个百分点，2004 年的贡献点数最小，2012 年最大。2004～2009 年，农村居民的贡献点数均低于城镇居民，但 2010 年开始，近三年来贡献点数均高出城镇居民。由此可知，随着我国经济的发展，农村居民消费相比城镇居民消费对流通产业的发展逐渐呈现出更大的拉动力，说明农村流通市场相较城镇流通市场存在更大的潜力，因此更应重视农村流通市场的加快发展。

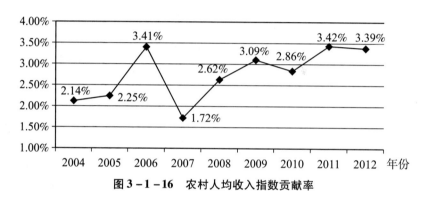

图 3 - 1 - 16　农村人均收入指数贡献率

（三）各省潜力指数排名

从表 3 - 1 - 2 可以看出，2012 年潜力指数排名前十位的省市依次是上海、北京、浙江、天津、黑龙江、江苏、广东、福建、山东、辽宁；排在最后十位的省市是四川、山西、广西、宁夏、陕西、新疆、云南、青海、贵州、甘肃。

表 3 - 1 - 2　　　　　　　　2012 年各省市潜力指数排名

排名	省市	潜力指数	排名	省市	潜力指数
1	上海	576.66	6	江苏	407.81
2	北京	529.39	7	广东	379.42
3	浙江	481.38	8	福建	355.63
4	天津	442.28	9	山东	332.12
5	黑龙江	420.54	10	辽宁	315.98

排名	省市	潜力指数	排名	省市	潜力指数
11	吉林	283.21	21	四川	253.34
12	内蒙古	281.76	22	山西	241.67
13	重庆	276.33	23	广西	239.92
14	河北	275.34	24	宁夏	234.88
15	湖北	272.70	25	陕西	232.24
16	湖南	267.69	26	新疆	227.68
17	江西	266.50	27	云南	227.66
18	海南	264.70	28	青海	205.96
19	河南	264.13	29	贵州	200.99
20	安徽	260.61	30	甘肃	187.19

从地域结构来看，上海、北京、浙江、天津、江苏、广东、福建位于中国的东部沿海地区，改革开放以来经济率先发展起来，拥有中国最好的基础设施，交通比较便利，经济发达，城镇居民家庭人均可支配收入和农村居民家庭人均纯收入不仅较其他地区偏高，而且增长速度较大，故表现出较高的潜力指数。然而，山西、广西、宁夏、陕西、新疆、云南、青海、贵州、甘肃位于中国中西部内陆地区，交通不便利，经济不发达，城镇居民家庭人均可支配收入和农村居民家庭人均纯收入普遍较低，故这九个省份的发展潜力综合水平的潜力指数值比较低，在全国排名靠后。黑龙江的城镇居民家庭人均可支配收入指数为 209.62，居全国第 28 位；农村居民家庭人均纯收入指数为 631.45，居全国第 2 位，因而黑龙江虽然属于不发达省份，但其潜力指数却名列全国排名第 5 位。四川的城镇居民家庭人均可支配收入指数为 239.69，居全国第 22 位；农村居民家庭人均纯收入指数为 266.99，居全国第 21 位，比长江流域其他同等发达省份排名靠后。

(四) 潜力指数总体评价

通过多角度对 2004～2012 年间流通产业潜力进行比较分析，对流通产业发展潜力的变化有了一定的了解。潜力指数从 2004～2012 年稳定变化，逐年稳步上升，这主要在于城镇居民家庭人均可支配收入和农村居民家庭人均纯收入两个指标从 2004～2012 年的快速稳定上涨，且这两个指标的变化步调表现出同步性，但农村人均收入的提高更能带动流通产业的发展。由此可知，国家统筹城乡经济发展的政策已经发挥了作用，实现了城镇和农村的收入同步稳定提高。这为流通产业的发展提供了更大的发展空间。

三、发展支撑力的总体评价

本节通过对基础指数和潜力指数两项二级指标的综合分析我国流通产业支撑力发展情况。从图 3－1－17 可以看出，2004～2012 年各指标均呈现明显稳定的上升趋势。而且基础指数和潜力指数的增长趋势趋于一致，并存在明显的互补性现象。

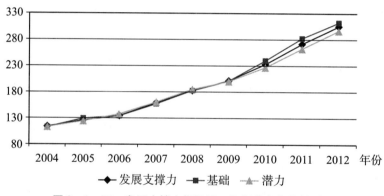

图 3－1－17　发展支撑力指数及二级指数变化趋势对比

观察图 3－1－18，2004～2012 年，流通产业发展支撑力指数对中国流通产业发展指数的贡献率分别为 8.92%、9.86%、13.3%、6.97%、10.66%、12.74%、12%、14.13%、13.64%，分别拉动总指数上升3.13、6.62、8.98、14.63、20.7、24.89、32.97、42.83、50.83 个百分点。可见，流通产业支撑力发展的贡献作用逐年持续增长，对整体流通产业发展起到了一定的促进作用，但贡献率及拉动度相对较小。

此外，全国流通产业发展支撑力指数、基础指数及潜力指数均在2006 年和 2009 年出现明显拐点：2006～2009 年增长幅度逐年持续增大；2009～2012 年增长有所放缓，增幅开始变小，呈稳步发展态势。

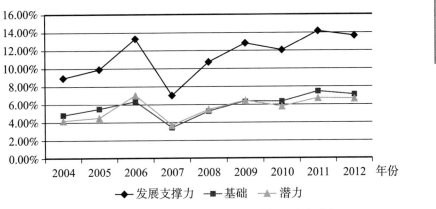

图 3－1－18　发展支撑力指数及二级指数贡献率对比

综上所述，流通产业发展支撑力的构成中，基础指数与潜力指数发展趋势相一致。我国流通产业基础发展态势较好，但潜力贡献率较低，我国应重视流通产业潜力的发展，从而进一步大力推动我国流通产业的发展。整体而言，我国流通产业发展支撑力水平还有待提高，其对流通产业发展的促进作用也有待提升。

第二节　流通发展现代化指数

发展现代化指数是对流通产业的现代化指标的综合评估。流通产业现代化发展是我国目前以及未来流通产业发展的重要方向，它是整个流通产业发展的核心内容，能够直接体现地区流通产业的整体发展状况。流通现代化指数主要从技术现代化指数和业态现代化指数两个方面来分析一个地区流通产业现代化的发展情况。

一、技术现代化指数

技术现代化是从流通产业信息化应用程度的角度来考察流通现代化的发展状况，这直接考察了流通产业运用新技术的情况，运用现代化技术对流通产业创造价值具有重要的影响，因此使用该指标更能体现流通产业的现代性。

在流通领域，现代化信息技术体现最明显的是连锁企业的发展，然而由于关于连锁经营的地区相关数据不完整，因此技术现代化指数将从人均流通资本方面来间接衡量流通技术现代化的发展程度。其中人均流通资本反映了流通产业发展平均水平和质量。

（一）技术现代化指数变化趋势及贡献分析

从图3-2-1可以看出，技术现代化指数处于上升趋势。其中，技术现代化指数最小值为2004年的138.43，最大值为2012年的296.84。在2008年这一年间的增长速度较快，从213.39增长到269.34。2009~2011年增长速度开始放缓，甚至出现轻微下降，经历了短期低迷之后，2012年又出现快速上涨。但总体上可以说，2004~2012年技术现代化指数稳中有进。这说明流通产业现代化的信息技术运用较为成熟，在我国流通领域得到了较为广泛的应用。这与国家提倡产业结构转型有相当大的关系，技术的创新、现代化的发展已成为产业转型方向的一种趋势。

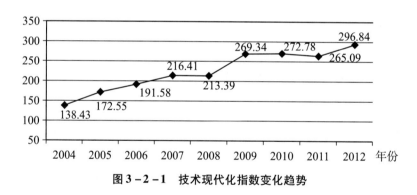

图3-2-1　技术现代化指数变化趋势

从图3-2-2可以看出，2004~2012年，技术现代化指数对中国流通产业的贡献率呈现波动变化。2004~2006年，从9.12%上升至11.29%，但在2006年出现大幅度下降，从2006年的11.29%下降到2007年的4.61%，2008~2009年出现回升至7.22%，但之后几年都呈下降趋势。从对中国流通产业发展指数的贡献点数上看，2004~2012年的贡献点数分别为9.12、9.00、11.29、4.61、4.86、7.22、5.24、4.53和4.40，由此可以看出2006年的技术现代化指数增长对中国流通产业的增长贡献了11.29个百分点，贡献点数较高。总体而言，现代化信息技术对中国流通的发展起到一定的正面影响,拉动了中国流通的发展。

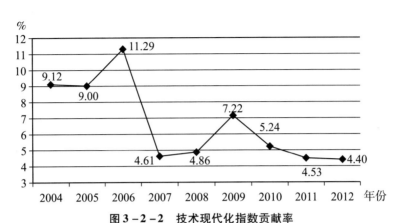

图 3 - 2 - 2　技术现代化指数贡献率

(二) 技术现代化指数构成要素分析

1. 人均流通资本指数变化趋势及贡献分析

从图 3 - 2 - 3 可以看出,2004 ~ 2012 年的人均流通资本指数与技术现代化指数的变化趋势趋近一致。同样地,呈现出良好的上升趋势。2008年涨幅最大,可能与 2008 年 9 月到 12 月国家出台一系列货币政策有关,尤其是连续 4 次下调法定存款准备金率,促使市场流动的资本增加。2010 ~ 2011 年出现轻微下滑,可能与国外经济需求下降,投资增长乏力有关。2011 ~ 2012 年出现逐步小幅回升,2012 年人均流通资本指数达到最大值为 309.62。

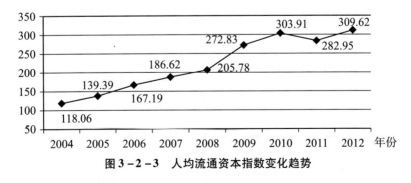

图 3 - 2 - 3　人均流通资本指数变化趋势

从图 3 - 2 - 4 可以看出,人均流通资本指数对中国流通产业的贡献率呈波动变化趋势，与技术现代化指数对中国流通产业的贡献率的变化类似。2004～2006年，从2.14%上升至4.14%，同样地，2006～2007年出现大幅度下降，降至1.72%。2007～2009年经过第二次上涨，上升至3.68%。之后几年连续下滑。但从对中国流通产业发展指数的贡献点数上看，2004～2012年，分别拉动中国流通发展上升了0.75、2.46、4.20、5.41、6.61、10.80、12.74、11.43、13.10个百分点，贡献点数呈良好的上升势态。

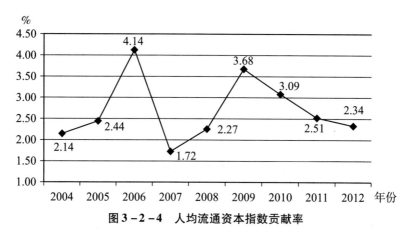

图3-2-4　人均流通资本指数贡献率

（三）各省市技术现代化指数排名

从表3-2-1可以看出，2012年技术现代化指数最大的三个省份是内蒙古、四川和天津，指数值分别为696.57、682.08、597.67；技术现代化指数最小的三个省份是广东、北京和上海，分别为257.79、108.91和101.53。

表3-2-1　　　　2012年各省市技术现代化指数排名

排名	省市	技术现代化指数	排名	省市	技术现代化指数
1	内蒙古	696.57	7	广西	503.56
2	四川	682.08	8	山东	488.26
3	天津	597.67	9	福建	482.19
4	辽宁	552.68	10	江西	475.92
5	江苏	535.52	11	河南	457.09
6	青海	514.56	12	湖南	455.31

排名	省市	技术现代化指数	排名	省市	技术现代化指数
13	安徽	448.89	22	重庆	317.66
14	河北	448.46	23	宁夏	300.37
15	吉林	445.06	24	海南	290.85
16	湖北	409.96	25	浙江	275.51
17	贵州	407.97	26	黑龙江	269.03
18	陕西	405.49	27	新疆	268.32
19	甘肃	379.00	28	广东	257.79
20	山西	328.64	29	北京	108.91
21	云南	326.95	30	上海	101.53

从区域结构上看，首先，我国西北，东北地区技术现代化指数较高，包括青海和辽宁（排名前十），这是我国的老工业基地，随着"振兴东北"的一系列政策措施出台，间接影响了对流通产业的投入，使这些省份的经济得到很快的发展。西南地区、华中地区及华北地区的省市指数排名居中，说明这些地区的技术现代化发展空间较大。指数最低的地区是华东地区及东南沿海地区，说明这些经济发达地区流通产业从业人员较多，且现代流通技术日趋协调完善，从而导致技术现代化指数相对于其他省市偏低。

（四）技术现代化指数总体评价

技术现代化指数从人均流通资本指数方面来反映流通产业现代化程度，从指数数据上看，2004～2012年从138.43增长到296.84，2009～2011年的增长速度放缓，在2011年又出现一次快速提升。从贡献率上看，最为突出的是2006年人均流通资本的贡献率。企业的流通资本增加在一定程度上，可促进企业买进高技术的装备，此原理同样可应用于流通产业，所以人均流通资本间接反映了技术现代化的发展。

二、业态现代化指数

业态现代化指数是从新型流通方式及组织角度考察流通产业现代化的

发展现状。选取物流配送化程度、连锁经营化程度和人均连锁经营规模三个指标从规模和结构角度衡量流通产业业态现代化发展的程度。其中，物流配送化程度反映了连锁零售流通产业的统一配送水平和效率，连锁经营化程度反映了连锁零售业经营的普及情况，人均连锁经营化规模反映了连锁经营的现状。

（一）业态现代化指数变化趋势及贡献分析

从图3-2-5可以看出，大体上，2004～2012年业态现代化指数变化趋势呈直线上升趋势。2004～2006年和2009～2011年的增幅相对较大，2012年与2011年大致持平。这可能与国家鼓励措施紧密相关，国家鼓励新型业态的发展，包括网店布局、行业结构和规模规划等。流通产业业态现代化指数均在140以上，虽然增长幅度存在变化，但总体呈稳定增长趋势，且数值较高，说明2004～2012年业态现代化发展有成效，从它的发展趋势看，未来该指数也会相当乐观。

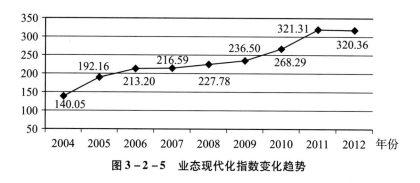

图3-2-5　业态现代化指数变化趋势

从图3-2-6看出，业态现代化指数对中国流通产业发展指数的贡献率呈上下波动态势，这与业态现代化自身发展不矛盾，虽然业态发展呈上升趋势，但是增长程度总是比其他指标因素慢，这就导致它对中国流通产业发展的贡献值呈下降趋势。但从对中国流通产业发展指数的贡献点数上看，2004～2012年，分别拉动中国流通发展上升了3.33、7.67、9.42、9.70、10.64、11.64、14.01、18.42、18.35个百分点，贡献点数仍是呈上升趋势，且增长幅度较大，2012年则趋于平缓。

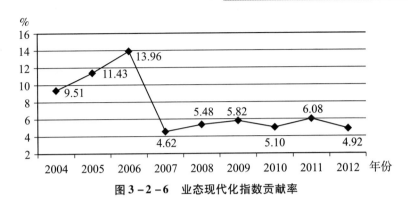

图 3 - 2 - 6　业态现代化指数贡献率

（二）业态现代化指数构成要素分析

1. 物流配送化程度指数变化趋势及贡献分析

从图 3 - 2 - 7 可以看出，物流配送化程度指数总体呈波动下降趋势，2004～2006 年从 98.34 上升至 127.48，2006～2010 年呈逐年连续下降态势，且下降程度最大，2011 年出现小幅回升，2012 年又出现小幅度下降。反映了物流配送技术及工作人员规模提高速度相对总体商品购进额的增长速度较缓，结果比值越来越小，需进一步加强物流体系的改革。

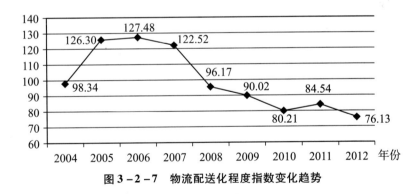

图 3 - 2 - 7　物流配送化程度指数变化趋势

同时，从物流配送化发展对流通产业发展的贡献率来看（如图 3 - 2 - 8 所示），物流配送程度对中国流通产业的贡献率总体呈波动下降趋势，与物流配送程度指数变化趋势基本一致，且 2008～2012 年的贡献率皆为负值，这说明可能物流配送化发展速度放缓，滞后于流通发展速度，导致其对流通产业的发展作用不明显，并在近几年呈现负值贡献率，阻碍了流通产业发展。侧面可以反映出需要改善物流配送化制度，进一步提高物流配送服务。

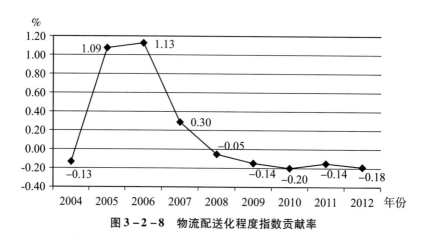

图3－2－8　物流配送化程度指数贡献率

2. 连锁经营化程度指数变化趋势及贡献分析

从图3－2－9可以看出，在经历2004年的骤升后，2005～2012年，连锁经营化程度指数逐年平缓下降，从158.63降至91.19。连锁经营化程度是连锁经营销售额与批发零售业销售总额的比值，经营化程度的下降说明连锁经营销售额增长幅度小于批发零售业销售额的增幅，也暗示了批发零售的其他业态在迅速发展。

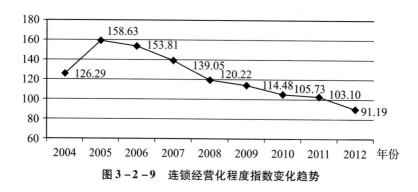

图3－2－9　连锁经营化程度指数变化趋势

从图3－2－10可以看出，连锁经营化程度指数对中国流通产业的贡献率在经历2005年的骤升后呈现下降趋势，2010～2011年的贡献率近乎为0，且2012年出现负值，跌至－0.07%，这是由于该指标指数逐渐减小的缘故，说明连锁经营发展的下降速度加快，这提醒我们需要加强经营连锁化管理，重视对进货、仓储、加工、整理、配送等各个环节的全盘策划、有机衔接，提高自身发展竞争力，提高连锁经营普及率。

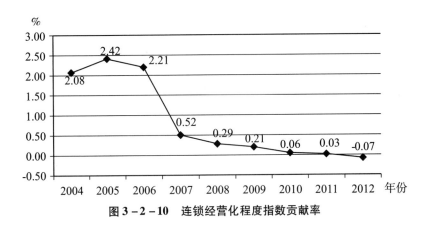

图 3 - 2 - 10　连锁经营化程度指数贡献率

3. 人均连锁经营化规模指数变化趋势及贡献分析

从图 3 - 2 - 11 可以看出，人均连锁经营化规模指数呈现快速的上涨趋势，由 2004 年的 195.94 上升到 2012 年的 794.73，翻了近三番，说明人均连锁经营在中国的发展迅速，结合连锁经营化程度发展态势，可以知道，连锁化经营普及率在降低，但是其发展质量在提高，显示中国的批发零售业连锁经营在逐步规范化，促进了经营效益的提高。

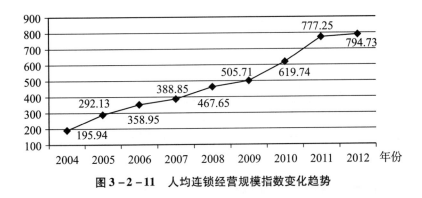

图 3 - 2 - 11　人均连锁经营规模指数变化趋势

从图 3 - 2 - 12 可以看出，人均连锁经营化规模指数对中国流通产业的贡献率变化呈上下波动变化，2005 年出现骤升，2006～2007 年则呈现

逐年下降趋势，从 10.67% 降至 3.82%，2007～2009 年稍微上升至
5.78%，随后两年则小幅度波动。从人均连锁经营规模指数对中国流通产
业发展指数的贡献点数上看，2004～2012 年，分别为 3.80、8.46、11.34、
12.68、16.12、17.77、22.60、28.28、29 个百分点，反映了连锁经营作为
一种新型组织形式的重要作用逐步显示出来，对流通产业发展的贡献上升。

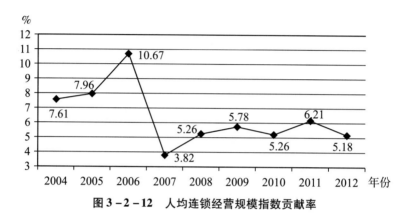

图 3－2－12　人均连锁经营规模指数贡献率

（三）城乡一体化指标分析

城乡一体化指数呈现快速的上涨趋势，由 2004 年的 110.44 上升至
2012 年的 416.02，除 2006～2007 年出现下降外，其余各年均呈上升势态
（如图 3－2－13）。从城乡一体化贡献率来看，2004～2007 年上升速度较
为缓慢，2007 年之后快速提高，到 2012 年其贡献率已达 7.08%，总体看
来，城乡一体化贡献率呈现指数上升的趋势。

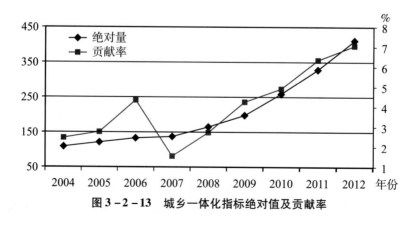

图 3－2－13　城乡一体化指标绝对值及贡献率

（四）各省市业态现代化指数排名

从表3－2－2可看出，2012年业态现代化指数最大的三个省市是北京、上海、江苏，指数值分别为1 222.11、1 105.58、723.49；业态现代化指数最小的三个省市是青海、内蒙古、贵州，分别为62.32、14.68、8.00。从区域结构上看，华北和华东地区的业态现代化指数普遍靠前，然后是中南地区，华中地区的湖南、山西、河南、陕西处于中下位置，处于最后的主要是西北、西南及东北地区，造成此排名格局的原因主要与各地区的经济状况有紧密的联系，沿海地区及直辖市的经济发展较快，经济结构较合理，相应地，人们的生活要求及形式更多样化，所以业态现代化发展更迅速。经济发展偏缓的西部地区的业态结构及整体发展相对比较落后。

表3－2－2　　　　2012年各省市业态现代化指数排名

排名	省市	业态现代化指数	排名	省市	业态现代化指数
1	上海	954.82	16	海南	176.91
2	北京	711.16	17	山西	175.91
3	天津	653.39	18	河南	169.49
4	江苏	367.50	19	四川	168.67
5	浙江	367.30	20	陕西	164.76
6	广东	338.99	21	广西	164.52
7	山东	290.46	22	湖南	151.89
8	福建	286.81	23	安徽	145.78
9	内蒙古	225.39	24	江西	140.22
10	吉林	225.24	25	宁夏	130.76
11	辽宁	214.25	26	云南	119.75
12	湖北	213.15	27	青海	117.20
13	河北	209.15	28	新疆	110.47
14	重庆	185.84	29	甘肃	105.77
15	黑龙江	178.07	30	贵州	103.02

（五）业态现代化指数总体评价

业态现代化指数从三个方面来反映流通产业现代化程度，从指数上看，三者对业态现代化的贡献率从高到低为人均连锁经营规模指数、连锁经营化程度、物流配送化程度。从总体上看，业态现代化指数超过中国整体流通产业经济发展总指数，且对中国流通产业发展的贡献率仅次于技术现代化和外向度，贡献点数相对其他指标来说较大。从内部来看，物流配送现代化程度指数的贡献率在2004～2012年间从未达到过2%，近年来皆呈现为负值贡献率；连锁经营现代化程度指数呈现逐年连续下降趋势，2012年首次出现负值贡献率；人均连锁经营规模指数贡献率相对较高，存在小幅增长，但整体处于波动变化趋势。可以看出，连锁经营现代化、物流配送现代化的发展等虽然未得到较高的重视，但其发展水平相较于现在的整体流通经济发展速度还是较快的。

三、发展现代化的总体评价

本节通过对技术现代化指数和业态现代化指数两项二级指标的综合分析考察我国流通产业现代化发展情况。从图3－2－14可以看出，2004～2012年发展现代化指数和业态现代化指数呈现明显稳定的上升趋势，技术现代化指数整体呈上升趋势，2008年小有幅度的下降，主要还是受金融危机的影响。总体来说，发展现代化对流通产业的发展还是起到了很重要的作用，对发展现代化也越来越重视。

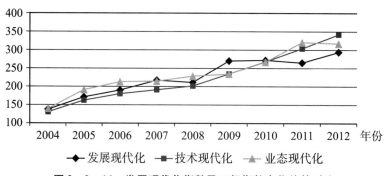

图3－2－14　发展现代化指数及二级指数变化趋势对比

从图3－2－15可知，2004～2012年，流通产业发展现代化指数对中国流通产业发展指数的贡献率分别为20.04%、23.12%、29.54%、10.76%、13.08%、17.27%、15.22%、16.91%、16.38%，分别拉动总指数上升7.38、15.52、19.94、22.60、25.41、33.72、41.81、51.27、61.01个百分点。可见，流通产业现代化发展贡献作用数值偏大，但在2006年达到最高后开始呈现下降趋势，说明其对推动整体流通产业发展的促进作用，已逐步减弱，但贡献点数呈上升趋势，并在2011年超过50个百分点，说明我国流通产业现代化发展力度超前，对流通产业整体发展起到很好的拉动作用。

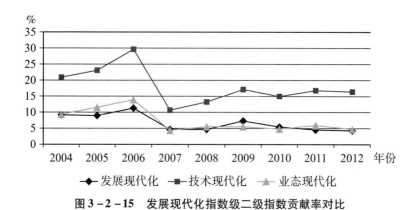

图3－2－15　发展现代化指数级二级指数贡献率对比

可以知道，流通产业发展现代化的构成中，除2009～2010年技术现代化指数高于业态现代化指数外，其他年份都小于业态现代化指数，发展现代化指数一直处于上涨态势，说明我国流通产业现代化发展态势较好，但技术现代化发展有所减弱，而业态现代化的提升较明显，因此我国应重视流通产业技术现代化与业态现代化的均衡发展，促进我国流通产业的发展。整体而言，我国流通产业现代化发展水平较好，但发展空间较大，仍有待提高。

第三节　流通发展国际化指数

流通产业的发展进程关系着我国未来经济的走向，其发展国际化程度更是对国民经济的发展有重大的影响。没有流通产业的国际化，中国很难成为贸易强国。本节从流通产业发展国际化指数入手，分析我国流通产业国际化发展的现状，找出制约我国流通产业国际化发展的主要因素。国际化指数由外向度指数和开放度指数组成。

一、外向度指数

从宏观角度考察，流通产业外向度体现了一个国家或地区的流通产业与国际经济联系的紧密程度，是衡量一个国家或地区流通产业发展规模和发展水平的重要指标之一。流通产业国际化描述的是我国流通产业走出国门的程度。由流通产业对外直接投资净额指数和流通产业对外直接投资占比指数构成。

（一）外向度指数的变化趋势及贡献率分析

从图3-3-1可以看出，2004～2012年，外向度指数整体上呈上升趋势。2004～2009年外向度指数有升有降，特别是从2006年的328.73快速上升到2007年的1 374.55，之后下降到2009年的1 010.48；2009～2012年持续增长，2012年达到1 940.41，为历年最好水平。

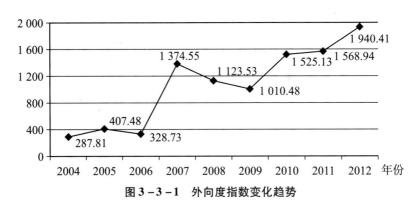

图3-3-1　外向度指数变化趋势

2005～2012年中国流通发展指数的增长率分别为23.73%、0.23%、85.08%、-5.08%、0.35%、26.90%、7.58%、17.22%。为了考察各年外向度指数对流通产业发展的作用大小程度，我们测算外向度指数对中国流通发展指数的贡献率（见图3-3-2）。2004～2012年，外向度指数对中国流通发展指数的贡献率呈上下明显波动变化。2004～2006 年出现连续骤降，从 66.95% 降至 42.35%，2007 年上升至 75.86%，2007～2009 年再次持续下降至 58.27%，这主要是因为 2007 年后，全球经济出现向下波动的态势，对对外投资环境造成了不良影响，因此外向度指数的贡献率明显下降，一路走低。2010 年回升至 64.84%，但增长幅度并不大，随后两年则围绕 61% 上下小幅波动。从外向度指数对中国流通产业发展指数的贡献点数上看，2004～2012 年分别拉动中国流通产业发展上升了 23.48、38.44、28.59、159.32、127.94、113.81、178.14、183.62、230.05 个百分点，贡献点数在所有同级指标中居首位，反映了外向度对中国流通产业发展的贡献占大头，拉动作用较强，因此我国应积极采取措施，增强对流通产业国际化的外向度发展。

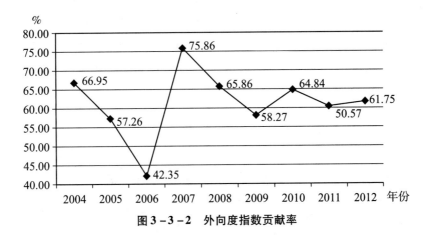

图 3 - 3 - 2   外向度指数贡献率

（二）外向度指数构成要素分析

从图 3 - 3 - 3 可以看出，流通产业对外直接投资净额指数整体上呈上升趋势。2004～2008 年呈现波动趋势，特别是从 2006 年的 579.32 快速上升到 2007 年的 2 481.81，之后下降到 2009 年的 1 923.81，2010～2012 年再次回升至 3 758.61，表明流通产业对外直接投资净额总体处于逐年增长趋势，2005～2012 年皆比 2004 年的投资水平高出许多。从此方面来讲，我国流通产业发展得到各界的重视，流通产业对外直接投资净额提高且发展速度迅速，对中国流通产业经济发展存在较强的拉动潜力。

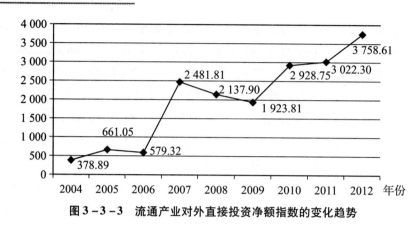

图 3 - 3 - 3　流通产业对外直接投资净额指数的变化趋势

从图 3 - 3 - 4 可以看出，2004 ~ 2012 年，流通产业对外直接投资占比指数呈上下波动变化趋势。2004 年的 196.73 一直下降到 2006 年的78.14，2007 年上升至 267.29，而随后两年又回落至 97.15，2010 年出现小幅上升，达到 121.50，2010 ~ 2012 年则基本保持在 120 上下小幅变动，但仍低于 2004 年的数值。总体来说，流通产业对外直接投资占比不足，阻碍了流通产业的发展。

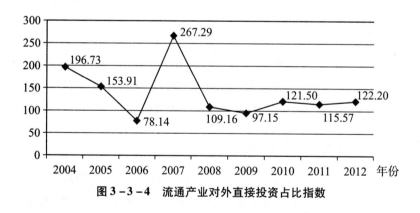

图 3 - 3 - 4　流通产业对外直接投资占比指数

（三）各省市外向度指数排名

从表 3 - 3 - 1 中可以看出，排名前 6 位的省市有上海、广东、江苏、浙江、天津和北京；排名最后 6 位的省市依次为山西、湖南、内蒙古、贵州、甘肃、青海。其中排名前 6 位的省市均处在我国东部地区，而排名靠后 6 省市中有 5 个处在我国中西部地区。

表3-3-1　　　　　　　2012年各省市外向度指数排名

排名	省市	外向度指数	排名	省市	外向度指数
1	上海	2 560.95	16	黑龙江	111.03
2	广东	1 597.88	17	海南	104.26
3	江苏	1 223.19	18	河南	100.11
4	浙江	1 204.20	19	湖北	98.98
5	天津	1 008.26	20	广西	97.42
6	北京	849.79	21	宁夏	74.80
7	福建	769.73	22	陕西	67.98
8	山东	391.89	23	吉林	64.14
9	辽宁	389.41	24	云南	63.41
10	重庆	386.18	25	山西	57.30
11	新疆	255.49	26	湖南	55.98
12	江西	164.42	27	内蒙古	47.02
13	四川	140.43	28	贵州	41.92
14	安徽	131.73	29	甘肃	40.88
15	河北	119.76	30	青海	37.50

此外，上海、广东、江苏、浙江、天津和北京连续9年排名前6名，各年相对排名稍有变动，但依然稳居前6名。上海作为金融、贸易和产业中心，是连接东亚、东南亚和中国大陆经济的枢纽，具备强大的经济辐射力。广东位于珠三角，直接毗邻港澳，具备发展对外贸易的优势，外向型经济特征明显。江苏东临黄海、太平洋，地跨长江、淮河南北，京杭大运河从中穿过，与上海、浙江共同构成的长江三角洲城市群已成为国际6大世界级城市群之一。截至2013年底，江苏有省级以上开发区131家，其中国家级开发区总量达38个，全省海关特殊监管区域（场所）数量达21个，继续着保持中国海关特殊监管区域（场所）数量最多、功能最全、发展最好的领先优势，并与多个国家和地区有港口贸易往来，这为流通产业的发展带来了很好的机遇。而贵州、甘肃及青海三省受地理环境和经济发展水平的限制，主要以农业发展为主，其流通产业发展水平还有待提高。

（四）外向度指数总体评价

通过对 2004～2012 年流通产业对外直接投资净额指数和流通产业对外直接投资占比指数的趋势分析及各省市外向度指数排名，对我国流通产业外向度进程有了基本的了解。

从指标的变化趋势来看，2006～2009 年的波动较为明显（见图 3－3－1）。从国际环境来看，这一时期全球处于经济长周期和中周期下降期的交会点，金融风险的积累干扰了经济的正常运行。因而指标出现了陡增、陡降的变化态势。

从指标的贡献率及贡献点数来看，2006 年外向度指数拉动流通产业发展指数为 28.59 个百分点，2007 年上升到 159.32 个百分点，之后下降到 2009 年的 113.81 个百分点，主要是受 2008 年金融危机的影响。2004～2009 年，外向度指数贡献率起伏明显，2010 年开始小幅回升，同时波动幅度有所减弱，2011～2012 年贡献率基本维持稳定。2010 年指标贡献率又有所提升，这很可能是金融危机的影响减弱，对外投资环境有所改善的结果。此外，就目前来看，外向度指数的贡献率普遍较高。由此看来，我国对外贸易及商品出口发展速度较快，对中国流通产业经济发展作用明显。从外向度排名来看，经济较为发达的省市的流通产业外向度水平一般较高，反之，外向度水平较低，但这并非绝对。

整体而言，我国仍需要不断提高外向度水平，保持并提高外向度发展对流通产业发展的推动作用。现阶段我国需要进一步强化流通产业发展的投资力度，提高流通产业在国民经济运行中的地位，不断落实经济保障措施，以提高流通产业外向度发展的内在动力。

二、开放度指数

发展国际化对于全面提升流通产业国际竞争能力有着重要的理论与现实意义。流通产业开放度是衡量一国或地区流通产业开放性的综合指标，从外资、外商角度考察流通产业发展现状。我们选用流通产业实际利用外资占比、外资商业销售额占比和外资住宿餐饮营业额占比 3 个指标进行描述。

（一）开放度指数的变化趋势及贡献率分析

从图3-3-5中可以看出，2004~2012年，全国开放度指数总体呈现稳步上升趋势。2004~2009年持续发展，2010年小有回落，2010~2012年逐年上升至2012年的214.42。2008年，我国批发零售业商品销售额较上一年大幅度上升，外资商业销售额也明显上涨，使得外资商业销售额占比指数有较大的上涨，带动开放度指数增长。2009~2012年，我国批发零售业商品销售额和住宿餐饮营业额呈逐年上升趋势，外资商业销售额占比指数和外资住宿餐饮营业额占比指数出现波动，外资商业销售额占比指数波动幅度较大，外资住宿餐饮营业额占比指数波动幅度较小。虽然我国流通产业开放度偶有波动，但总体上呈现逐渐提升趋势，整体发展态势良好。

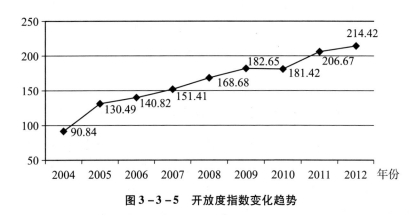

图3-3-5 开放度指数变化趋势

从图3-3-6可以看出，2004~2012年，开放度指数对中国流通发展指数的贡献率呈现波动的走势。2004年，开放度指数的贡献率为-3.26%，2005年骤升至5.68%，之后小幅上升至2006年的7.56%，2007年又回落到3.06%，2007~2012年波动幅度较小。下降主要是由于外资商业销售额和外资住宿餐饮营业额的发展速度滞后于我国批发零售业商品销售额和住宿餐饮营业额，因此降低了开放度的拉动力。

从对流通产业发展指数的贡献点数来看，2004~2012年开放度指数分别拉动总指数-1.14、3.81、5.10、6.43、8.59、10.33、10.18、13.33、14.30个百分点。可以看出，开放度指数对总指数的贡献点数逐年上升，从

2004 年的 -1.14 个百分点一直上升至 2012 年的 14.30 个百分点，但是，所有年份的贡献点数明显低于同期的外向度指数。可见，2004~2012 年开放度指数对流通产业发展指数具有一定的推动作用，但并不显著，主要还是外向度指数的拉动作用。

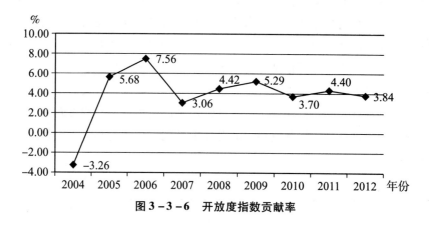

图 3 - 3 - 6　开放度指数贡献率

（二）开放度指数构成要素分析

1. 流通产业实际利用外资占比指数的变化趋势及贡献率分析

2004~2012 年，我国流通产业实际利用外资占比指数整体呈上升态势。其中，2010 年小有回落，2012 年指标指数为 287.11，比 2004 年约提高了 74.41%。从图 3 - 3 - 7 可以看出，2004~2009 年，流通产业实际利用外资占比指数一路上行，尽管 2010 年出现小幅度下降，但仍然维持在 200 以上，对总体的发展态势无太大影响。

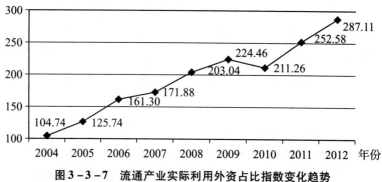

图 3 - 3 - 7　流通产业实际利用外资占比指数变化趋势

从图 3－3－8 可以看出，流通产业实际利用外资占比指数的贡献率整体呈波动变化：2004～2006 年增长较快，从 0.56% 增至 3.78%；2007 年下降至 1.42%，2007～2012 波动幅度不大。2004～2012 年流通产业实际利用外资占比指数分别拉动总指数增长了 0.20、1.07、2.55、2.99、4.29、5.18、4.63、6.35、7.79 个百分点，可见其对中国流通产业的发展的促进作用正逐年增强，但仍不显著。

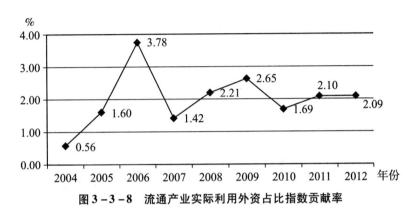

图 3－3－8　流通产业实际利用外资占比指数贡献率

2. 外资商业销售额占比指数的变化趋势及贡献率分析

从图 3－3－9 可以看出，外资商业销售额占比指数大致呈现增长态势。2004 年的 102.51 上升至 2005 年的 139.13，上涨幅度最大，之后下降至 2006 年的 127.18，2006～2008 年持续上涨，从 127.18 增长至 168.49，2009 年小有回落，2009～2011 年又持续上涨，2012 年下降至 201.52，但仍高于 2004 年水平。

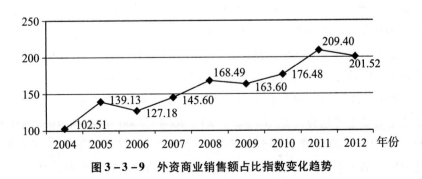

图 3－3－9　外资商业销售额占比指数变化趋势

从图 3 - 3 - 10 可以看出，外资商业销售额占比指数的贡献率波动性明显，呈激增—下降—小幅波动的变化态势。从整个时期来看，外资商业销售额占比指数的贡献率在 2004 年末探到最低（0.30%），2005 年激增至 2.43%，随后又降至 2007 年的 0.90%，2008 年出现小幅上涨，之后在 1.20% 左右波动。从外资商业销售额占比指数对中国流通产业发展的贡献点数来看，分别拉动了 0.10、1.63、1.13、1.90、2.85、2.65、3.18、4.55、4.23 个百分点。可见，外资商业销售额占比指数对中国流通产业发展的贡献点数呈现波动趋势，2011 年达到最大，对中国流通产业发展的贡献点数为 4.55 个百分点。

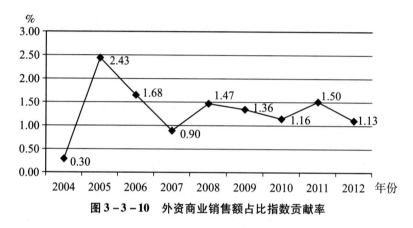

图 3 - 3 - 10　外资商业销售额占比指数贡献率

3. 外资住宿餐饮营业额占比指数的变化趋势及贡献率分析

如图 3 - 3 - 11 所示，2004～2012 年外资住宿营业额占比指数呈明显波动变化。2004～2007 年，外资住宿营业额占比指数不断提高，尤其是 2005 年的增幅最大，从 65.55 增长至 127.01。受 2008 年金融危机的影响，2008 年出现较小的下滑，2009 年又出现较大的增长，之后三年波动幅度很小。尽管目前我国经济增长下行的压力有所增加，但总体而言，我国外资住宿营业额占比指数仍有望保持在比较稳定的水平。

2004～2012 年，外资住宿营业额占比指数对我国流通产业发展的贡献率呈波动下降趋势（见图 3 - 3 - 12）。2004～2006 年从 - 4.10% 逐年上升至 2.13%，2007 年又降到 0.74%，之后几年除 2009 年的 1.29% 外，其余年份都小于 1%。从对中国流通发展指数的拉动效果来看，外资住宿营业额占比指数仅拉动其增长了 - 1.44、1.13、1.44、1.55、1.46、

2.52、2.38、2.45、2.31 个百分点，可见其对中国流通发展的促进作用并不显著。

图 3 - 3 - 11　外资住宿餐饮营业额占比指数变化趋势

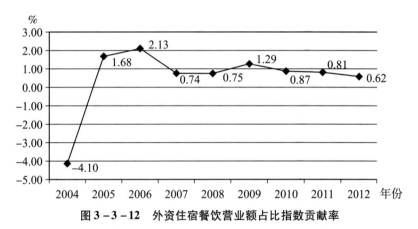

图 3 - 3 - 12　外资住宿餐饮营业额占比指数贡献率

（三）各省市开放度指数排名

从表 3 - 3 - 2 中可以看出，开放度指数大于 300 的地区仅有两个，分别为上海和陕西；广东、福建及北京的开放度指数也只大于 200，排名在前五；浙江、江苏流通产业开放度指数分别位列第 11 位及第 13 位，处于中等水平。同时，从排名的两端来看，开放度指数的差距非常大。排名最后 5 位的地区是山西、甘肃、海南、新疆及青海，其开放度指数均低于 50，甘肃省不足上海的 1/40，海南、新疆及青海开放度指数甚至为 0。

表3－3－2　　　　　　2012年各省市开放度指数排名

排名	省市	开放度指数	排名	省市	开放度指数
1	上海	1 120.92	16	内蒙古	103.23
2	陕西	365.52	17	河南	101.34
3	广东	254.34	18	黑龙江	97.65
4	福建	239.23	19	湖北	91.74
5	北京	223.40	20	重庆	90.38
6	辽宁	194.30	21	四川	78.18
7	天津	187.09	22	湖南	67.08
8	宁夏	182.59	23	贵州	66.80
9	广西	167.38	24	吉林	62.23
10	云南	166.80	25	河北	54.92
11	浙江	160.05	26	山西	34.81
12	山东	129.31	27	甘肃	26.89
13	江苏	126.01	28	海南	0
14	安徽	111.91	29	新疆	0
15	江西	108.77	30	青海	0

陕西流通产业实际利用外资占比指数208.54，位列全国第12位；外资商业销售额占比指数为231.05，位列全国第4位；外资住宿餐饮营业额占比指数为656.96，位列全国第1位，远高于排名第2位的天津市（260.16）。浙江省为经济强省，流通产业实际利用外资占比指数为364.05，位列全国第4位；但外资商业销售额占比指数仅为31.12，位列全国第20位；外资住宿餐饮营业额占比指数为84.97，位列全国第13位，说明浙江流通产业对外资的利用率不高，其流通产业开放度水平还有待进一步提高。江苏经济实力居于第一梯队，但其流通产业实际利用外资占比指数、外资商业销售额占比指数、外资住宿餐饮营业额占比指数仅位列第17位、第10位及第8位，其流通产业开放度水平并不是很高。山西三项三级指标分别为47.94、8.46、48.03，分别位列全国第23位、第26位、第17位，整体水平均靠后，与排名靠前的省市相距甚大。

从区域结构来看，前15名中，东部地区占据5席，中部地区占据4

席，西部地区占据 3 席，东北地区占据 3 席。东部地区具备良好的发展环境，因此流通产业的开放度也得到了提升。但这并不是绝对的，一部分经济较为发达的省市，在流通产业开放度的建设上仍较为滞后。相反的，中西部的一些地区，依据发展特点，充分把握流通产业发展优势，推动流通产业开放度发展，其开放度居于国内较高水平。

（四）开放度指数总体评价

流通产业开放度指数共包括了流通产业实际利用外资占比指数、外资商业销售额占比指数、外资住宿餐饮营业额占比指数 3 个分项指标。

从变化趋势来看（见图 3 - 3 - 13），除了个别年份的波动性较大外，开放度指数及各个分项指标基本上呈较稳定的增长态势，可见外商对流通产业的投资发展较好。

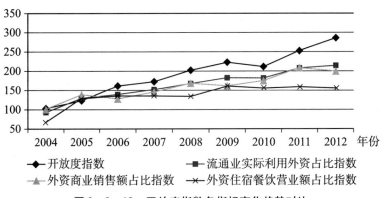

图 3 - 3 - 13　开放度指数各指标变化趋势对比

从贡献率来看，各项指标在 2007 ~ 2010 年间均呈现较为稳定的趋势。从图 3 - 3 - 14 可以看出，除 2005 年外，流通产业实际利用外资占比指数的贡献率大于外资住宿餐饮营业额占比指数的贡献率，而外资商业销售额占比指数的贡献率起伏较小，对流通产业发展的促进作用较稳定。因此，在流通产业的发展过程中，仍应当慎重对待外资使用效率、鼓励优秀外商投资经营、营造良好发展环境等的诸多问题，这将是中国流通产业开放度水平突破的关键。

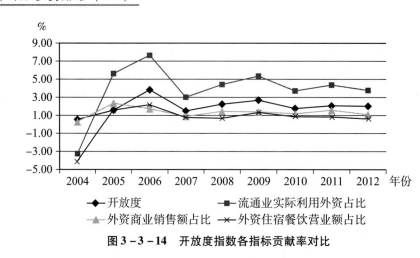

图 3 - 3 - 14　开放度指数各指标贡献率对比

三、发展国际化指数总体评价

本节通过对外向度指数和开放度指数两项二级指标的综合分析考察我国流通产业国际化发展情况。从图 3 - 3 - 15 可以看出，外向度指数和开放度指数的走势存在较明显的互补性。

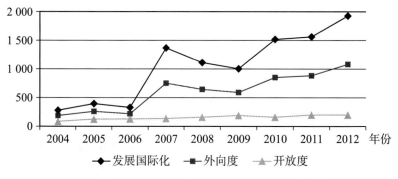

图 3 - 3 - 15　发展国际化指数及二级指标指数变化趋势对比

观察图 3 - 3 - 16，2004 ～ 2012 年，流通产业发展国际化指数对中国流通产业发展指数的贡献率分别为 63.68%、62.94%、49.91%、78.92%、70.28%、63.57%、68.54%、64.97%、65.59%，分别拉动总指数上升 22.33、42.25、33.69、165.74、136.53、124.14、188.32、196.95、244.35 个百分点。可见，流通产业国际化发展对推动整体流通

产业发展起到了重大的促进作用。2004～2012 年，外向度指数的贡献率普遍远高于开放度指数的贡献率。

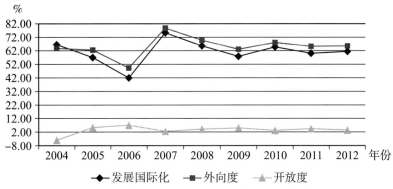

图 3 - 3 - 16　发展国际化及二级指标贡献率对比

从以上的分析可以知道，流通产业发展国际化的构成中，开放度与外向度发展并不一致。我国需要进一步加强流通产业发展的国际化建设，重视流通产业外向度与开放度发展的均衡，保证同时平稳推进外向度与开放度的建设，以进一步大力推动我国流通产业的发展。

整体而言，我国流通产业发展国际化水平还有待提高，其对流通产业发展的促进作用也有待提升。尽管 2008 年金融危机对流通产业的国际发展有一定的冲击，但现今我国宏观调控政策已经初见成效，并将进一步抑制经济波动。在新的发展阶段中，随着与外经济联系的不断加强，我国流通产业国际化进程也将迎来又一轮的崭新发展。

第四节　流通发展绩效指数

流通产业发展绩效指标衡量流通产业对国家经济社会发展的促进作用，可以从国民经济、就业、消费等角度进行考察分析。流通产业对经济社会的贡献直接反映了该国流通竞争力的大小，而流通竞争力是国家竞争力的重要组成部分，因此流通产业发展绩效指标成为衡量流通产业发展程度的重要指标。基于流通在经济社会的重要功能和作用，本节从流通发展效率和社会贡献度两个方面的若干指标来衡量流通产业贡献度的大小，并借此反映流通产业的发展和实力。

一、流通效率指数

效率指标指数是反映流通作为中间环节的产品流通速度情况和流通成本情况，主要从流动资产周转率和库存周转率两个方面来考察。流动资产周转率反映了流动资产的周转速度，是评价流动资产利用率的重要指标之一。库存周转率是一定时期内销售产品的成本与平均库存的比值，用于反映存货的周转速度，即存货的流动性及存货资金占用量是否合理，促使企业在保证生产经营连续性的同时，提高资金的使用效率，增强企业的短期偿债能力。该比值越小，库存周转速度越快，流动性越强，存货的占用水平越低。

（一）效率指数变化趋势及贡献分析

由图 3 - 4 - 1 可以看出，总体来讲，我国商品流通效率指数呈波动变化趋势，2004 ~ 2008 年从 106.43 上升至 132.52，2008 ~ 2009 年又从 132.52 骤降至 106.25，2009 ~ 2012 年从 106.25 上升至 114.03。2004 ~ 2012 年，效率指数出现反弹主要是因为应对金融危机的国家政策相继出台，使得商品流通效率有所提高。尽管如此，但 2012 年仍处于较低水平，我国流通效率指数虽然有小幅上升，但仍需进一步加大力度提高我国商品的流通效率。

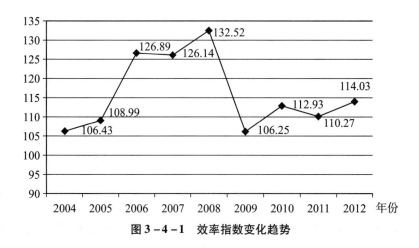

图 3 - 4 - 1　效率指数变化趋势

由图 3 - 4 - 2 可以看出，2004～2006 年，效率指数对中国流通产业的贡献大幅上升，其中 2005～2006 年升幅最大，2006 年升至 4.98%，2007～2009 年又大幅下降到 0.40%，2009～2012 年又小幅上升至 0.47%。整体上看除 2006 年外贡献率整体较低，表明商品流通效率指数对提高整体流通产业发展指数的促进作用并不明显。从效率指数对中国流通发展指数的贡献点数上看，2004～2012 年分别为 0.80、1.12、3.36、3.27、4.07、0.78、1.62、1.28、1.75，贡献点数均偏低。

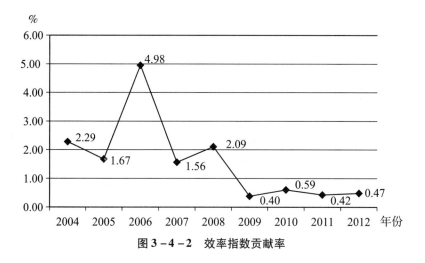

图 3 - 4 - 2 效率指数贡献率

（二）效率指数构成要素分析

1. 流动资产周转率变化趋势及贡献分析

由图 3 - 4 - 3 可以看出，2004～2012 年流动资产周转率呈明显周期性波动变化。2004～2008 年基本上呈上升趋势，从 120.43 升至 130.28，2009 年骤降至 110.20，2010～2011 年有所回升，超过 2004 年水平，2012 年又出现大幅回落，从 132.04 降至 98.19。由此可知，流动资产周转速度在 2009 年经历了较大的下降后，虽然得到了有效的提高，但是 2012 年又出现大幅度的下跌，反映了流通企业盈利能力仍然有待提高。

图 3 - 4 - 3　流动资产周转率变化趋势

由图 3 - 4 - 4 可以看出，同样地，2004～2012 年，流动资产周转率指数对中国流通产业的贡献率大致呈周期性的波动状态：2004～2009 年，从 2.42% 下降到 0.22%；2009～2011 年小幅上升，达到 0.44%，但仍小于 1；2011～2012 年又下降至 - 0.02%，下降幅度超过 2009～2011 年的上升幅度，下降到最低水平。从整个跨度来看，流动资产周转率指数对中国流通发展指数的贡献率基本均是正值，只有 2012 年为负值。从流动资产周转率对中国流通发展指数的贡献点数上看，2004～2012 年，分别拉动中国流通发展指数上升了 0.85、0.93、1.03、0.99、1.26、0.43、0.66、1.33、- 0.08 个百分点，可见流动资产周转率对中国流通产业发展的拉动力较小。

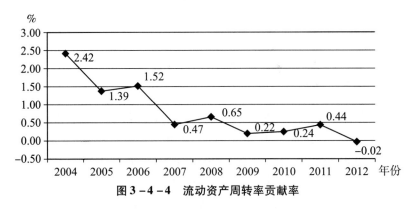

图 3 - 4 - 4　流动资产周转率贡献率

2. 库存周转率变化趋势及贡献分析

由图 3 - 4 - 5 可以看出，2004～2012 年库存周转率大致呈周期性的波动状态。2004～2008 年大幅上升，从 2004 年的 100.45 上升至 2008 年的 170.81，其中 2005～2006 年上升幅度最大；2008～2011 年呈快速下滑趋势且下降幅度较大，从 170.81 降至 105.59，反映了流通企业的供应链运作水平的下降。在 2011 年下降之后，2012 年的库存周转率指数急剧上升至 150.60。这可能是由于随着经济回暖，消费者需求的提升，流通产业运行较为顺畅，库存能够较快地转化为商品提供给消费者。

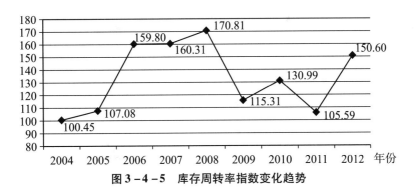

图 3 - 4 - 5　库存周转率指数变化趋势

由图 3 - 4 - 6 可以看出，2004～2012 年，库存周转率对中国流通产业的贡献率呈周期性波动：2004～2006 年从 0.05% 大幅上升至 3.69%，2006～2009 年又呈逐年急剧下降趋势，尤其 2006～2007 年的降幅最大，2009 年和 2010 年有所回升，从 0.33% 上升至 0.47%，2010～2011 年出现小幅下降，2011～2012 年又小幅上升至 0.57%。2004～2012 年的贡献率均在 0～3.7% 范围内波动，说明在此期间库存周转率对流通产业发展的拉动力不大，但 2009 年后正处于缓慢提高态势中。从对中国流通发展指数的贡献点数上看，2004～2012 年分别拉动中国流通发展指数上升了 0.02、0.30、2.49、2.51、2.95、0.64、1.29、0.23、2.11 个百分点，表明库存周转率的拉动力较小，即库存周转率对流通产业发展没有明显的促进作用。

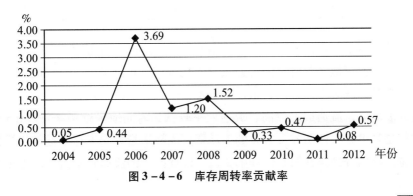

图 3 - 4 - 6　库存周转率贡献率

（三）各省市流通效率指数排名

由表 3 - 4 - 1 可以看出，甘肃、陕西、天津的效率指数分别排在前三名，分别位于西北、华北三个地区。四个直辖市中天津、上海、重庆排在前列，而北京排名较为靠后。

表 3 - 4 - 1　　　　　　2012 年各省市效率指数排名

排名	省市	效率指数	排名	省市	效率指数
1	甘肃	296.75	16	江苏	122.67
2	陕西	244.81	17	湖北	122.04
3	天津	232.92	18	吉林	121.70
4	宁夏	178.05	19	广东	116.02
5	内蒙古	175.48	20	新疆	114.64
6	青海	165.63	21	山西	111.99
7	江西	160.18	22	安徽	105.11
8	山东	150.31	23	福建	101.88
9	辽宁	137.40	24	黑龙江	99.93
10	海南	136.59	25	四川	95.39
11	河北	130.88	26	广西	91.86
12	上海	129.74	27	北京	83.53
13	浙江	124.30	28	贵州	82.21
14	重庆	124.24	29	云南	76.08
15	湖南	123.67	30	河南	72.68

从区域上看，西北、东北、中南及华东等地区各省市的流通效率指数均较高，西南地区各省市的流通效率指数较低。相对来说，西南地区的省市大都是经济欠发达地区，市场体系不健全，交通体系较为落后，使得流通发展落后，流通成本较高，流通效率较低。西北地区近年来发展迅速，尤其是甘肃和陕西两省：甘肃的流动资产周转率指数和库存率指数均排在首位，陕西分别排在第 5 位和第 2 位，因此两省的流通效率指数领先于其

他省市。东北地区是老工业基地，且商业氛围较为浓厚，经济处于快速发展中，流通效率指数较高，其中辽宁的效率指数居第 9 位，主要是由于辽宁的流动资产周转率指数为 137.23，排在第 6 位，带动了流通效率指数的提高。中南地区除河南之外，流通效率指数均较高，尤其是海南和湖南，主要是由于这三个省近些年经济发展较为活跃，交通便利，商贸经济发展迅速，而河南的库存率指数居于末位，造成了流通效率指数偏低。华北地区各省份的排名波动较大，说明流通效率发展程度相差较大高低不一，其中内蒙古排在第 5 位，其库存周转率指数为 242.6，居第 4 位，主要是由内蒙古的资源优势促进了流通的发展，畜牧业规模较大、距经济中心较近，有良好的进出口条件，是中部地区的交通运输枢纽，使得产品库存流动较快。北京的效率指数均很低，可以发现北京的流动资产周转率指数和库存周转率指数分别为 82.53 和 84.53，排名分别为第 30 位和第 27 位，使得北京的效率指数较低，可能北京流通发展较为饱和，呈现出较慢的发展速度。

（四）效率指数总体评价

通过多角度对 2004～2012 年间流通产业效率指数分析比较，对流通产业整个体系的运转效率有了全面的了解。

从 2004～2012 年指数的走势来看，流动资产周转率指数和库存周转率指数大致均是先升后降再升的波动变化，两个指标的起伏变化导致流通发展效率在此期间同样发生先升后降再升的变化趋势。效率指数呈现先升后降再升的变化态势，最低点出现在 2009 年。2009～2011 年，随着各项政策的制定实施，流通产业运行步入正轨，现金等流动资产周转速度和产品库存周速度提高，流通发展效率得到提高，表明流通产业的效率处于稳步提升中，对整体流通产业的发展的贡献作用逐步提高。

二、社会经济贡献指数

社会贡献度是流通产业对社会经济发展的贡献和带动作用，体现了流通产业的发展高度，也直接反映了国家流通竞争力的大小，主要通过流通产业增加值占比、拉动倾向、促进倾向、就业贡献率和商品销售税金及附加费五个方面的指标来衡量流通产业对社会经济贡献力的大小。流通产业增加值占比是评价流通产业发展对国家或地区经济发展所做贡献的重要指标，可以衡量流通产业在国民经济中的地位和贡献。拉动倾向从动态角度衡量了流通产业作为先导产业，其发展对国民经济的拉动作用和贡献力，由于我国正处于工业化发展阶段，工业产出仍占最大的比重，因此用流通产业总产出增长速度与工业总产出增长速度的比值来衡量流通产业对经济发展的拉动力大小。促进倾向是通过测算流通产业总产出增长速度与社会消费品零售总额增长速度的比值来衡量流通产业作为国民经济中的对社会经济发展的带动作用。就业贡献率是指流通产业就业增量与社会总就业增量之比，反映了流通产业作为劳动密集型产业对促进社会就业所做的贡献。商品销售税金及附加费是指由销售产品、提供工业性劳务等负担的销售税金和教育费附加，包括营业费、消费税、城市维护建设税、资源税和教育费附加等，税金及附加费的绝对值多少可以反映出流通产业对促进社会发展所做的贡献。

（一）社会经济贡献度指数的变化趋势及贡献分析

由图 3-4-7 可以看出，2004～2012 年，社会贡献度指数有一定幅度的波动，但整体上存在上升势头。2004～2009 年持续上升，从 111.43 上升至 194.16，其中 2006～2009 年上升幅度最大，2009～2010 年呈小幅下降趋势，从 194.16 下降至 180.25，2010～2012 年又呈现上升趋势，从 180.25 上升至 216.93，且 2008～2012 年社会经济贡献度指数均保持在 150 以上，说明流通产业发展对社会经济发展的贡献发展速度较高。

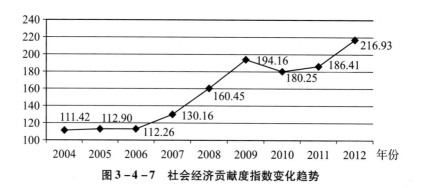

图 3-4-7 社会经济贡献度指数变化趋势

由图 3 - 4 - 8 可以看出，2004～2012 年间，社会贡献度指数对中国流通产业的贡献率基本呈周期性波动趋势。2004～2007 年贡献率逐年下降，但数值依然为正值，2007～2009 年大幅度增长，从 1.80% 升至 6.03%，在 2009 年的大幅下降后，随后三年基本与 2010 年水平一致，保持在 3.60% 左右，但数值偏小，均在 10% 以下，由此可知近些年流通产业发展对社会经济发展有一定的带动作用，但贡献率增长速度放缓，趋于稳定。从对中国流通发展指数的贡献点数上看，2004～2012 年分别拉动中国流通发展指数上升了 1.43、1.61、1.53、3.77、7.56、11.77、10.03、10.80、14.62 个百分点，表明社会经济贡献的拉动力较大，即社会经济贡献度对流通产业发展有明显的促进作用。

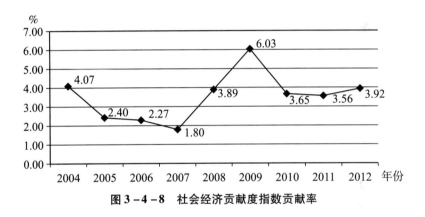

图 3 - 4 - 8　社会经济贡献度指数贡献率

（二）社会贡献度指数构成要素分析

1. 流通产业增加值占比指数的变化趋势及贡献分析

由图 3 - 4 - 9 可以看出，2004～2012 年，流通产业增加值占 GDP 比重指数呈现出下降后上升的变动趋势，整体走势较为平稳。2004～2006 年有小幅降低，从 95.75 降至 93.48，2006～2012 年则逐年持续小幅上升，升至 98.00。

由图 3 - 4 - 10 可以看出，2004～2012 年流通产业增加值占 GDP 比重指数的贡献率整体上呈上升趋势。2004～2005 年出现大幅增长，2005～2006 年又出现小幅下降趋势，2006～2012 年呈现逐年上升趋势，从 -0.24 上升至 -0.01，2006～2007 年增长幅度最大。从整体来看，流通产业增加值占 GDP 比重指数的贡献率虽然有所上升，但均是负值贡献率，这主要是由于流通产业发展速度落后于我国 GDP 增长速度。从对中国流通发展指数的贡献点数上看，2004～2012 年，分别为 - 0.11、- 0.14、- 0.16、- 0.15、- 0.13、- 0.14、- 0.11、- 0.10、- 0.05 个百分点，且均为负值，表明尽管流通产业增加值逐年增长，但其发展程度明显滞后于我国整体国民经济的发展，因而表现出流通产业增加值占比指数对流通发展指数存在反向的抑制力。

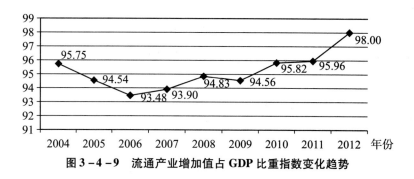

图 3 - 4 - 9　流通产业增加值占 GDP 比重指数变化趋势

图 3 - 4 - 10　流通产业增加值占 GDP 比重指数贡献率

2. 拉动倾向指数的变化趋势及贡献分析

由图 3 - 4 - 11 可以看出，2004～2008 年拉动倾向指数逐年增长，由 2004 年的 105.62 上升至 2008 年的 168.06，2008～2009 年急剧升至 334.61，随后 2010 年同幅度下降回落至 157.68，2011 年小幅升至 163.65，2012 年再次出现激增，升至 316.88，相较 2004 年水平翻了两番，表明近年来流通产业发展对国民经济的拉动作用发展速度较大，尽管个别年份出现波动，但整体上流通产业的快速发展有利于增强国家流通产业竞争能力，有利于促进国民经济发展，有利于加快社会经济发展步伐。

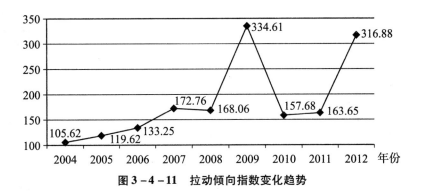

图 3 - 4 - 11　拉动倾向指数变化趋势

由图 3 - 4 - 12 可以看出，2004～2012 年拉动倾向指数对中国流通产业的贡献率波动较大，经历了上升，下降，再上升的过程。2004～2006 年贡献率逐年增长，从 0.40% 升至 1.23%，2007～2008 年小幅回落，2009 年急剧上升至最高点 3.00%，2010 年大幅下降至 0.52%，降幅略大于升幅，2011～2012 年再次呈逐年持续上升趋势，升至 1.46%，说明了近几年拉动倾向指数对流通产业发展指数发展有一定的促进作用，但并不明显，且其贡献率不稳定。从对中国流通发展指数的贡献点数上看，2004～2012 年，分别为 0.14、0.49、0.83、1.82、1.70、5.87、1.44、1.59、5.42 个百分点，除 2009 年和 2012 年之外，贡献点数均小于 2.00，表明流通产业对工业的拉动力发展程度较低。

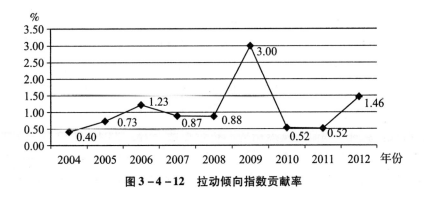

图 3 - 4 - 12　拉动倾向指数贡献率

3. 促进力倾向指数的变化趋势及贡献分析

由图 3 - 4 - 13 可以看出，2004～2012 年，促进力倾向指数呈明显波动下降趋势，降幅皆大于升幅，即流通产业发展对消费的促进作用变化很大，且处于走低趋势。2004～2006 年从 85.22 降至 78.32，2007 年大幅回升至 114.61，2008～2009 年再次持续同幅度下降至 47.27，这可能主要由于受到金融危机的影响，使得消费力度下降。2010～2011 年开始上升，升至 94.07，主要是由于经济回暖，对消费的影响力也逐步增大。2012 年下降至 75.39，且降幅减小，但指数远低于 2004 年水平。总体来说，促进力倾向指数的整体下降趋势，说明流通产业发展对社会经济发展虽仍有一定作用，但其发展速度滞后于社会消费力度。

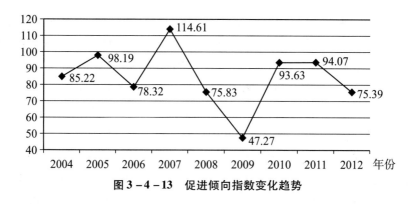

图 3 - 4 - 13　促进倾向指数变化趋势

由图 3 - 4 - 14 可以看出，2004～2012 年，促进倾向对中国流通产业的贡献率呈波动上升趋势：2004～2005 年从 -1.05% 上升至 -0.07%；2006 年大幅下降至 -0.80%，2007 年大幅回升至 0.17%，升幅大于降幅，2008～2009 年又一次下降至 -0.67%，但仍高于 2004 年水平；2010～2011 年逐年持续回升至 -0.05%，但仍为负值；2012 年小幅降低至 -0.17%，数值较小，表明促进倾向指数对流通产业发展指数的贡献较小，且均为负值，这主要是由于流通产业发展相较社会消费能力的发展落后所致。从对中国流通发展指数的贡献点数上看，2004～2012 年分别为 -0.37、-0.05、-0.54、0.37、-0.60、-1.32、-0.16、-0.15、-0.62 个百分点，表明促进倾向指数对中国流通发展指数的拉动力作用不明显，甚至阻碍了流通产业的整体发展。

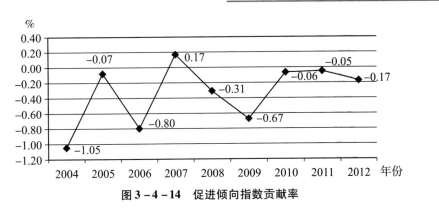

图 3 - 4 - 14　促进倾向指数贡献率

4. 就业贡献率指数的变化趋势及贡献分析

由图 3 - 4 - 15 可以看出，2004 ~ 2012 年就业贡献率指数呈现逐年上升的趋势，从 107.46 升至 205.18，表明流通产业基本上每年吸纳的从业人员都在增加，且增加速度高于全部从业人员的增加速度，表现出流通产业对社会就业的贡献逐步增大，体现了流通产业人口吸纳力强的特性。

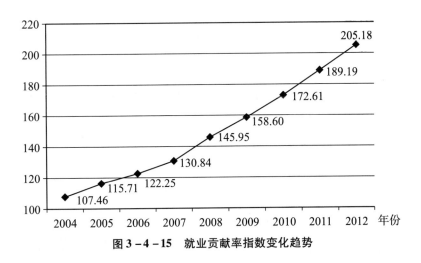

图 3 - 4 - 15　就业贡献率指数变化趋势

由图 3 - 4 - 16 可以看出，2004 ~ 2012 年，就业贡献率指数对中国流通产业的贡献率呈现波动上升趋势，2004 ~ 2006 年逐年上升，2007 年又大幅下降，从 0.82% 下降至 0.37%，2007 ~ 2009 年逐年上升，达到 0.75%，2009 ~ 2012 年又出现小幅下降，从 0.75% 下降至 0.71%。可以发现，在经过 2008 年的金融危机的冲击后，流通产业的从业人员不但没有缩减，反而大幅上升，进一步提高了整体流通产业发展的贡献，促进了流通产业的发展。从对中国流通发展指数的贡献点数上看，2004～2012年，分别为0.19、0.39、0.56、0.77、1.15、1.47、1.82、2.23、2.63个百分点，均是正值，表示流通就业人员的发展速度领先于流通产业整体的发展速度，贡献率的逐年提高走势表现出其对流通整体发展越来越强劲的促进作用。

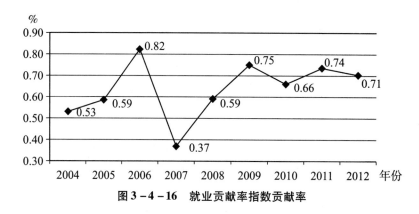

图3-4-16　就业贡献率指数贡献率

5. 商品销售税金及附加费占比指数的变化趋势及贡献分析

由图3-4-17可以看出，2004～2006年商品销售税金及附加费占比指数有所小幅下降，从163.07降至134.01，2006～2007年指数较稳定基本在135左右，2008年出现激增，从138.69升至317.57，2009～2012年呈逐年持续上升态势，2012年达到389.20，表明流通产业基本上每年产生的商品销售税金及附加费都在增加，表现出流通产业对社会经济的贡献逐步增大，体现了我国流通产业发展态势良好的特点。

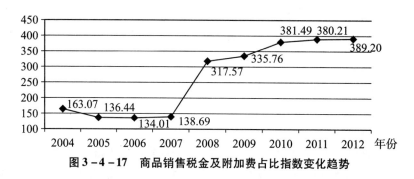

图3-4-17　商品销售税金及附加费占比指数变化趋势

由图 3 - 4 - 18 可以看出，2004 ~ 2012 年，商品销售税金及附加费占
比指数对中国流通产业的贡献率呈明显周期性波动趋势，2004 ~ 2007 年
逐年下降，从 4.50% 降至 0.46%，2008 年同样出现激增，从 0.46% 升至
2.80%，2008 ~ 2009 年小幅增至 3.02%，2009 ~ 2012 年逐年小幅下降，
2012 年贡献率跌至 1.94%，低于 2004 年的水平。可以发现，在经过 2008
年的金融危机的冲击后，流通产业的商品销售税金及附加费不但没有缩
减，反而大幅上升，进一步提高了整体流通产业发展的贡献，促进了流通
产业的发展。从对中国流通发展指数的贡献点数上看，2004 ~ 2012 年，
分别拉动中国流通发展指数上升了 1.58、0.91、0.85、0.97、5.44、
5.89、7.04、7.23、7.23 个百分点，2004 ~ 2007 年贡献点数较小，变化
也不大，在 2008 年的激增后逐年增长，表明流通产业商品销售税金及附
加费对流通产业整体发展的贡献和带动作用逐年增强。

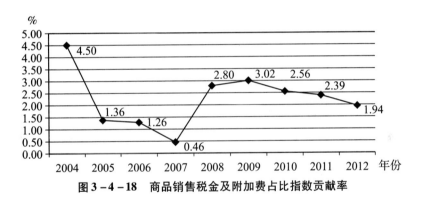

图 3 - 4 - 18　商品销售税金及附加费占比指数贡献率

(三) 各省市社会经济贡献度指数排名

由表 3 - 4 - 2 可以看出，湖南居于榜首，社会经济贡献度指数远远高
于其余各省市，排在前四的省市 (包括湖南、海南、北京、广东) 都超
过了 200，四个直辖市中除重庆之外排名都比较靠前。

从区域结构上看，排名前十位的省市中，中南地区共占 5 个省市，华
东及华北地区分别占有 2 个省市，特别的是西北地区新疆也在其中。经济
发展水平落后的新疆排在第 6 位，主要是由于新疆的拉动倾向
(193.10)、促进倾向 (68.60) 和就业贡献率 (356.05) 三个指标的指数
值较大，分别排在第 3、第 1 和第 9 位，促进了流通产业对该地区社会贡
献率的上升。西南、西北地区除了新疆之外排名普遍靠后，四川居于末

位，主要是由于四川的流通产业增加值占 GDP 比重、拉动倾向、促进倾向和就业贡献率指数分别排在第 28、第 27、第 28 和第 30 位，说明该省流通产业发展程度较低，表现出对流通产业发展的抑制作用。东北地区贡献率居中，随着国家"振兴东北老工业基地"一系列政策的出台，经济由不断下滑开始回暖发展，流通产业的发展对社会经济发展有较大贡献。华东地区中上海、山东、浙江、江苏这些地区经济较为发达，商贸流通较为发达，商业氛围较为浓厚，商品流通体系完善，流通产业对社会经济发展的贡献度较高，上海排在前列，其余排名靠后，体现出沿海城市流通产业发展的良好态势。华北地区排名较靠前，说明其流通产业对社会经济发展的贡献度较高，有力地推动了经济快速发展。中南地区排名普遍靠前，社会贡献指数较高，尤其湖南和海南，分别排在第 1 和第 2 位；尽管湖南的流通产业增加值占 GDP 比重、拉动倾向指数、促进倾向指数和商品销售税金及附加费指数排名均在居中偏后位置，但就业贡献率排在首位，相较第 2 位（上海）翻了一番，因此表现出其社会经济贡献率最高；海南的流通产业增加值占 GDP 比重、拉动倾向指数、促进倾向指数和就业贡献率指数排名较高，分别排在第 9、第 2、第 7 和第 4 位。

表 3-4-2　　　　2012 年各省市社会经济贡献度指数排名

排名	省市	社会经济贡献度指数	排名	省市	社会经济贡献度指数
1	湖南	473.31	14	福建	122.72
2	海南	265.76	15	山东	91.97
3	北京	225.86	16	黑龙江	91.01
4	广东	201.22	17	浙江	86.87
5	山西	190.57	18	宁夏	81.51
6	新疆	169.35	19	河南	79.80
7	湖北	168.66	20	重庆	77.54
8	广西	164.64	21	内蒙古	76.85
9	上海	164.48	22	辽宁	76.51
10	江西	138.20	23	贵州	72.89
11	青海	136.06	24	陕西	70.16
12	天津	128.27	25	吉林	69.63
13	安徽	124.35	26	甘肃	67.49

排名	省市	经济指数	排名	省市	社会经济贡献度指数
27	河北	66.84	29	云南	58.88
28	江苏	60.60	30	四川	50.93

（四）社会贡献度总体评价

通过多方面对流通产业的社会贡献度进行分析，我们更为具体地了解流通产业发展对社会发展的贡献情况。

流通产业作为国民经济的基础产业和先导产业，对国民经济的拉动和带动作用，主要通过流通产业增加值占 GDP 比重、拉动力倾向、促进力倾向、就业贡献率和商品销售税金及附加费指数五个方面来衡量，五个分指标的综合贡献体现了流通产业发展对经济、社会发展的贡献力。整体上看，2004～2007 年，五个分指标均与社会贡献度指数的变动趋势基本相同，2008～2012 年，商品销售税金及附加费指数逐年持续增加，流通产业增加值占 GDP 比重和就业贡献率平稳发展，拉动力倾向指数呈波动上升趋势，而促进力倾向指数表现出波动下降趋势，拉动力倾向于促进力倾向指数间呈现一种互补状态，因此表现出社会贡献度指数也连续上升。

从贡献率角度观察，社会经济贡献度指数的贡献率整体呈现阶梯型上升趋势：2004～2007 年商品销售税金及附加费指数贡献率呈明显下降趋势，但其余四个分项指标贡献率则交替上升；2008 年商品销售税金及附加费指数贡献率大幅升高，使社会经济贡献度指数的贡献率也得到了大提升；2008～2012 年流通产业增加值占 GDP 比重和就业贡献率的贡献率变化稳定，但皆为负，主要是因为流通产业的发展滞后于全社会的发展水平所导致的；而拉动力倾向和促进力倾向在 2009 年均发生下降变动，但对社会经济贡献度表现为拉动作用为正，促进作用为负、存在相互弥补的内在力，因而表现出对社会经济贡献度的作用力不大；2012 年商品销售税金及附加费指数贡献率和促进力倾向指数贡献率都有所下降，但 2012 年社会经济贡献度贡献率却表现为小幅上升，这主要是因为流通产业增加值占 GDP 比重指数贡献率和拉动力倾向贡献率的小幅上升，从负值贡献率逐步向正值贡献率接近，可见，流通产业增加值占 GDP 比重指数和促进力倾向的微小变化对社会经济贡献度的拉动作用却较强。

三、发展绩效的总体评价

本节主要通过对流通发展效率和社会贡献度进行分析，对流通产业的发展绩效有了更为具体的认识。如图3－4－19所示，2004～2012年，效率指数和社会贡献度均波动变化，且呈现明显的互补作用，发展绩效指数在2007年之后，皆高于130，表明流通产业整体运行良好，发展比较稳定，对国家发展的贡献较为明显，且呈逐年上升趋势。

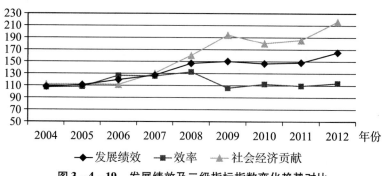

图3－4－19　发展绩效及二级指标指数变化趋势对比

从贡献率来看（见图3－4－20），发展绩效指数对流通产业发展有一定的贡献，变化趋势与社会经济贡献指数更为相近，从2007年的3.35%增至2009年的6.43%，且2009年的贡献率最大。2004～2012年，发展绩效指数分别拉动总指数上升了2.23、2.74、4.89、7.04、11.62、12.55、11.65、12.09、16.37个百分点，贡献点数逐年增长，说明流通产业对社会的发展绩效呈逐年上升态势，利于国民经济及社会的发展。

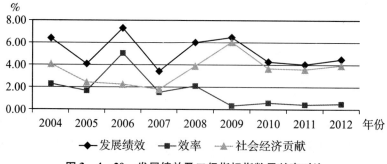

图3－4－20　发展绩效及二级指标指数贡献率对比

第四章　华北地区流通发展分析

华北地区是中国六大地理分区之一，又称"中国北方"。政治上、版图上的华北地区包括北京市、天津市、河北省、山西省、内蒙古自治区，总面积达 156.4 万平方公里，2012 年总人口约 1.69 亿人，占全国总人口的 12.45%，是中国人口最稠密地区之一。华北地区不仅拥有丰富的自然资源，特别是山西省的煤炭资源和内蒙古自治区的矿产资源，同时亦是我国交通条件较为发达的地区之一。其中，北京是全国铁路、公路和航空运输中心，天津、河北的秦皇岛和黄骅港则是我国的重要港口。华北地区地处中国第二大平原，又是首都北京所在地，是我国北方经济、政治中心，是经济较为发达的地区。然而，该地区各省市间的经济发展水平差距较大。其中，北京、天津属经济发达的高收入市，人均 GDP 分别为 86 403.13 元、91 242.12 元；内蒙古自治区属上中等发达地区，人均 GDP 为 63 781.27 元；而河北省、山西省属中下等发达的省区，人均 GDP 仅为 63 781.27 元。

2003～2012 年，影响华北地区流通产业发展的主要总量指标总体上均呈逐年上升的趋势，各年的具体指标值如表 4 - 1 所示。

表 4 - 1　　　华北地区流通业发展的主要总量指标的变化趋势

年份＼指标	社会消费品零售总额（亿元）	流通产业固定资产投资额（亿元）	连锁经营销售额（亿元）	流通产业外商实际直接投资额（万美元）	流通产业就业人数（万人）
2003	6 473.00	1 188.38	1 019.40	107 588	321.83
2004	7 544.20	1 365.57	944.21	162 810	338.09
2005	9 821.00	1 913.52	1 507.06	207 051	328.85
2006	11 280.20	2 444.30	1 782.73	400 805	334.29

续表

指标 年份	社会消费品 零售总额 （亿元）	流通产业固定 资产投资额 （亿元）	连锁经营 销售额 （亿元）	流通产业外商 实际直接投资额 （万美元）	流通产业 就业人数 （万人）
2007	13 282.50	3 035.45	1 970.66	478 002	345.32
2008	16 410.34	3 330.09	2 529.92	351 153	356.44
2009	19 169.93	5 296.44	3 309.80	574 471	374.87
2010	22 613.50	6 675.62	4 119.90	725 852	385.88
2011	26 226.00	6 576.14	4 989.19	311 698	390.11
2012	29 957.50	8 147.74	4 661.31	282 565	415.60

从流通发展总指数方面看，华北地区各省市的流通发展总指数在2004～2012年呈逐年上升趋势，但各省市间的差距较大，北京和天津遥遥领先于其他三个省市。通过进一步观察华北地区的数据发现，不管是流通发展支撑力、发展现代化水平还是其他，北京和天津流通产业的各方面发展均远高于其他三个省份，这与其得天独厚的地域位置、政治环境、经济水平等息息相关。除北京和天津外，华北地区流通发展总水平最高的即为内蒙古自治区，河北省次之，山西省的流通发展水平在华北各省市中属最为薄弱的地区，通过进一步观察发现，山西省的流通发展水平在全国中的排名亦是非常靠后。详见图4－1。

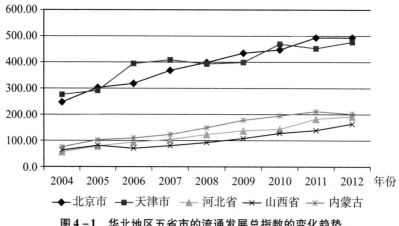

图4－1　华北地区五省市的流通发展总指数的变化趋势

第一节 北京市

北京市是中华人民共和国的首都、直辖市和国家中心城市。位于华北平原北部，东南距渤海约 150 公里，毗邻天津市和河北省。全市面积 16 410.54 平方公里，2012 年末，全市常住人口为 2 069.3 万人，地区生产总值达 17 879.4 亿元，同比增长 10.01%。

一、北京市流通发展总体情况

在首都经济高速发展的环境下，北京市的流通产业也得到了快速发展，流通企业总体规模日益壮大，社会消费品零售额从 2003 年的 1 916.7 亿元增加到 2012 年的 7 702.8 亿元，增长率达 301.88%。另外，流通产业对北京经济发展的先导与带动作用日益突出，流通产业对经济的贡献度也在不断提高。2012 年北京市流通产业实现增加值 3 419.14 亿元，占全市 GDP 的比重达 19.12%；流通产业就业人数达到 228.49 万人。与此同时，北京市流通产业的国际化水平也进一步扩大，限额以上外商投资批发和零售企业个数，从 2004 年的 53 家，到 2012 年的 529 家，流通产业外商直接投资额也从 7 411 万美元上升到 80 065 万美元。一大批国际知名企业和商品品牌进入北京市场，北京已成为国际品牌的集聚地，企业经营理念不断创新，行业水平快速提升，消费者得到更多的消费选择。

在上述各指标实现大幅度提升的同时，北京市流通发展总指数也呈快速上升趋势，由 2004 年的 245.51 上升至 2012 年的 493.76，且在全国除西藏外的 30 个省市流通发展总指数排名中，北京市的流通整体状况排名始终位于前 3 名，说明北京市的流通发展水平在全国处于先进地位。历年的流通发展指数值及其在全国各省市中的排名情况如表 4 - 1 - 1 所示。

表4-1-1 北京市流通发展总指数及其排名

年份 变量	2004	2005	2006	2007	2008	2009	2010	2011	2012
流通发展 总指数	245.51	302.55	318.47	366.59	396.31	433.25	447.80	491.76	493.97
排名	3	2	3	3	2	2	3	2	2

　　由表4-1-1可知，从2004～2012年，北京市流通发展总指数的排名基本保持稳定，稳居全国前3名，说明北京市的流通发展力相对于其他省市而言具有较大的优势。其中，影响其流通发展总体情况的四个一级指标，即流通发展支撑力、流通发展现代化、流通发展国际化和流通发展绩效，其平均指数值分别为432.25、468.88、498.47和154.27。下面我们用雷达图来分析2012年北京市发展支撑力指数、发展现代化指数、发展国际化指数、发展绩效指数对其流通发展总指数的贡献情况，如图4-1-1所示。

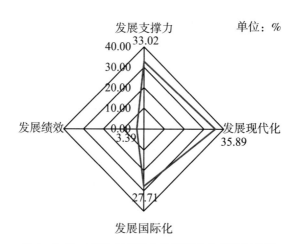

图4-1-1　2012年北京市流通产业各指标贡献率

　　由图4-1-1可见，各指标对总指数的贡献均为正。其中，发展现代化对北京市流通产业的发展贡献最大，达35.89%，拉动流通发展总指数提升了141.38个百分点。其次为发展支撑力和发展国际化，贡献率分别为33.02%和27.71%，拉动北京市流通发展总指数增长130.07和109.15

个百分点。而流通发展绩效的贡献率最低，仅为 3.39%，为流通发展总指数仅贡献了 13.37 个百分点。以上现象表明北京市流通产业的发展主要依赖其现代化程度，其次为发展基础支撑力和对外开放程度，而发展绩效却相对薄弱。因此，相关政府部门和企业应进一步转变该地区的流通发展方式，提高流通效率和整体流通产业对经济社会的影响力，这对流通产业的发展具有重要意义。

二、影响流通产业发展的各因素分析

（一）流通发展支撑力

2004～2012 年，北京市的发展支撑力指数呈上升的趋势，从 267.75 增至 620.28，且其排名除个别年份仅次于上海市外，均处于全国首位，这说明了北京市的流通发展支撑能力在全国处于领先地位。具体情况如表 4-1-2 所示。

表 4-1-2　　　　　　　北京市流通发展支撑力指数及其排名

年份 变量	2004	2005	2006	2007	2008	2009	2010	2011	2012
发展支撑力指数	267.75	318.76	333.26	378.29	432.79	467.00	509.79	562.32	620.28
排名	3	3	3	2	2	1	1	1	1

发展支撑力主要体现在流通产业发展的基础及潜力。2004～2012 年，基础指数变化呈逐年上升的趋势，增长了 118.44%，2012 年拉动流通发展指数增长了 76.34 百分点。从其构成要素来看，北京市人均社会消费品零售总额呈逐年上升趋势，从 2004 年的 14 680.51 元升至 2012 年的 37 224.18 元，增幅达 153.56%。这表明北京市居民消费水平大幅提高，消费市场发展稳步上升，且表现出明显的扩张趋势。北京市流通产业的固定资产投资额亦是呈逐年上升趋势，2012 年比 2004 年增加了 597.43 亿元。此外，在 2004～2012 年，北京市流通里程强度指数总体呈快速上升

趋势（除2006年有略微下降外），由2004年的635.34上升至2012年的1 125.6，这代表北京市创造每单位的GDP所需要的流通里程逐年下降，说明北京市生产布局与流通网络布局日趋协调合理。具体变化趋势如图4-1-2所示，其中流通产业固定资产投资额占比对照次坐标轴。

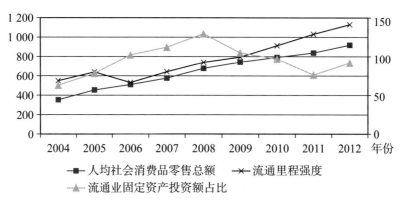

图4-1-2 北京市发展支撑力基础指数构成要素的变动趋势

另外，北京市流通产业的潜力指数也呈上升趋势，由2004年的209.94持续上升至2012年的529.39，增幅为152.16%。且其对流通产业发展的贡献也逐年递增，2012年贡献率达13.62%，拉动流通发展总指数增长了53.67个百分点。从其构成要素来看，在2004~2012年，北京市的城镇人均可支配收入由15 637.8元上升至36 469元，增幅为133.2%，而农村人均纯收入在六年间增长了10 305.7元，增幅为167.02%。这表明北京市流通产业发展潜力越来越大，尤其是农村市场的发展潜力增大，有利于带动未来的流通产业快速发展。

（二）流通发展现代化

2004~2012年，北京市发展现代化指数呈快速增长的变化趋势，由291.31上升至665.51，在全国各省市中的排名平稳，均处于前3名，且近两年上升至全国第1名，这说明北京市流通产业发展的现代化程度高，处于全国领先地位。具体情况如表4-1-3所示。

表 4 – 1 – 3　　　　　　北京市流通发展现代化指数及其排名

年份 变量	2004	2005	2006	2007	2008	2009	2010	2011	2012
发展现代化 指数	291.31	389.80	334.51	388.70	395.18	523.47	573.44	658.03	665.51
排名	2	2	2	2	3	2	2	1	1

　　流通现代化指数主要从技术现代化、业态现代化两方面进行测度。2004～2012 年，北京市技术现代化指数总体呈上升趋势，由 2004 年的 30 上升至 2012 年的 108.91。从其构成要素来看，北京市人均流通资本呈持续上升趋势，由 2004 年的 15 061.46 元上升至 2012 年的 36 513.07 元，但其指数在 2004～2008 年，缓慢上升，升至 105.29 后又回落到 2012 年的 96.95，从而拉低流通发展总指数 0.19 个百分点。2004～2012 年，北京市的批发零售餐饮住宿业资产总额由 20.01 亿元增至 120.87 亿元，是 2004 年的 6.04 倍。

　　同时，在 2004～2012 年北京市业态现代化指数亦呈持续增长的趋势，2012 年达到 1 222.11，拉动流通发展总指数增长了 140.26 个百分点。从其构成要素看，近年来，北京市无论是连锁经营规模还是人均连锁经营规模，均呈现大幅度上涨趋势。其中，连锁零售企业统一配送商品购进额由 2004 年的 422.71 亿元上升至 2012 年的 995.1 亿元，增加了 572.41 亿元；而连锁零售销售额在这 9 年内增加了 1 715.11 亿元。正是这些指标的大幅度提升，才使得北京市流通产业发展业态现代化逐年递增，从而促进整个北京市流通产业的发展。

　　（三）流通发展国际化

　　2004～2012 年，北京流通发展的国际化指数虽有变化不一的波动，但总体呈上升趋势，由 292.68 上升至 536.59。而其排名在 2010 年前均处于第 4 位，之后排名有所下降，但仍处于前列，具体如表 4 – 1 – 4 所示。

　　流通发展国际化从外向度和开放度两方面来体现。2004～2012 年，开放度指数波动幅度小于外向度指数，但就贡献率来看，外向度贡献率一直高于开放度，2012 年两者贡献率分别为 26.95% 和 4.43%，对流通发展指数的增长分别贡献了93.72、15.42个百分点。

表4-1-4　　　　　北京市流通发展国际化指数及其排名

年份 变量	2004	2005	2006	2007	2008	2009	2010	2011	2012
发展国际化指数	292.68	375.92	463.61	562.58	599.02	531.00	544.89	579.96	536.59
排名	4	4	4	4	4	4	5	5	6

　　从指标构成要素来看，流通产业的外向度主要用人均商品出口额表示，2004~2012年，北京市人均商品出口额由1 159.81美元/人上升至2 881.75美元/人，增幅达148.47%。而流通产业的开放度通过流通产业实际利用外资占比、外资商业销售额占比、外资住宿餐饮营业额占比这三个方面进行测度。从绝对量上看，流通产业实际利用外资额由2004年的7 411万美元上升至2012年的80 065万美元，增长了72 654万美元。批发业销售额由2004年的4 860.72亿元增至2012年的52 381.4亿元，增长了47 520.68亿元。外资商业销售额和外资住宿餐饮业营业额分别增加了7 058亿元、127.6亿元，这些绝对量的增长对发展国际化指数的提高起到了举足轻重的作用。开放度的三个构成要素的2012年指数值和贡献率情况如图4-1-3所示。可见，外资商业销售额占比指数的贡献率最大，为2.32%，外资住宿餐饮营业额占比指数的贡献率最小，仅为0.26%。因此，北京市应积极鼓励餐饮住宿行业引进国际先进管理模式、技术手段，与知名品牌合作，提升行业的标准化水平，推进连锁经营规模化发展，从而促进北京市整个流通产业的发展。

（四）流通发展绩效

　　2004~2012年，北京市流通发展绩效指数变化波动较大，变化方向不一，但仍表现出缓慢上升的趋势，至2012年，流通发展绩效指数达到153.48，为流通发展总指数的提高贡献了13.37个百分点，贡献率为3.39%。具体指数值及其排名如表4-1-5所示。

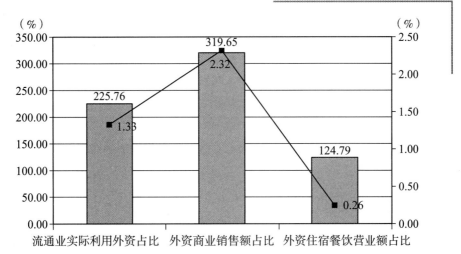

图4-1-3　北京市发展国际化开放度构成要素2012年的指数值及其贡献率

表4-1-5　　　　　　　　北京市流通发展绩效指数及其排名

变量 \ 年份	2004	2005	2006	2007	2008	2009	2010	2011	2012
发展绩效指数	130.28	125.72	142.52	136.80	158.25	211.55	163.06	166.74	153.48
排名	9	8	4	5	2	1	4	4	6

　　流通发展绩效由效率和社会经济贡献来体现，而较其他三个一级指标指数相比，其贡献率严重偏低，主要原因在于效率。在2004～2012年间，效率指数值从104.65下降至83.53，2012年拉低流通发展总指数2.06个百分点。其中，效率又是由流动资产周转率、库存周转率构成，2004～2012年间，北京市流动资产周转率和库存周转率总体上呈下降趋势。因此，进一步提高北京市资产利用效率，对提高北京市流通产业发展水平起重大作用。

　　2004～2012年间，北京市社会经济贡献指数值总体上呈不断上升趋势，由155.91上升至223.43，2012年贡献率达3.91%。且其主要由流通产业增加值占GDP比重、拉动力、促进力、就业贡献率以及税收贡献5个要素构成。可知，2012年社会经济贡献指数构成要素中贡献率最大是就业贡献率，达3.91%，商业销售税金及附加费次之，为0.72%（见图

4－1－4）。而 2012 年流通产业增加值占 GDP 比重、拉动力、促进力的贡献率为负，分别拉低了流通发展总指数 0.1、0.57、1.73 个百分点，这是由于随着北京市流通产业的高速发展，该三个指标的增长速率相对落后。因此，促进北京市流通产业增加值及其增长速度，对于增强流通产业发展绩效能力具有重要作用。

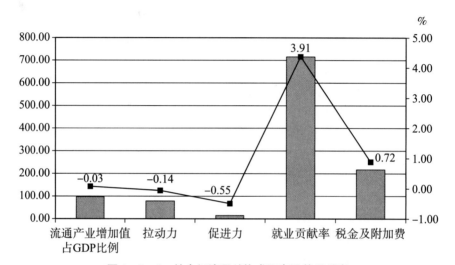

图 4－1－4　社会经济贡献构成要素及其贡献率

第二节　天津市

　　天津市简称津，地处我国华北平原的东北部，东临渤海，北依燕山，是中国北方最大的沿海开放城市，距北京约 120 公里。全市总面积11 919.7 平方公里，2012 年常住人口数为 1 413 万人，全市地区生产总值达 12 893.88 亿元，同比增长 14.03%。天津是环渤海经济圈发展的龙头，定位于北方经济中心，国际港口城市，以滨海新区为制造业龙头、海港和空港为资源优势，重点发展物流、运输和贸易，世界 500 强已有 121 家在津投资。

一、天津市流通发展总体情况

　　天津市位于环渤海经济圈的中心，是北京通往东北和上海方向的重要铁路枢纽，优越的地理位置和便利的交通为天津市流通产业的发展提供了良好的条件。2003～2012 年，天津市的各流通发展指标绝对量都实现了较大幅度的增长，其中，社会消费品零售总额由 922.3 亿元增至 3 921.4 亿元，增长率达 325.18%；流通产业固定资产投资由 2003 年的 126.32 亿元上升至 2012 年的 1 685.57 亿元，增长 12.3 倍；此外，天津市 2012 年流通产业实现增加值 3 191.44 亿元，占全市 GDP 的比重达 24.75%，流通产业就业人数达 54.78 万人。

除上述各流通发展指标大幅度上升外，2004～2012 年，天津市的流通发展总指数也呈较大幅度上升势头，由 276.29 上升至 475.81。2004～2012 年，天津市流通发展总指数在全国除西藏外的 30 个省（市）中的排名，均处于全国前 3 名，可看出天津市流通发展水平在全国各省市中处于较为领先的地位。具体指数值与排名情况如表 4－2－1 所示。

表 4－2－1　　　　　　　　天津市流通发展总指数及排名

变量 ＼ 年份	2004	2005	2006	2007	2008	2009	2010	2011	2012
流通发展总指数	276.29	289.39	393.97	408.09	392.39	399.54	469.94	454.40	475.81
排名	2	3	2	2	3	3	2	3	3

流通发展总指数主要包括流通发展支撑力、流通发展现代化、流通发展国际化和流通发展绩效四个方面，它们的平均指数值分别为 442.35、336.18、650.08 和 153.53。下面我们用雷达图来分析 2012 年发展支撑力、发展现代化、发展国际化、发展绩效对天津市流通发展总指数的贡献，如图 4－2－1 所示。可见，各指标对总指数的贡献均为正。首先发展国际化指数对天津市流通发展指数的贡献最大，为 33.11%，拉动发展指数提升了 124.42 个百分点。其次为发展现代化指数，贡献率达 32.41%，为发展指数的提升贡献了 121.79 个百分点。再次为发展支撑力指数，贡献率为 28.83%，拉动发展指数提升了 108.33 个百分点。贡献率最低的为发展绩效，仅为 5.66%，拉动 21.27 个百分点。因此，天津市流通产业的发展主要体现在对外开放程度、现代化程度以及流通发展支撑力三个

方面，则进一步深化流通产业发展对经济社会的贡献是促进天津市流通产业总体发展进步的重点。

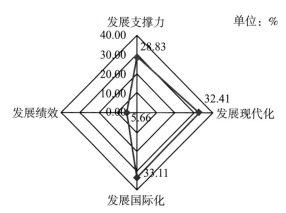

图 4-2-1　2012 年天津市流通产业各指标贡献率

二、影响流通产业发展的各因素分析

（一）流通发展支撑力

2004～2012 年间，天津市发展支撑力指数呈缓慢上升趋势，由 390.42 增至 533.32。而在 2008 年之前，其在全国各省市中的排名均位于首位，之后排名有所下降，2009 年至今均排在全国第 3 位，但仍能说明天津市的流通发展支撑能力位于全国前列。详如表 4-2-2 所示。

表 4-2-2　　　　　天津市流通发展支撑力的指数及其排名

年份 变量	2004	2005	2006	2007	2008	2009	2010	2011	2012
发展支撑力 指数	390.42	399.48	403.63	424.97	439.66	433.88	458.93	496.83	533.32
排名	1	1	1	1	1	3	3	3	3

发展支撑力主要从流通产业发展的基础及潜力两方面进行测度。2004～2012 年间，天津市基础指数波动不大，基本维持在 600 上下波

动，至 2012 年达 624.36，贡献率为 17.44%。而潜力指数则呈不断上升的变化趋势，9 年内增长了 170.69%，2012 年对流通发展指数增长贡献了 42.79 个百分点。

从基础指数构成要素来看，在 2004～2012 年间，天津市人均社会消费品零售总额指数呈快速上升趋势，由 252.97 上升至 682.9，增幅达 169.95%，其 2012 年贡献率达 6.46%，拉动流通产业发展提升了 24.26 个百分点，表明天津市居民消费水平大幅提高，消费市场发展稳步上升，且有明显的扩张趋势。而天津市流通产业固定资产投资额指数增长较为缓慢，由 2004 年的 73.86 上升至 2012 年的 143.04，增长了 93.66%，但其对流通产业发展的贡献率仅为 0.48%，拉动增长 1.79 个百分点。而天津市流通里程强度总体呈下降趋势，由 2004 年的 25.07 下降至 2012 年的 8.82，即天津市创造每单位的 GDP 所需要的流通里程逐年上升，说明了天津市流通发展的载体（交通设施）的发展力度在逐步减弱，这可能受到城市规划整合的影响。具体变化趋势和贡献率分别见图 4-2-2（流通产业固定资产投资额占对照次坐标轴）和图 4-2-3。

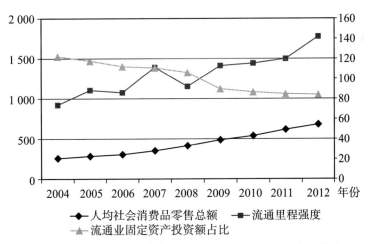

图 4-2-2　天津市发展支撑力基础指数构成要素的变动趋势

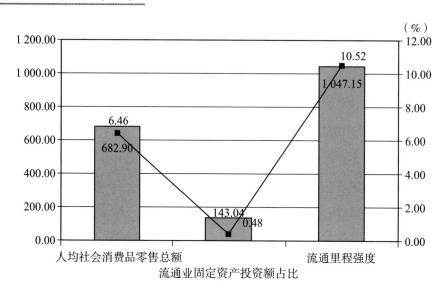

图 4 - 2 - 3　天津市发展支撑力基础指数构成要素 2012 年的指数值及其贡献率

另外，天津市的潜力指数也呈逐年上升趋势，由 2004 年的 163. 39 上升至 2012 年的 422. 28，且其 2012 年对流通产业发展的贡献率达 12. 91%，拉动增长 42. 79 个百分点。其中，潜力指数主要由城镇人均可支配收入与农村人均纯收入构成，在 2004 ~ 2012 年，天津市城镇人均可支配收入指数由 135. 35 上升至 349. 69，增幅为 158. 36%，而农村人均纯收入由 191. 42 上升至 534. 87，增幅为 179. 42%。这表明天津市流通产业发展潜力越来越大，尤其是促进农村市场的发展，将有利于带动未来的流通产业快速发展。

（二）流通发展现代化

2004 ~ 2012 年，天津市的发展现代化指数呈持续上升的变化趋势，由 144. 84 上升至 587. 15，增长率达 305. 78%，且其在全国各省市中的排名也有所上升，2012 年排名第 4 位，说明天津市流通产业发展现代化程度逐年提高，成为全国现代化程度领先省市。具体如表 4 - 2 - 3 所示。

流通现代化指数主要从技术现代化、业态现代化两个方面进行测度。2004 ~ 2012 年，天津市技术现代化指数总体呈上升趋势，由 66. 08 上升至 592. 67，增长了 796. 90%，且其 2012 年的贡献率达到 16. 55%，拉动流通产业发展指数增长了 62. 21 个百分比。从其构成要素来看，天津市流通产业中人均流通资本呈持续上升状态，2012 年达到了 438 277.13 元，是 2003 年的 10 倍，且其对流通产业发展总指数增长的贡献达 20.06%，拉动增长了 66.49 个百分点。天津市的批发零售餐饮住宿业资产总额由 2004 年的 1 019.15 亿元上升至 2012 年的 7 731.7 亿元，增长了 658.64%。

表 4 - 2 - 3 天津市流通发展现代化指数及其排名

变量 \ 年份	2004	2005	2006	2007	2008	2009	2010	2011	2012
发展现代化指数	144.84	166.44	176.98	207.82	269.79	402.80	519.63	550.18	587.15
排名	6	9	9	9	6	4	4	4	4

天津市业态现代化指数亦呈持续增长趋势，由 2004 年的 223.6 上升至 2012 年的 576.62，贡献率达到 15.85%，拉动天津市流通发展指数增长了 59.58 个百分点。从其构成要素看，天津市连锁经营销售额由 2003 年的 93.05 亿元增长到 2012 年的 731.3 亿元，增长了 685.92%；连锁零售企业统一配送商品购进额由 2003 年的 124.15 亿元增加至 2012 年的 570.4 亿元。就是这些指标在绝对量上的大幅度提高，极大地促进了天津市流通产业发展技术现代化和业态现代化的提高。

（三）流通发展国际化

2004～2012 年，天津市流通发展的国际化指数由 430.45 上升到 597.68，总体呈先上升后略微有所下降的趋势。其排名在 2011 年前均处于全国前三，之后有所下降，2011 年和 2012 年分别处于第 6、第 5 位，具体见表 4 - 2 - 4。

流通发展国际化从外向度及开放度两方面来体现。2004～2012 年，天津市外向度指数普遍高于开放度指数，呈持续上升趋势；而开放度指数波动幅度较大，变化方向不一，2012 年较 2004 年有所下降。就贡献率来说，两者的贡献率均为正，分别为 30.21%、2.9%，对天津市流通产业发展总指数增长分别贡献了 113.53 个和 10.89 个百分点。

表 4 - 2 - 4　　　　　　天津市流通发展国际化指数及其排名

年份 变量	2004	2005	2006	2007	2008	2009	2010	2011	2012
发展国际化指数	430.45	456.12	862.33	874.24	726.26	615.80	707.89	579.96	597.68
排名	2	3	2	2	2	3	3	6	5

　　从其构成要素来看，外向度主要体现在人均商品出口额。在 2003 ～ 2012 年，天津市人均商品出口额由 1 419.33 美元上升至 3 419.15 美元，增长率达到 140.9%。而开放度主要体现在流通产业实际利用外资占比、外资商业销售额占比、外资住宿餐饮营业额占比。天津市流通产业实际利用外资额由 2003 年的 79 968 万美元上升至 2012 年的 141 409 万美元，翻了近一番。而外资商业销售额和外资住宿业餐饮业营业额在 2003～2012 年呈持续增长的变化趋势，分别增加了 1 101.32 亿元、49.03 亿元，这些绝对量的增长极大地促进了发展国际化指数的提高。

　　就开放度而言，其主要从流通产业实际利用外资占比、外资商业销售额占比以及外资住宿餐饮业营业额占比三个方面进行测度。2012 年，开放度构成要素的贡献率情况见图 4 - 2 - 4，可知，外资住宿餐饮营业额占比指数的贡献率最大，为 1.78%，外资商业销售额占比指数的贡献率最小，仅为 0.25%。

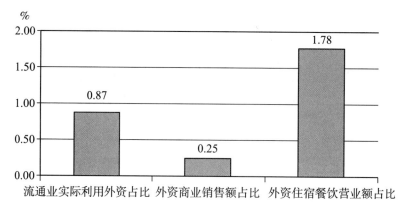

图 4 - 2 - 4　发展国际化开放度构成要素 2012 年的贡献率

（四）流通发展绩效

2004~2012年，天津市流通发展绩效指数呈缓慢上升趋势，2012年指数值为185.09，较2004年增加了45.66，其贡献率为5.66%，拉动天津市流通发展指数增加了21.27，其排名总体上呈不断上升趋势，2012年排名第1位，说明天津市流通发展程度高，具有较强的流通竞争力。具体指数值和排名如表4-2-5所示。

表4-2-5　　　　　　　　天津市流通发展绩效指数及其排名

变量＼年份	2004	2005	2006	2007	2008	2009	2010	2011	2012
发展绩效指数	139.43	135.53	132.92	125.32	133.83	145.66	193.31	190.64	185.09
排名	5	4	7	8	5	5	2	2	1

流通发展绩效主要体现在效率和社会经济贡献，而天津市效率指数值在2004~2012年的变化趋势是前期先缓慢上升，后在2009年骤降，又迅速回升，2010年达到顶峰，之后又逐步回落到2012年的232.92，贡献率为4.42%，拉动天津市流通产业发展指数增加了16.62个百分点。而社会经济贡献指数在起伏中上升，至2012年达137.26，贡献率为1.24%，拉动天津市流通产业发展指数增加4.66个百分点。

从其构成要素来看，效率由流动资产周转率、库存周转率构成，2004~2012年，天津市流动资产周转率波动幅度小，基本保持平稳状态，而库存周转率呈先下降后逐步回升的变化趋势，但上升幅度不大。而社会经济贡献主要由流通产业增加值占GDP比重、拉动力、促进力、就业贡献率以及税收贡献来体现。这5个要素的指数值在2004~2012年的变化趋势及其2012年的贡献率分别如图4-2-5和图4-2-6所示。

可见，2004~2012年，天津市流通产业增加值占GDP比重指数基本保持不变，其对流通发展总指数的贡献率为0.16%。就业贡献率指数略微有所波动，但总体基本保持稳定，其对流通发展总指数的贡献率为

0.91%，远高于其他四个要素。商品销售税金及附加费前期呈缓慢上升趋势，在2010年后迅速上升，其贡献率为0.59%。而促进力和拉动力指数波动较大，特别是2009年的拉动力，说明天津市流通产业的发展并不稳定。此外，拉动力、促进力的贡献率为负，分别拉低流通发展指数0.33个和0.69个百分点。因此，促进天津市流通产业增加值的增长速度以及该产业流动资产流动性对于增强天津市流通产业发展绩效能力具有重要意义。

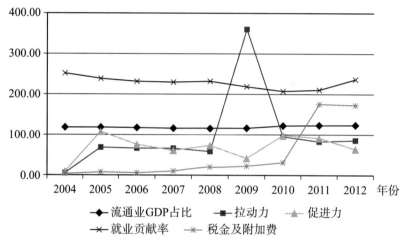

图4-2-5　社会经济贡献指数构成要素的变化趋势

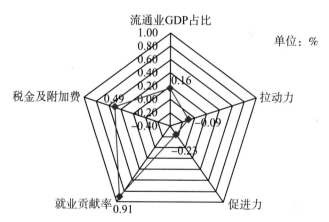

图4-2-6　社会经济贡献指数构成要素2012年的贡献率

第三节 河北省

河北省位于黄河下游以北，东临渤海、内环京津，辖 11 个地级市，全省总面积为 18.77 万平方公里。2012 年全省常住人口为 7 288 万人，地区生产总值达 26 575.01 亿元，同比增长 8.40%。河北省是国家重点文物保护单位数量最多的省份之一，其自然和人文景观资源总量居我国第 2 位。此外，河北省拥有多个亿吨大港，其铁路、公路货物周转量居我国大陆首位。

一、河北省流通发展总体情况

2004～2012 年，河北省流通发展总指数以及其子指标排名情况，如表 4-3-1 和图 4-3-1 所示。可知，河北省流通发展总指数变化波动大，平均排名第 20 位，最高排名为 2008 年、2011 年的第 17 位，最低排名在 2004 年的第 29 位，由此看出，河北省的流通发展在全国各省市中属于相对落后的省份，仍需进一步加大对河北省流通产业的发展力度。

表 4-3-1　　　　河北省流通发展总指数及子指标的排名

指标 年份	流通发展总指数	发展支撑力	发展现代化	发展国际化	发展绩效
2004	29	17	25	25	26
2005	22	17	24	19	18
2006	20	14	15	20	22
2007	19	15	16	23	23
2008	17	17	14	18	23
2009	19	17	18	24	13
2010	21	17	20	22	29
2011	17	13	15	19	22
2012	20	14	17	23	24

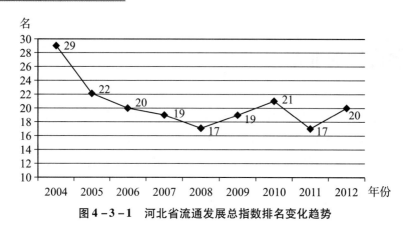

图 4 - 3 - 1 河北省流通发展总指数排名变化趋势

从其构成要素来看，2004 ~ 2012 年，河北省发展国际化排名变化略有波动，但基本维持在第 22 位上下波动。发展绩效排名变化有较大波动，特别是 2009 年、2010 年波动幅度大，其他年份基本保持在第 23 位上下波动。而发展支撑力排名总体呈上升趋势变动，由 2004 年的第 17 位上升至 2012 年的第 14 位，但其流通产业发展支撑力仍属于中下游水平。此外，发展现代化排名变化呈现一种起伏不定的趋势，表现得很不稳定，但是略微表现出一点上升的趋势，但上升幅度不大，由 2004 年的第 25 位上升到 2012 年的第 17 位，仍处于全国省市中比较落后的位置。因此，以上现象表明河北省流通产业的发展并不稳定，总体水平比较落后。

2004 ~ 2012 年，影响河北省流通发展总体情况的四个一级指标，即流通发展支撑力、流通发展现代化、流通发展国际化和流通发展绩效的指数平均值分别为 149.22、200.13、60.35 和 83.96。

2012 年发展现代化和发展支撑力对流通发展总指数的贡献为正，其他两个指标贡献均为负。其中，发展现代化对流通总指数的贡献最大，达 65.62%，拉动流通总指数增长了 61.29 个百分点。次之，为发展支撑力，其贡献率为 38.07%，拉动流通总指数增长了 35.56 个百分点。相反地，发展国际化与发展绩效对流通总指数贡献为负，分别为 - 3.39%、- 0.30%，分别拉低流通总指数 3.16、0.28 个百分点。通过进一步观察河北省发展国际化与发展绩效数据发现，发展国际化的贡献率为负，主要原因在于外向度，其构成要素中，外资住宿餐饮营业额占比指数呈下降趋势变化，而外资商业销售额占比指数虽呈上升趋势变化，但上升幅度不大，导致对流通产业发展绩效贡献为负。而流通产业发展绩效的贡献率为负，主要原因在于社会经济贡献，其构成要素中，流通产业增加值占比、拉动力和促进力增长幅度较小，且就业贡献率总体呈下降趋势。因此，说明河北省流通产业的发展主要依赖其现代化程度以及发展基础支撑力，而对外开放程度、发展绩效却相对薄弱，应进一步转变该地区的流通发展方式，加大对外开放程度，积极引入外资，提高流通效率和整体流通产业对经济社会的影响力。

二、影响流通产业发展的各因素分析

(一) 流通发展支撑力

在 2004～2012 年，河北省流通发展支撑力指数呈逐年上升趋势，由 89.78 上升至 242.24，其排名由 2004 年的第 17 位上升至 2012 年的第 15 位，说明河北省的流通发展支撑力在全国各省市中处于中等水平，仍需进一步加强。

发展支撑力从流通产业发展的基础及潜力两方面进行测度。2004～2012 年，河北省基础指数呈快速上升趋势，其 2012 年贡献率为 14.61%，拉动增长 13.64 个百分点。而潜力指数亦呈不断上升的变化趋势，由 107.39 上升至 275.34，增长率达 156.39%，拉动流通总指数增长了 21.92 个百分点。从两者构成要素来看，基础指数主要体现在人均社会消费品零售总额、流通产业固定资产投资额占比以及流通里程强度。2004～2012 年，河北省的社会消费品零售总额呈快速上升趋势，由 3 217.46 元上升至 12 697.59 元，增长率为 294.64%；流通固定资产投资由 2004 年的 359.75 亿元上升至 2012 年的 2 664.0874 亿元，增加了 2 304.34 亿元。其各指标具体指数变化以及 2012 年各指标贡献率如图 4-3-2 和图 4-3-3 所示。

可知，在 2004～2012 年，河北省人均社会消费品零售总额指数逐年稳定递增，由 91.18 上升至 312.45，且其贡献率是三个指标中最大的，2012 年为 9.47%，拉动流通产业发展提升了 8.84 个百分点，这表明河北省居民消费水平大幅提高，消费市场逐渐成熟，拉动流通产业的发展。然而，河北省流通产业固定资产投资额占比指数历年来基本保持稳定，未有较大提高，且其发展绩效率为 -0.39%，拉低河北省流通产业发展总指数

0.36 个百分点。而河北省流通里程强度指数前期增长缓慢，在 2011 年迅速上升，至 2012 年为 223.75，贡献率为 5.53%，说明河北省生产布局与流通网络布局日趋协调合理。

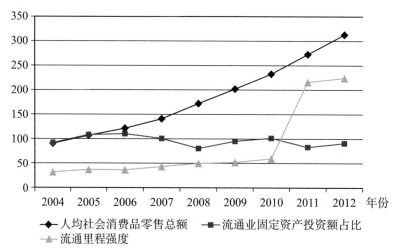

图 4 - 3 - 2　河北省流通发展支撑力基础指数构成要素的变化趋势

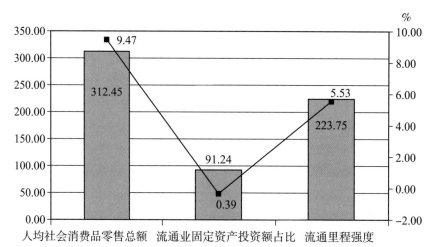

图 4 - 3 - 3　河北省流通发展支撑力基础指数构成要素 2012 年的指数值及其贡献率

河北省潜力指数呈逐年上升趋势，主要体现在城镇人均可支配收入与农村人均纯收入的提高。2003～2012 年，河北省城镇人均可支配收入由 7 239.1 元上升至 20 543.4 元，增长率为 183.78%，且其贡献率为

9.53%；而农村人均纯收入由 2003 年的 2 853.4 升至 2012 年的 8 081.4，增长率为 183.22%，其贡献率为 13.93%，这说明了河北省流通产业的发展潜力很大。

（二）流通发展现代化分析

2004～2012 年，河北省的发展现代化指数呈现持续上升趋势，由50.15 上升至 345.16，其对流通总指数贡献最大，为 65.62%。此外，河北省的发展现代化指数在全国各省市中的排名也略有上升，至 2012 年排名第 17 位，但仍表明河北省流通产业发展的现代化程度处于全国各省市中下游水平，仍需大力提高其现代化水平。

流通现代化指数主要从技术现代化、业态现代化进行测度。2004～2012 年，河北省技术现代化指数和业态现代化总体呈上升趋势，见图4－3－4。但技术现代化指数普遍高于业态现代化指数，且其贡献率为46.63%，拉动流通总指数增长 43.56 个百分点，而业态现代化指数贡献率为 18.99%。

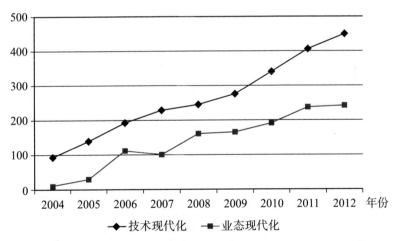

图 4－3－4　河北省技术现代化指数与业态现代化指数的变化趋势

从两者构成要素来看，技术现代化主要体现在人均流通资本以及批发零售餐饮住宿业资产总额。2004～2012 年河北省批发零售餐饮住宿业资产总额指数虽呈不断上升趋势，但提高不大，2012 年其贡献率为－6.01%，拉低了河北省流通发展总指数 516.65 个百分点。业态现代化主要由连锁经营化程度来反映。2003～2012 年，河北省连锁经营销售额由 30.45 亿元增长到 1 100.5 亿元，翻了五番，从而极大地促进了河北省流通产业业态现代化发展。

（三）流通发展国际化分析

2004～2012 年，河北省流通产业发展国际化指数由 28.99 上升到 87.34，总体虽呈上升趋势，但仍低于 2003 年基期水平，且其 2012 年排名位于全国各省市的第 23 位，属于下游水平，严重落后于其他各省市，说明河北省对外开放程度远低于全国平均水平。

流通发展国际化从外向度及开放度两方面来体现。2004～2012 年，河北省市外向度指数和开放度指数均呈不断上升趋势，其中外向度指数普遍高于开放度指数，其 2012 年贡献度为 2.64%。然而开放度指数虽不断上升但上升幅度不大，且其贡献率为 -6.03%，拉低流通发展总指数 5.63 个百分点。因此，制约河北省发展国际化指数的主要因素在于开放度水平。

从开放度的构成要素来看，主要体现在流通产业实际利用外资占比、外资商业销售额占比、外资住宿餐饮营业额占比。河北省流通产业实际利用外资额由 2003 年的 3 886 万美元上升至 2012 年的 34 401 万美元，翻了四番。而外资商业销售额和外资住宿业餐饮业营业额在 2003～2012 年虽呈持续增长状态，但增加幅度不高，分别增加了 78.71 亿元、11.83 亿元。开放度的构成要素指数 2012 年的贡献率情况如图 4-3-5 所示。

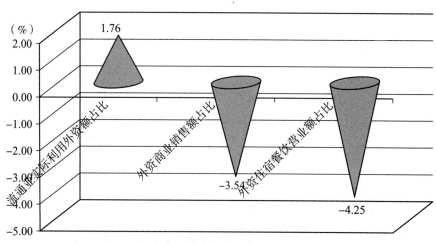

图 4-3-5　河北省开放度构成要素指数 2012 年的贡献率

可见，流通产业实际利用外资占比的贡献率为正，为 1.76% ，而外资商业销售额占比以及外资住宿餐饮营业额贡献率为负，分别为 -3.54% 和 -4.25% 。因此，说明应加大引入河北省住宿餐饮行业的外商投资，扩大对外开放程度，从而促进河北省流通产业发展。

（四）流通发展绩效分析

2004～2012 年，河北省流通发展绩效指数变化趋势不一，但总体上表现出上升趋势，2012 年为 98.86，仍低于 2003 年基期水平，其贡献 -0.30% ，拉低流通发展指数 0.28 个百分点，此外，河北省流通发展绩效在全国各省市中排名变化波动较大，除 2009 年、2010 年外，其他年份基本在第 23 名上下波动，说明河北省发展绩效处于落后水平。

流通发展绩效主要体现在效率和社会经济贡献两个方面。在 2004～2012 年，河北省效率指数在个别年份有下降波动，但总体上仍属上升趋势，至 2012 年效率指数为 130.88，拉动河北省流通发展总指数增加了 3.86 个百分点。相反地，社会经济贡献指数虽呈上升趋势变动，但仍低于 2003 年基期水平，至 2012 年仅 66.84。其贡献率为 -4.44% ，拉低流通发展总指数 4.14 个百分点。因此，可认为制约河北省流通产业发展绩效的主要原因在于社会经济贡献。从其构成要素来看，效率由流动资产周转率、库存周转率构成，2004～2012 年，河北省流动资产周转率指数呈下降变化趋势，由 135.11 下降至 111.96。相反地，库存周转率指数呈上升趋势，由 2004 年的 65.81 上升至 2012 年的 149.8，增长了 127.63%。而社会经济贡献主要通过流通产业增加值占 GDP 比重、拉动力、促进力、就业贡献率以及税收贡献来测度，各要素指数值在 2004～2012 年的变化趋势及 2012 年的贡献率分别见图 4-3-6 和图 4-3-7。

可见，在 2004～2012 年，流通产业增加值占 GDP 比重及就业贡献率变化基本保持稳定，而拉动力与促进力变化波动较大，商品销售税金及附加费呈快速上升趋势。另外，社会经济贡献各构成要素 2012 年的贡献率均为负，其中负贡献最大的即为促进力，为 -1.78% ，就业贡献率以及商业销售税金及附加费与流通产业增加值占比次之，贡献率分别为 -1.25% 和 -0.97% 。这说明了河北省的流通产业的社会经济贡献严重制约了河北省流通产业发展，因此，促进河北省流通产业增加值的增长速度以及该产业流动资产流动性迫在眉睫。

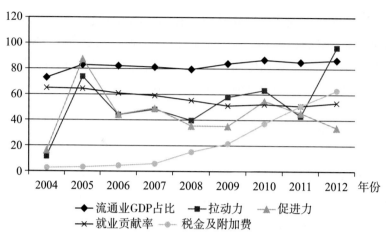

图4－3－6 河北省社会经济贡献构成要素的变化趋势

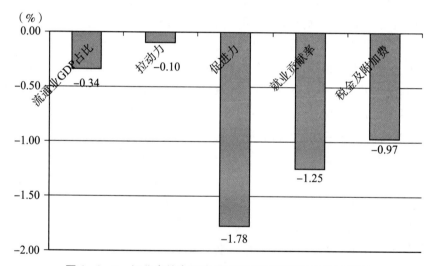

图4－3－7 河北省社会经济贡献构成要素2012年的贡献率

第四节 山西省

山西省简称晋，地处黄河以东，太行山以西，基本地是中间为盆地，东西侧为山地，北与内蒙古自治区相接，东与河北省相接，南与河南省相接，西隔黄河与陕西省为邻。全省面积为156 000平方公里，2012年常住人口数为3 611万人，全省地区生产总值达12 112.83亿元，同比增长了 7.79%。

一、山西省流通发展总体情况

2004～2012 年，山西省流通发展总指数呈快速上升趋势，增长率为 166.09%。但其在全国各省市中的排名变化波动不大，最高是 2005 年的第 23 名，最低是 2006 年的第 30 名，已属于最下游，详见表 4 - 4 - 1。从排名变化趋势来看，山西省流通总指数虽波动较小，但仍可看出有略微上升的趋势，可见图 4 - 4 - 1。这说明了虽然山西省流通产业发展严重落后与其他省市，但其流通产业的发展具有上升的势头，有较大的发展潜力。

表 4 - 4 - 1　　　　　　　　山西省流通发展总指数及其排名

年份 变量	2004	2005	2006	2007	2008	2009	2010	2011	2012
流通发展 总指数	61.51	78.81	71.06	79.26	92.42	108.50	126.92	137.66	163.67
排名	28	23	30	29	26	25	27	27	26

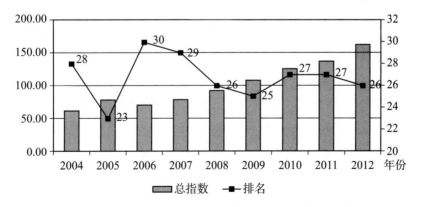

图 4 - 4 - 1　山西省流通发展总指数及其排名的变化趋势

2004～2012 年，影响山西省流通发展总体情况的四个一级指标，即流通发展支撑力、流通发展现代化、流通发展国际化和流通发展绩效的指数平均值分别为 139.32、125.64、54.33、89.51。2004 ~ 2012 年，山西省流通发展支撑力指数、发展现代化指数均呈高速增长趋势变化。而流通产业发展国际化指数，除 2005 年异常偏高外，其他年份变化波动不大，基本上维持在 48 上下波动，远低于 2003 年基期水平。而流通发展绩效指数的变化呈现一种起伏不定的态势，表现得很不稳定，但仍可看出其总体上呈上升趋势变化。这说明了山西省流通产业的发展非常不稳定，且总体水平比较落后，处于全国下游水平。

2012 年四要素各年对总指数的贡献程度对比详情，见图 4 - 4 - 2。可知，2012 年，发展支撑力、发展现代化和发展绩效对流通总指数的贡献为正，而发展国际化的贡献为负。其中，发展现代化对流通总指数的贡献最大，为 58.33%，拉动流通总指数增长了 37.14 个百分点。次之，为发展支撑力，其贡献率为 42.71%，拉动流通总指数增长 27.2 了个百分点。再次之，为发展绩效，其贡献率为 20.13%，拉动流通总指数增长了 12.82 个百分点。相反地，发展国际化对流通总指数贡献为 -21.18%，拉低流通总指数 13.48 个百分点。因此，说明山西省流通产业的发展主要依赖其现代化程度以及发展基础支撑力，发展绩效次之，而对地区外开放程度低，制约了山西省流通产业的发展，所以需着重加强国际化的发展。

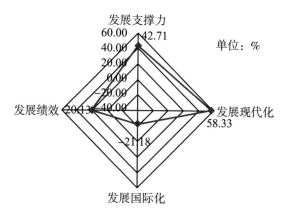

图 4 - 4 - 2　山西省流通产业各指标 2012 年的贡献率

二、影响流通产业发展的各因素分析

(一) 流通发展支撑力

在 2004 ~ 2012 年，山西省流通发展支撑力指数呈逐年上升的变化趋势，由 88.87 上升至 208.79，且其排名除在 2009 年、2012 年略有波动外，基本保持稳定，其余年份均处于第 19 位。这说明了山西省流通产业发展支撑力稳定，但较全国其他省市而言仍属下游水平，需进一步加强，详见图 4 - 4 - 3。

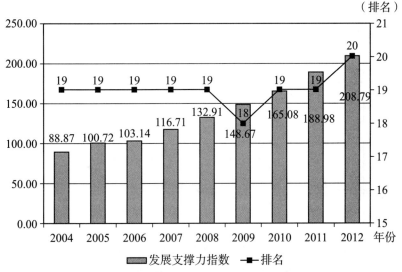

图 4 - 4 - 3　山西省流通发展支撑力指数及其排名变化趋势

发展支撑力主要体现在流通产业发展的基础及潜力两个方面。2004 ~ 2012 年，山西省基础指数以及潜力指数均呈持续增长趋势。其中，基础指数由 2004 年的 81.71 上升至 2012 年的 175.91，贡献率为 14.9%，拉动流通总指数的增长了 9.49 个百分点；而潜力指数由 2004 年的 96.02 上升至 2012 年的 241.67，贡献率为 27.81%，对流通总指数的增长贡献了 17.71 个百分点。

从两者构成要素来看，基础指数主要由人均社会消费品零售总额、流通产业固定资产投资额占比以及流通里程强度三要素组成。从绝对量上看，山西省的社会消费品零售总额呈快速上升趋势，由 2003 年的 729.3 亿元上升至 2012 年的 4 506.8 亿元，增幅为 517.96%；流通固定资产投资由 2003 年的 167.84 亿元上升至 2012 年的 1 311.18 亿元，增幅为 681.21%；而流通里程强度变化除个别年份略微有所下降外，总体上基本呈上升趋势，说明了山西省创造每单位的 GDP 所需要的流通里程逐年下降，交通布局规划正逐步优化趋于合理。具体指数变化见图 4－4－4。可知，在 2004～2012 年，基础指数的三个构成要素指数均呈快速上升的变化趋势。就贡献率而言，2012 年贡献率最大的是人均社会消费品零售总额，为 13.54%，拉动山西省流通产业发展总指数增长了 8.62 个百分点。其次，为流通里程强度，其贡献率为 1.38%，为山西省流通产业发展总指数增长贡献了 0.88 个百分点。然而，流通产业固定资产投资占比的贡献率为 －0.03%，拉低山西省流通产业发展总指数 0.015 个百分点。

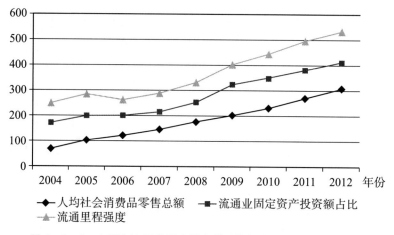

图 4－4－4　山西省流通发展支撑力基础指数构成要素的变化趋势

　　山西省的潜力指数呈逐年上升趋势，其主要体现在城镇人均可支配收入与农村人均纯收入的提高。2003～2012 年，山西省城镇人均可支配收入由 7005 元上升至 20 411.7 元，增长率为 191.39%，且其贡献率为 17.71%；而农村人均纯收入由 2 299.2 上升至 6 356.6，增长率为 176.47%，其贡献率为 14.34%。说明随着经济的发展，人民收入水平的提升，山西省流通产业的发展具有越来越大的潜力。

（二）流通发展现代化分析

2004～2012 年，山西省的发展现代化指数呈持续上升趋势，由 37.64 上升至 248.57。而其发展现代化指数排名在全国各省市中的排名在 2004～2008 年基本保持稳定，处于全国最下游，之后排名有所上升，但仍有波动，至 2012 年排名为第 28 位。详见图 4－4－5。

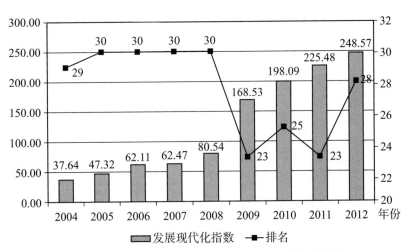

图 4－4－5 山西省流通现代化指数及其排名变化趋势

流通现代化指数主要从技术现代化、业态现代化两个进行测度。2004～2012 年，山西省技术现代化指数和业态现代化指数总体呈上升趋势，分别增长了 491.92%、752.57%，但技术现代化指数显著高于业态现代化指数。此外，技术现代化对流通发展总指数 2012 年的贡献达到 44.89%，拉动增长 28.58 个百分点；而业态现代化 2012 年的贡献仅为 13.45%，对流通产业发展总指数的增长贡献了 8.56 个百分点。

从两者构成要素来看，技术现代化主要体现在人均流通资本以及批发零售餐饮住宿业资产总额。2003～2012 年，山西省流通产业固定资产投资呈快速增长趋势，由 167.84 亿元增长到 1 311.18 亿元，增幅为 681.21%。批发零售餐饮住宿业资产总额由 2003 年的 711 万元增长到 4 201.6 万元，增长了 3 490.6 万元。业态现代化主要由连锁经营化程度来体现，2003～2012 年，山西省连锁经营销售额由 50.2 亿元增长到

379.52 亿元，增长了 656.02%，从而极大地促进了山西省流通产业态现代化发展。

（三）流通发展国际化分析

2004～2012 年，山西省流通发展国际化指数除 2005 年异常偏高以及 2009 年稍偏低外，其他年份变化基本稳定，基本维持在 48 上下波动，与 2003 年基期水平差距较大。而其在全国各省市中的排名呈现一种起伏不定的变化趋势，但仍可看出其总体上呈下降的趋势变化，2012 年排名第 28 位。详见图 4 - 4 - 6。

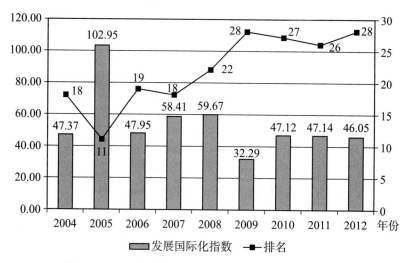

图 4 - 4 - 6　山西省流通现代化指数及其排名变化趋势

流通发展国际化从外向度及开放度两方面进行测度。2004～2012 年，山西省市外向度指数在 2004～2008 年呈上升趋势变化，2009 年又有所波动，至 2012 年为 57.3，远低于 2003 年基期水平。而开放度指数变化波动方向不一，起伏不定，但总体上呈下降趋势变化。2012 年两者贡献率均为负，分别为 -8.38% 和 -12.8%，且分别拉低流通发展总指数 5.34 个和 8.15 个百分点。因此，山西省流通发展国际化水平严重滞后，对外开放程度低，这也成了制约其整个流通产业发展的主要因素之一。

从开放度构成要素来看，主要体现在流通产业实际利用外资占比、外资商业销售额占比、外资住宿餐饮营业额占比，其具体变化趋势见图

4-4-7。可知，各要素变化相似，呈一种起伏不定的变动趋势，表现不稳定，但仍可看出其总体上呈下降趋势变化。此外，就贡献率而言，贡献率最大的为外资住宿餐饮营业额占比，为 1.78%，拉动山西省流通产业发展总指数增长了 6.69 个百分点。其次，流通产业实际利用外资占比和外资商业销售额占比，其贡献率分别为 0.87% 和 0.24%，为山西省流通产业发展总指数分别贡献了 3.28 个、0.93 个百分点。

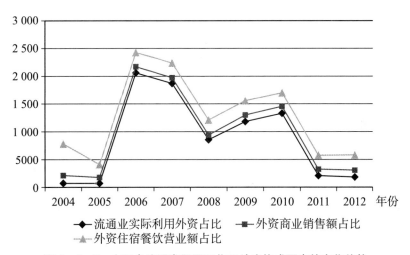

图 4-4-7　山西省流通发展国际化开放度构成要素的变化趋势

（四）流通发展绩效分析

2004~2012 年，山西省流通发展绩效指数波动起伏不一，但仍可看出总体呈缓慢上升的变化趋势，其在全国各省市中的平均排名为第 23 位，流通发展绩效度远落后与全国平均水平。而至 2012 年，流通发展绩效指数迅速上升，达到 151.28，排名也从第 22 位上升至第 7 位，属全国领先地位。具体指数值与排名的变化趋势见图 4-4-8。

流通发展绩效主要从效率和社会经济贡献两方面进行测度。在 2004~2012 年，山西省效率指数变化虽有波动，但总体上呈缓慢上升趋势，由91.7 上升至 111.99，增长率为 22.13%，2012 年拉动山西省流通发展总指数增长了 1.5 个百分点；而社会经济贡献指数在 2004~2011 年，其变化波动不大，略微有所上升，且上升幅度很小，仅由 52.65 上升至 62.73。但在 2012 年，该指数迅速上升，为 190.57，远高于 2004 年基期水平，拉动山西省流通发展总指数增长了 11.32 个百分点。

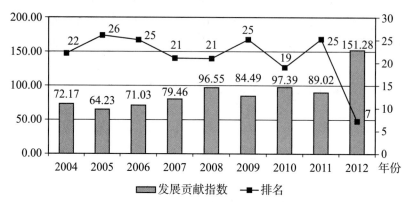

图 4-4-8　山西省流通发展绩效指数以及其排名变化趋势

从其构成要素来看，效率由流动资产周转率、库存周转率构成，2004～2012 年，山西省流动资产周转率变化除在 2008 年迅速上升外，基本维持在 2.9 的水平上下波动，波动幅度小，较为平稳。而库存周转率 2004～2010 年，呈持续上升的变化趋势，但在 2011 年、2012 年有所回落。另外，社会经济贡献主要由流通产业增加值占 GDP 比重、拉动力、促进力、就业贡献率以及税收贡献来体现。

其中，2004～2012 年，流通产业增加值占 GDP 比重指数总体呈缓慢下降的变化趋势，由 97.76 下降至 88.51，2012 年其贡献率为 -0.45%，拉低流通产业发展总指数 0.29 个百分点；就业贡献率呈缓慢下降的变化趋势，2012 年其贡献率为 0.22%；拉动力、促进力指数变化波动起伏不定，但总体上表现出上升的趋势，其中，拉动力指数在 2012 年迅速上升，是 2011 年的近 20 倍，为 668.56。而两者 2012 年的贡献率分别为 22.32% 和 -2.34%，拉动力对山西省 2012 年流通发展总指数的提高贡献了 14.2 个百分点；相反地，促进力拉低了山西省 2012 年流通发展总指数 1.19 个百分点。最后，商品销售税金及附加费在 2004～2010 年呈迅速上升的变化趋势，但在 2011 年、2012 年有所回落，仅为 51.67 和 49.76，远低于 2003 年全国平均水平，2012 年贡献率为 -1.97%。具体 2012 年各指标贡献率情况见图 4-4-9。因此，促进山西省流通产业增加值及其增长速度对于增强山西省流通产业发展绩效能力具有重要意义。

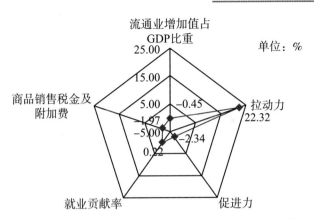

图4－4－9　山西省流通产业社会经济贡献构成要素2012年的贡献率

第五节　内蒙古自治区

内蒙古自治区位于中国北部边疆，紧邻蒙古和俄罗斯。面积为118万平方千米，占全国总面积的12.29%。2012年内蒙古自治区年末常住人口2 490万人，其中城镇人口1 438万人，城市化率为57.75%。2004~2012年内蒙古经济保持持续增长，至2012年内蒙古自治区生产总值为15 880.58亿元，相比2004年增长了422.2%。2012年全年城镇居民家庭人均可支配收入为23 150.26元，农村居民家庭人均纯收入为7 611.31元，与2004年相比分别增长了85%和192.03%。

一、内蒙古流通发展总体情况

2003年内蒙古自治区人民政府出台了《关于深化区直商贸流通企业改革的意见》，对区直商贸流通三大集团企业实行战略性调整。通过资产重组、产权转让，实现商贸流通企业产权多元化。2014年内蒙古自治区人民政府印发了《关于深化流通体制改革加快流通产业发展的实施意见》，提出强化政策支持，构建地区特色鲜明的流通产业发展格局。提出到2015年，全区社会消费品零售总额突破6 500亿元，流通产业增加值占国内生产总值比重达到14%以上。到2020年，社会消费品零售总额超过13 000亿元，流通产业增加值占国内生产总值比重达到18%，对经济社会发展的贡献显著增强的总目标。在各项法规的支持和保障下，内蒙古自治区人民政府流通产业得到快速发展。其中2012年社会消费品零售总额为4 572.55亿元，比2004年同比增长412.6个百分点。2012年流通产业增加值为3 486.02亿元，相比2004年同比增长367.81％。批发零售业销售额由2004年的1 041.05亿元上涨至2012年的3 949.6亿元，同比增长449.4％。

从总指数的角度来看，内蒙古流通发展总指数在2009年有小幅度的下降，这主要受2008年国际金融危机的影响。其余各年都呈上涨趋势（见图4－5－1），到2012年内蒙古流通发展总指数上升至229.58，比2004年增长了216.18％。整个期间流通总指数的平均值为146.02，年平均增长率为16.09％。从排名的角度来看，内蒙古从2004年的第21位一路攀升至2011年的第11位，2012年出现下滑，排名跌落到第18位。整个期间平均位于第15位，处于全国流通中等发展水平。综合来看，内蒙古流通产业的发展态势不错，增长较快。

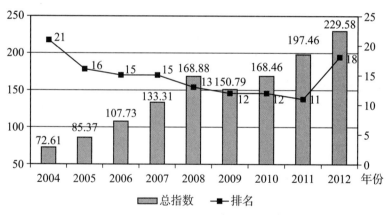

图4－5－1　内蒙古流通发展总指数及其排名

二、流通发展要素分析

从流通发展要素的平均值的角度来看，内蒙古流通现代化指数的表现非常突出，平均值高达204.3。流通支撑力指数的表现次之，平均值也超过了100。而流通发展绩效指数和国际化指数的表现相对落后，特别是流通国际化指数，表现最差，其平均值仅为流通现代化指数的1/4，甚至比流通发展绩效指数还少一半（见图4-5-2）。

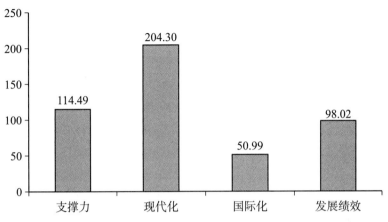

图4-5-2　内蒙古流通发展要素指数的平均值

从平均贡献率和贡献点的角度来看，内蒙古流通现代化指数对整个流通发展总指数的贡献份额最大，贡献率和贡献点分别高达415.7%和47.05个百分点。流通支撑力指数对流通发展总指数的拉动作用次之，而流通国际化指数和发展绩效指数对流通发展总指数的拉动都为负，特别是流通国际化指数，贡献率低至-293.64个百分点（见图4-5-3）。

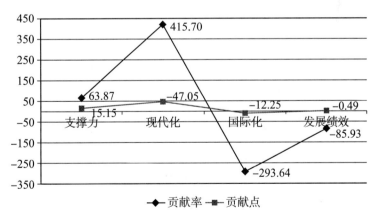

图4-5-3　内蒙古流通要素指数的平均贡献率和贡献点

综合来看，内蒙古流通发展总指数的发展主要集中在流通现代化指数和支撑力指数这两块，特别是流通现代化指数，它的发展是整个流通产业发展的核心推动力量。而流通国际化指数和发展绩效指数都存在发展不足，这种不足制约着整个流通产业的发展。为此加快提升流通产业在国际化和发展绩效方面的发展，对于今后流通产业的发展具有重要的战略意义。

（一）流通支撑力分析

从指数的角度来看，内蒙古流通支撑力指数一直呈上涨趋势。2012年流通发展支撑力指数上升至169.07，整个期间平均支撑力指数为114.49，年平均增长率为10.03%。从排名的角度来看，内蒙古大体呈上升的趋势，整个期间由2004年的第25位上升至2012年的第12位（见图4-5-4），平均排名为第13位，处于全国流通中等发展水平。从对内蒙古流通发展总指数的贡献点的角度来看，贡献点除2004年为负以外都为正。其中2004年的波动主要是2004年内蒙古流通发展基础指数和潜力指数发展不佳造成的结果，而在2004年以后基础指数和潜力指数的发展态势均良好。从贡献率的角度来看，2005年贡献率的波动非常大，贡献率高达341.69%，其余各年波动较小，年平均贡献率为29.15%。综合来看，流通发展支撑力指数增长较快，发展态势不错，有力地推动着整个流通产业的发展。

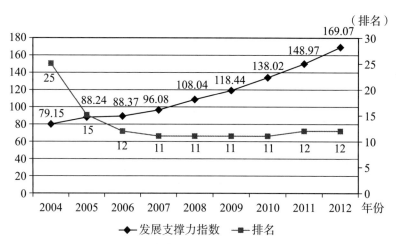

图4-5-4　内蒙古流通支撑力指数及其排名

1. 流通基础分析

从指数的角度来看，内蒙古流通发展基础指数除在 2006 年有细微的下降之外，大体上呈上升趋势（见图 4 – 5 – 5），2012 年上涨至 225.39。整个期间流通发展基础指数的平均值为 145.44，年平均增长率为 16.29%。从贡献率和贡献点的角度来看，内蒙古流通基础指数对总指数的贡献点除 2004 年为负以外都为正，这主要是受流通里程强度和人均社会消费品总额指数不足的制约，尤其是流通里程强度指数仅为 0.509。整个期间平均贡献率和贡献点分别为 25.04% 和 5.68 个百分点。综合来看，内蒙古流通发展基础支撑力指数的发展态势不错，增长较快，对整个流通发展的贡献份额较大。

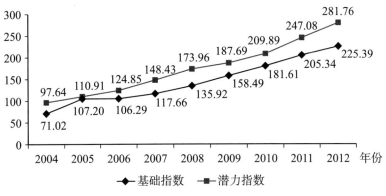

图 4 – 5 – 5　内蒙古流通发展支撑力、指数构成要素指数

2. 流通潜力分析

从指数的角度来看，内蒙古流通潜力指数一直保持较快发展，整个期间由 2004 年的 97.64 上升至 2012 年的 281.76（见图 4 – 5 – 5），平均潜力指数为 175.8，年平均增长率为 14.22%。对流通发展总指数正向的拉动作用越来越大，到 2012 年贡献点为 22.72 个百分点，整个期间对流通总指数的平均贡献率和贡献点分别为 38.83% 和 9.48 个百分点。从流通潜力要素的绝对量来看，内蒙古城镇居民家庭人均可支配收入和农村居民家庭人均纯收入逐年上升，到 2012 年两者分别达到 23 150.26 元和 7 611.31 元（见图 4 – 5 – 6），比 2004 年分别增长了 185% 和 192.03%。但城乡之间依然存在着差距，基本上每年内蒙古城镇居民家庭人均可支配

收入为农村居民家庭人均纯收入的 3.1 倍。综合来看，内蒙古城乡居民收入水平日益提高，整个流通发展的潜力得以增强，对整个流通产业发展总指数的拉动作用越来越显著。

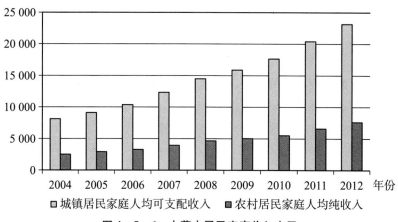

图 4 - 5 - 6　内蒙古居民家庭收入水平

（二）流通现代化分析

2004～2012 年内蒙古流通发展现代化指数一直保持上涨趋势，发展迅速，到 2012 年流通现代化指数高达 366.76（见图 4 - 5 - 7）。整个期间平均现代化指数为 204.3，年平均增长率为 26.79%。在全国的排名由 2004 年的第 15 位慢慢上升至 2011 年的第 5 位，2012 年出现急速下滑，迅速降至第 16 位。整个期间平均位于第 9 位，排名相对靠前。从贡献点的角度来看，2004～2011 年贡献点一直呈上涨趋势，2011 年上涨至 93.39 个百分点。2012 年贡献点有所回落，但仍然高达 63.91 个百分点。整个期间平均贡献点为 47.05 个百分点。综合来看，内蒙古在流通发展现代化方面的发展表现非常突出，发展势头越来越好，对整个流通产业的发展的贡献份额最大，且拉动作用越来越显著。

1. 流通技术现代化分析

从指数的角度来看，内蒙古流通技术现代化指数一直呈上升趋势。2004～2008 年增长较缓，2009 年发展迅猛，之后一直保持较快增长。2012 年流通技术现代化指数创下新高，其值高达 696.57（见图 4 - 5 - 8），约是

2004 年的 5.05 倍。整个期间平均技术现代化指数为 402.99，年平均增长率为 24.41%。对整个流通发展总指数的贡献点逐年上涨，到 2012 年贡献点为 74.57 个百分点。整个期间年平均贡献率和贡献点分别为 293.06% 和 37.87 个百分点。从技术现代化指数的构成要素来看，内蒙古人均流通资本指数的发展表现突出，发展迅猛，它的飞速发展很好地带动着内蒙古流通技术现代化的发展。综合来看，技术现代化指数对整个流通发展总指数的贡献份额惊人，它的较快增长成为推动流通产业发展的核心力量。

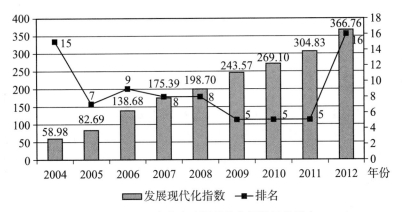

图 4 - 5 - 7　内蒙古流通现代化指数及其排名

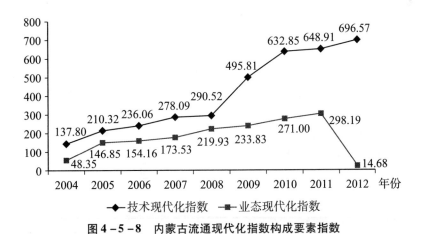

图 4 - 5 - 8　内蒙古流通现代化指数构成要素指数

2. 流通产业态现代化分析

内蒙古流通产业态现代化指数除在 2012 年以 98.04% 的速度下降以外，2004～2011 年一直保持持续上涨趋势，整个期间平均值为 173.39，年平均增长率为 23.15%。从对内蒙古流通发展总指数的贡献点和贡献率的角度来看，贡献点除 2004 年和 2012 年为负之外，其余均为正。2012 年的波动主要是物流配送化程度、连锁经营化程度和人均连锁经营规模指数的极速下降造成的结果。整个期间平均贡献点和贡献率分别为 9.17 个百分点和 122.65%。综合来看，内蒙古流通产业态现代化指数的发展整体上比较稳定，增长较快，显著地带动着整个流通产业发展总指数的发展。

（三）流通国际化

2004～2012 年内蒙古流通发展国际化指数大体上呈 W 状发展态势（见图 4-5-9），2012 年其值最大，为 75.12。整个期间平均国际化指数为 50.99，年平均增长率为 13.91%。从排名的角度来看，内蒙古的排名波动较大，整个期间平均位于第 24 位，排名相对靠后。对内蒙古流通发展总指数的贡献率和贡献点平均分别为 -293.64% 和 -12.25 个百分点。综合来看内蒙古流通发展国际化指数的表现欠佳，一直低于 100，这严重制约着整个流通产业的发展总指数的提升。由此可见，提升内蒙古流通国际化程度是今后流通发展工作的重点。

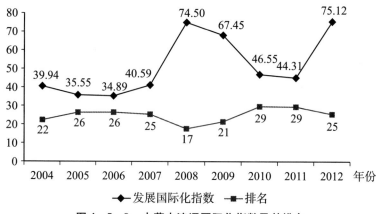

图 4-5-9 内蒙古流通国际化指数及其排名

1. 流通外向度分析

内蒙古流通外向度指数除在 2009 年、2012 年有小幅度的下降以外，其余各年均保持上涨趋势（见图 4 - 5 - 10）。整个期间平均外向度指数为 34.88，年平均增长率为 17.53%。从对内蒙古流通发展总指数的贡献率和贡献点的角度来看，整个期间除了 2004 年的贡献率为正以外，其余各年两者都为负，且贡献率和贡献点的绝对值越来越小，到 2012 年贡献率和贡献点分别为 -6.5% 和 -6.62 个百分点。整个期间平均贡献率和贡献点分别为 -177.73% 和 -8.14 个百分点。综合来看，内蒙古在流通发展外向度指数方面的表现不佳，存在着明显的不足，这严重制约着整个流通产业的进一步提升。

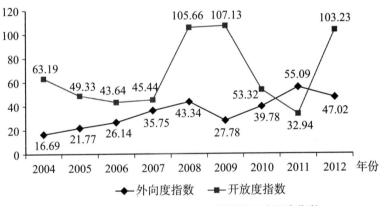

图 4 - 5 - 10　内蒙古流通国际化指数两大要素指数

2. 流通开放度分析

2004 ~ 2012 年内蒙古流通开放度指数大体上也呈现 W 形状的发展趋势（见图 4 - 5 - 10），到 2012 年开放度指数为 103.23，整个期间平均开放度指数为 67.1，年平均增长率为 28.69%。对流通产业发展总指数的平均贡献率和贡献点分别为 -115.91% 和 -4.11 个百分点。综合来看，内蒙古在流通国际化的发展主要集中在流通开放度上，但整体表现还存在不足，有待提高。

（四）流通发展绩效分析

从指数的角度来看，内蒙古流通发展绩效指数除 2005 年和 2010 年有所下降外，其余各年均保持上涨趋势（见图 4 - 5 - 11），到 2012 年发展绩效指数为 123.07。整个期间平均发展绩效指数值为 98.02，年平均增长率为 4.72%。从排名的角度来看，内蒙古的排名比较稳定，平均排名为第 19 位，处于全国流通中等偏下发展水平。整个期间对内蒙古流通发展总指数的平均贡献率和贡献点分别为 - 85.93% 和 - 0.49 个百分点。综合来看，内蒙古流通发展绩效指数的增长较慢，发展态势整体不佳，对内蒙古整个流通发展总指数的提升呈负向拉动作用，制约着整个流通产业的发展。

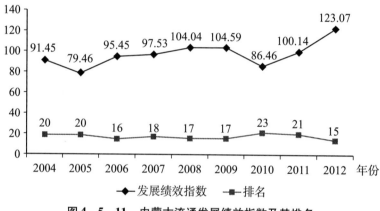

图 4 - 5 - 11　内蒙古流通发展绩效指数及其排名

1. 流通发展效率分析

内蒙古流通效率指数在 2004 ~ 2012 年波动较大，呈现 W 形状的发展态势（见图 4 - 5 - 12）。其中 2012 年效率指数最高，高达 175.48，平均效率指数为 122.73，年平均增长率为 9.62%。从贡献率和贡献点的角度来看，流通发展总指数的贡献点除在 2005 年和 2011 年为负以外，其余均为正。其中 2005 年和 2011 年的波动主要是流动资产周转率指数的下降造成的。整个期间的平均贡献率和贡献点分别为 - 6.58% 和 2.84 个百分点。综合来看，效率指数大体上表现良好，但它的提升对整个流通产业发展总指数的拉动作用不佳。

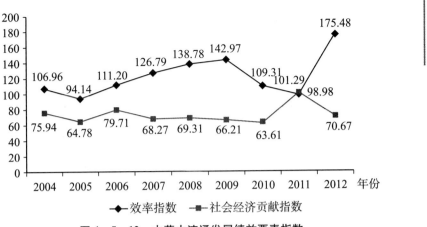

图 4 - 5 - 12 内蒙古流通发展绩效要素指数

2. 流通发展社会经济贡献分析

内蒙古流通社会经济贡献指数在 2004～2012 年发展相对稳定，波动幅度较小。整个期间平均社会经济贡献指数为 73.31，年平均增长率 2.02%。从对内蒙古流通发展总指数的贡献点的角度来看，贡献点除在 2011 年为正以外其余各年都为负，其中 2011 年的波动主要是流通产业对工业的拉动力和对社会消费品总额的促进力指数的大幅度上涨造成的结果（见图 4 - 5 - 13）。整个期间对内蒙古流通发展总指数的平均贡献率和贡献

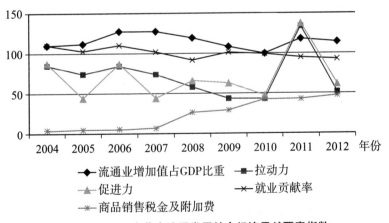

图 4 - 5 - 13 内蒙古流通发展社会经济贡献要素指数

点分别为 -79.35% 和 -3.34 个百分点。综合来看，相比流通效率指数，内蒙古流通社会经济贡献指数的表现欠佳，存在明显不足，尤其是在商品销售税金及附加费、对工业增加值的拉动力和对社会消费品总额的促进力方面。从长远的角度来看，内蒙古流通社会经济贡献指数的提升是整个流通产业得以发展的关键。

第五章　东北地区流通发展分析

东北地区，包括辽宁、黑龙江和吉林三省，毗邻俄罗斯、朝鲜、韩国和日本，是我国对东北亚太地区开放的窗口。土地总面积 145 万平方公里，占全国土地总面积的 15.1%。总人口为 10 973 万人，其中城镇人口 6 540 万人，城市化率为 59.6%。2004～2012 年东北地区经济保持持续发展，其中 2012 年东北地区生产总值高达 50 477.25 亿元，占全国生产总值的 9.72%。

当前党中央把"振兴东北老工业基地"纳入到中国现代化建设的战略布局中，为东北的发展铺平了道路，东北辽吉黑蒙东成为继珠江三角洲、长江三角洲、环渤海地区后的第四大经济区。近些年来，东北地区相继颁布政策法规，加大对流通产业的支持力度，深化流通产业改革。

从流通发展总指数来看，2004～2012 年东北三省的流通发展总指数均保持平稳上涨，但每年均低于全国流通发展总指数水平。三省之间流通发展水平还存在着一定的差异，其中辽宁省始终处于三省领先地位，而黑龙江省和吉林省的流通发展水平相当（见图 5-1）。从流通发展总指数的排名来看，辽宁省排名靠前，位于全国前十。而黑龙江和吉林两省排名相当，平均位于全国第 24 位，排名相对靠后，处于全国中等偏下发展水平（见图 5-2）。

从东北三省流通发展总指数的构成指数的平均值来看，流通发展支撑力指数和现代化指数表现突出，增长较快。而流通国际化指数和发展绩效指数的表现相对落后，增长较缓。从 2009 年开始，现代化指数实现跳跃式发展，成为流通发展四要素指数的领头军，紧接着是支撑力指数，再次是国际化指数和发展绩效指数（见图 5-3），四项要素共同推动着东北三省流通产业的发展。

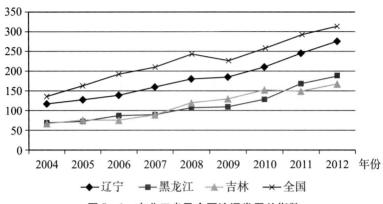

图 5-1　东北三省及全国流通发展总指数

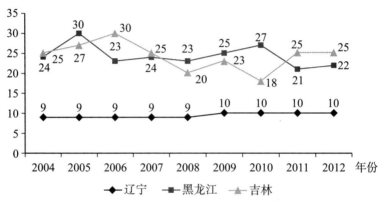

图 5-2　东北三省流通发展总指数排名

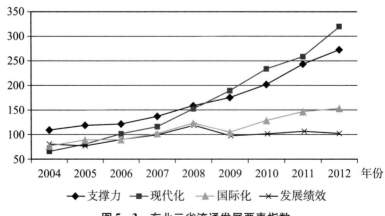

图 5-3　东北三省流通发展要素指数

第一节 辽宁省

辽宁省位于中国东北地区的南部，是中国东北经济区和环渤海经济区的重要结合部，也是东北地区通向世界、连接欧亚大陆桥的重要门户和前沿地带。全省陆地总面积 14.8 万平方千米，约占全国陆地总面积的 1.5%。2012 年辽宁省年末常住人口 4 389 万人，其中城镇人口 2 881 万人，城市化率高达 65.64%。2012 年辽宁省经济保持平稳增长，地区国内生产总值达 24 846.3 亿元，占全国国内生产总值的 4.78%，相比 2004 年增长了 272.4%。2012 年城镇居民家庭人均可支配收入 23 222.7 元，农村居民家庭人均纯收入 9 383.7 元，相比 2004 年分别增长了 190% 和 175.4%。

一、辽宁省流通发展总体情况

近些年来辽宁省出台各种政策意见，逐渐深化流通产业改革，为发展现代流通产业提供保障。其中 2007 年辽宁省出台了《关于促进流通服务业发展的意见》，提出落实科学发展观，重视流通发展服务业，大力发展现代物流体系的意见。2013 年，辽宁省又印发了《关于深化流通体制改革加快流通产业发展的实施意见》，加大对流通产业在财政金融、用地、网络规划的支持力度，提出到 2015 年，全省商贸流通产业增加值达到 4 000 亿元，实现五年倍增。社会消费品零售总额达到 15 000 亿元，占全国社会消费品零售总额的比重达到 5%。到 2020 年，基本建立起统一开放、竞争有序、安全高效、城乡一体的现代流通体系。

在大力发展流通产业的背景下，2004～2012 年辽宁省流通产业主要指标实现稳步增长。其中，2012 年社会消费品零售总额为 9 304.2 亿元，比 2004 年增长了 252.06%；流通产业增加值由 2004 年的 1 529.93 亿元上涨到 2012 年的 4 837.16 亿元，增长率为 216.17%；2012 年流通产业固定资产投资总额为 3 018.044 亿元，比 2004 年增加了 6 倍；流通产业从业人员由 2004 年 382.41 万人增加至 578.99 万人，增长率达 51.41%。

从总指数的角度来看，辽宁省流通发展总指数一直呈上涨趋势。由

2004 年的 116.69 上涨到 2012 年的 274.78，平均值为 182.18，整个期间年平均增长率为 11.39%，增长较快。但整个期间增速的波动较大，其中 2011 年增长最快，增速高达 16.73%，而 2009 年的增速最慢，增速只有 2.27%（见图 5 - 1 - 1），这主要是受 2008 年国际金融危机的滞后性影响。从流通发展总指数排名来看，辽宁省在全国的排名相对靠前，持续稳定在第 9 ~ 10 位之间，处于全国中等偏上发展水平（见表 5 - 1 - 1）。综合来看，整个辽宁省流通产业发展态势良好。

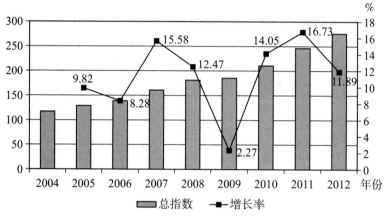

图 5 - 1 - 1　辽宁省流通发展总指数及其增长率

表 5 - 1 - 1　　　　　　辽宁省历年流通发展总指数及其排名

指标＼年份	2004	2005	2006	2007	2008	2009	2010	2011	2012
总指数	116.69	128.15	138.77	160.38	180.38	184.48	210.39	245.59	274.78
排名	9	9	9	9	9	10	10	10	10

二、流通发展要素分析

2004 ~ 2012 年，辽宁省流通发展总指数的四个构成要素指数的发展不平衡。从指数平均值的角度来看，辽宁省在流通发展现代化指数表现最为突出，指数高达 237.5。其次是国际化指数和支撑力指数，而发展绩效指数表现欠佳，仅为 110.92（见图 5 - 1 - 2），比现代化指数低一半。从平均贡献率和贡献点的角度来看，辽宁省流通发展现代化的贡献份额最大，贡献率和贡献点分别高达 34.55% 和 34.37 个百分点。紧接着是流通发展国际化和支撑力指数，而发展绩效指数的贡献份额最小，贡献率和贡献点仅为 4.73% 和 2.73 个百分点（见图 5 - 1 - 3），对整个流通发展的拉动作用一般。综合来看，辽宁省在流通发展现代化方面表现强劲，它的提高是整个辽宁省流通产业得以发展的核心。流通国际化和支撑力发展相当，均是推动辽宁省流通产业发展的重要力量，而发展绩效指数表现不佳，它的提升是今后辽宁省流通发展的重中之重。

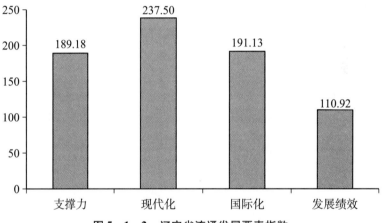

图 5 - 1 - 2　辽宁省流通发展要素指数

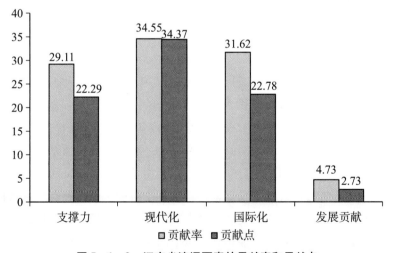

图 5 - 1 - 3　辽宁省流通要素的贡献率和贡献点

（一）流通发展支撑力

2004～2012 年辽宁省流通发展支撑力指数发展稳健，持续上涨。2012 年辽宁省流通发展支撑力指数高达 265.11，相比 2004 年翻了一番（见图 5－1－4），平均指数为 189.17，平均贡献率为 20.65%。整个期间年平均增长率为 3.3%，增长较缓，各年之间波动较大。其中 2011 年出现小幅度的下降，究其原因在于 2011 年人均社会消费品总额和流通里程强度的下降。从排名的角度来看，辽宁省流通发展支撑力指数发展比较稳定，2004～2010 年一直居全国第 9 位，2011～2012 年排名下降一位，整体来看排名相对靠前。综合来看，辽宁省流通发展支撑力表现不错，发展态势良好，对流通发展总指数的增长起着重要的推动作用。

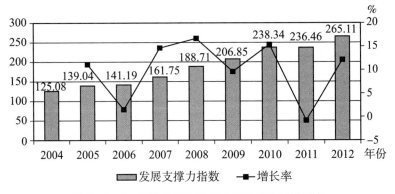

图 5－1－4　辽宁省流通发展支撑力指数及其排名

1. 流通基础分析

整个期间辽宁省流通基础指数除在 2006 年和 2011 年有所下降外，其余各年均保持缓慢上涨（见图 5－1－5），整个期间平均流通基础指数为182.08，年平均增长率为 6.21%。其中 2006 年和 2011 年的波动主要是辽宁省流通里程强度的较大幅度的下降造成的。整个期间流通基础指数对辽宁省流通发展总指数的平均贡献率和贡献点分别为 15.72% 和 10.26 个百分点。从基础支撑指数的构成要素来看，辽宁省固定资产投资总额占比指数基本上没变化，而人均社会消费品总额指数和流通里程强度指数大体上呈上涨趋势，其中前者的增速最快（见图 5－1－6）。综合来看，辽宁省流通发展基础支撑力指数发展态势良好，一定程度上推动着辽宁省流通产业的发展。

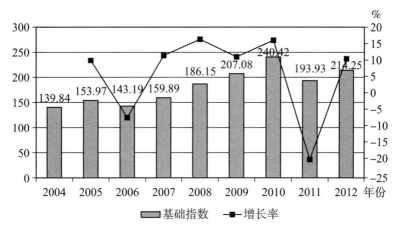

图 5 - 1 - 5　辽宁省流通基础指数及其增长率

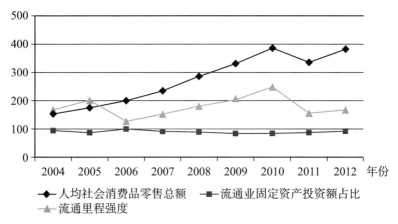

图 5 - 1 - 6　辽宁省流通发展基础要素指数

2. 流通潜力分析

从指数的角度来看，2004～2012 年辽宁省流通发展潜力指数保持
持续上涨，2012 年上涨至 315.98（见图 5 - 1 - 7），平均流通潜力指数
为 196.26，年平均增长率为 14.1%。整个期间平均贡献率和贡献点分
别为 6.39% 和 3.31 个百分点。从流通潜力的构成要素指标的绝对量来
看，不管是辽宁省城镇居民家庭人均可支配收入还是农村居民家庭人均
纯收入都实现较快增长，到 2012 年两者分别为 23 222.7 元和 9 383.7

元，都分别为2004年的3倍左右。但城乡之间还是存在着一定的差距，每年辽宁省城镇居民家庭人均可支配收入约是农村居民家庭人均纯收入的2.5倍（见图5－1－8）。综合来看，辽宁省流通潜力指数对流通支撑力指数的贡献份额最大，它的持续上涨，较大幅度的拉动着辽宁省流通支撑力指数的提升，进而成为整个流通产业发展的重要推动力量。

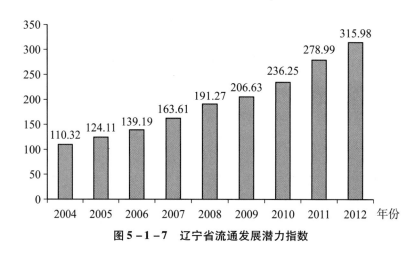

图5－1－7　辽宁省流通发展潜力指数

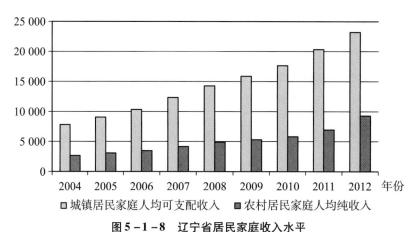

图5－1－8　辽宁省居民家庭收入水平

（二）流通现代化分析

2004～2012年辽宁省流通发展现代化指数表现越来越强劲（见图

5-1-9）。其值由 2004 年的 103 上升至 2012 年的 432.82，平均值为
237.5，年平均增长率为 19.8%。从排名的角度来看，辽宁省流通现代化
指数近几年的排名逐年上升，到 2012 年上升至全国第 5 位，排名靠前。
整个期间对流通发展总指数的贡献率和贡献点均呈现上涨趋势，到 2012
年两者分别为 47.6% 和 83.2 个百分点，整个期间两者的平均值分别为
34.55% 和 34.37 个百分点。综合来看，辽宁省流通发展现代化指数表现
非常突出，对流通产业发展总指数的贡献份额最大，是今后辽宁省流通产
业得以发展的核心。

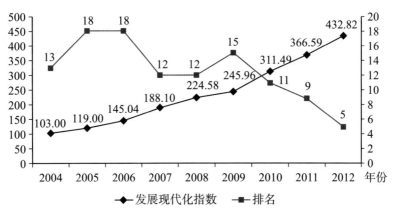

图 5-1-9　辽宁省流通现代化指数及其排名

1. 流通技术现代化分析

从指数的角度来看，整个期间辽宁省流通技术现代化指数除 2011 年
以外均保持高额增长，年平均增长率为 26.35%，其中 2012 年辽宁省流
通发展技术现代化指数创下新高，高达 552.68，为 2004 年的 6.1 倍（见
图 5-1-10）。整个期间对流通产业发展总指数的平均贡献率为 23.13%，
平均贡献点为 23.54 个百分点，特别是 2012 年贡献点和贡献率分别高达
56.58 个百分点和 32.37%，拉动作用显著。综合来看，辽宁省流通发展
技术现代化指数的发展态势非常不错，它的发展是辽宁省流通现代化发展
的主要推动力量。

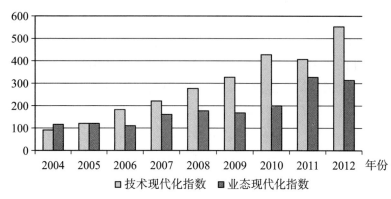

图 5 - 1 - 10　辽宁省流通现代化要素指数

2. 流通产业业态现代化分析

从绝对量的角度来看，连锁经营销售额逐年上涨，由 2004 年的 279.43 亿元上涨至 2012 年的 986.3 亿元，同比增长 253%。但辽宁省的物流配送化程度还有待提高，平均物流配送化程度仅为 25.7%。从指数的角度来看，2004～2012 年辽宁省流通发展业态现代化指数除 2005 年、2008 年和 2012 年有较小幅度的波动以外，其余各年均保持稳定的增长（见图 5 - 1 - 10），整个期间年平均业态现代化指数为 186.64，年平均增长率为 15.52%。整个期间对流通发展总指数的平均贡献率和贡献点分别为 11.42% 和 10.83 个百分点。综合来看，相比技术现代化指数，辽宁省流通产业业态现代化指数对流通现代化指数的贡献份额较小，但它的发展也是辽宁省整个流通产业发展的重要体现。

（三）流通发展国际化分析

2004～2012 年辽宁省流通发展国际化指数大体上呈上涨趋势（见图 5 - 1 - 11）。从增长率的角度来看，2009 年和 2011 年存在较大波动。其中 2009 年的大幅下降主要受 2008 年世界金融危机的滞后性影响。2011 年 40.4% 的高增长率究其原因在于 2011 年外资销售额的飞速上涨。从指数值的角度来看，整个期间辽宁省年平均流通国际化指数为 191.13，年平均增长率为 11.3%，到 2012 年流通国际化指数高达 291.85。从排名的角度来看，辽宁省始终维持在第 9～11 位之间，平均排名第 10 位，排名相对靠前。从贡献点和贡献率的角度来看，辽宁省流通国际化指数对流通发展总指数的贡献点呈上涨趋势，特别是 2012 年贡献点高达 47.96 个百分点。对流通发展总指数的贡献率整体上呈现下滑趋势，究其原因在于流通国际化指数的上涨速度低于流通发展总指数的增速。在此期间平均贡献率 31.62%。综合来看，辽宁省流通发展国际化指数发展态势良好，对整个流通产业的发展绩效份额比较大，它的较快增长成为整个流通产业发展总指数得以提升的重要推动力量。

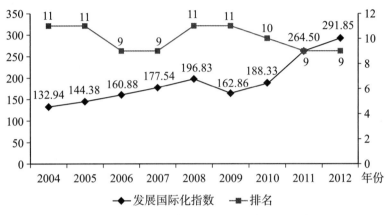

图 5 - 1 - 11　辽宁省流通国际化指数及其排名

1. 流通外向度分析

从指数的角度来看，辽宁省流通外向度指数发展不错。2004 ~ 2012 年，辽宁省流通外向度指数除在 2009 年有较大幅度下降以外，整个期间呈上涨趋势（见图 5 - 1 - 12），其值由 2004 年的 132.26 上涨至 2012 年的 389.41，平均值为 252.54，年平均增长率为 15.51%。对辽宁省流通发展总指数的贡献点持续上涨，2012 年贡献点高达 36.18 个百分点。整个期间年平均贡献率和贡献点分别为 24.89% 和 19.07 个百分点。从外向度要素的绝对量来看，辽宁省对外直接投资净额和地区商品出口总额近些年来增长较快，其中对外直接投资净额由 2005 年的 28 449 万美元上涨到 2012 年的 130 0497 万美元，同比增长 357.2%。地区商品出口总额由 2004 年的 1 891 350.6 万美元上涨至 2012 年的 5 795 905.3 万美元，同比增长 206.4%。综合而言，辽宁省流通外向度指数表现突出，对辽宁省流通国际化指数的贡献份额最大，逐年上涨的外向度指数极大地推动着整个流通总指数的发展。

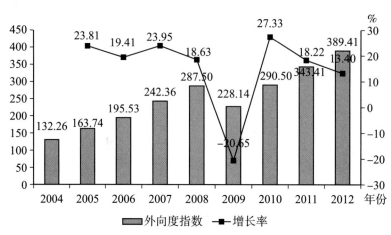

图 5-1-12　辽宁省流通外向度指数及其增长率

2. 流通开放度分析

　　整个期间辽宁省流通开放度指数波动较大。2004～2010 年辽宁省流通开放度指数一直呈下降趋势，2011 年实现飞跃式发展，流通开放度指数高达 185.6，比 2010 年同比增长 115.4%。2012 年继续小幅度上涨（见图 5-1-13）。整个期间辽宁省流通开放度指数平均值为 129.71，年平均增长率为 9.79%。对辽宁省流通发展总指数的贡献率和贡献点平均分别为 6.72% 和 3.71 个百分点。从开放度具体构成指数来看，辽宁省流通产业实际利用外资占比指数、外资商业销售额占比指数与辽宁省流通开放度指数变化趋势相同，而外资住宿餐饮业额占比指数表现欠佳，一直呈下滑趋势（见图 5-1-14）。综合来看，最近两年的辽宁省流通发展开放度指数发展态势不错，但与流通外向度指数相比，它对整个流通产业发展总指数拉动力不够。

　　（四）流通发展绩效指数分析

　　2004～2012 年辽宁省流通发展绩效指数发展趋势不明显，平均值为 110.92，年平均增长率为 0.76%。整个期间对辽宁省流通发展总指数的平均贡献率为和贡献点分别为 4.73% 和 2.73 个百分点，在全国排名的排名波动较大（见图 5-1-15），平均位于第 13 位，处于全国中等发展水平。由此可见，辽宁省整个流通发展绩效指数的发展态势不佳，增长非常缓慢，对整个流通产业的发展的拉动力非常微弱。

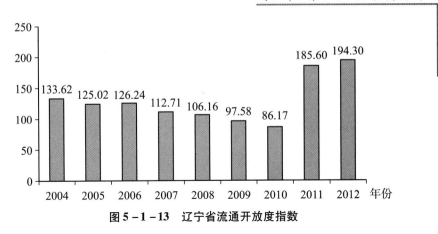

图 5 - 1 - 13 辽宁省流通开放度指数

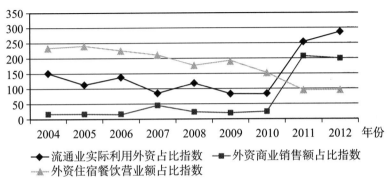

图 5 - 1 - 14 辽宁省流通开放度要素指数

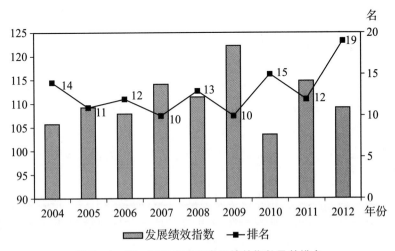

图 5 - 1 - 15 辽宁省流通发展绩效指数及其排名

1. 流通效率分析

2004～2012 年辽宁省流通效率指数发展比较稳定，平均值为 148.43（见图 5 - 1 - 16），对整个流通产业发展总指数的贡献率呈下降趋势，到 2012 年贡献率仅为 2.68%，整个期间年平均贡献率为 12.58%，平均贡献点为 6.05 个百分点。从主要构成指标的绝对量来看，不管是辽宁省流通产业流动资产、主营业务收入，还是流通产业主营业务成本及库存额都在 2004～2012 年实现快速增长，但综合指标流动资产周转率和库存周转率变化不大，这两点制约着效率指数的发展。

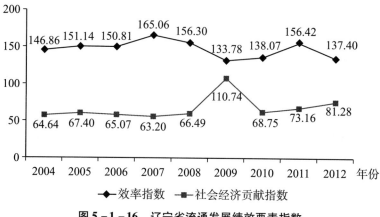

图 5 - 1 - 16　辽宁省流通发展绩效要素指数

2. 流通发展社会经济贡献分析

辽宁省流通发展社会经济贡献指数除在 2009 年波动较大之外，其余各年平均维持在 68.75 左右。对整个流通产业发展总指数的平均贡献率和贡献点分别为 -7.5% 和 -2.5 个百分点。究其原因主要在于辽宁省流通产业对社会消费品总额的促进力不够，它的下降很大程度地影响着整个辽宁省流通产业的发展。

综合来看，辽宁省在流通发展绩效度这方面表现不佳，特别是在社会经济贡献这块。因此流通发展绩效度的提升是今后流通产业发展的重中之重。

第二节 黑龙江省

黑龙江省是中国最东和最北的省份，北部和东部与俄罗斯接壤，西部与内蒙古相邻，南部与吉林省为邻，是亚洲与太平洋地区陆路通往俄罗斯和欧洲大陆的重要通道，是中国沿边开放的重要窗口。黑龙江省土地总面积达47.3万平方千米，占全国总面积的4.9%。2012年黑龙江省经济保持较快增长，地区国内生产总值达13 691.6亿元，比2004年增长了288.2%，全年城镇居民人均可支配收入为17 759.8元，农村居民家庭人均纯收入为16 557.88元，分别比2004年增长了237.7%和550.97%。

一、黑龙江省流通发展总体情况

2009年为了面对国际金融危机，扩大消费需求，黑龙江省出台了《关于进一步搞活流通扩大消费的意见》（以下简称"意见"）。该意见提出加大对流通产业的财政支持力度，加快农产品流通体系建设，重点加强标准化农家店和农村商品配送中心建设，加快培育市场主体，打造区域性商品集散中心。在各项政策法规的保障和支持下，黑龙江省流通产业得到一定程度的发展。其中，2012年社会消费品零售总额为3 834亿元，比2004年翻了一番。2012年流通产业增加值为2 741.49亿元，相比2004年增长了296.63%。流通产业从业人员由2004年的331.64万人上涨至2012年的988.5万人，增长率高达298.07%。

从总指数的角度来看，黑龙江省流通发展总指数一直保持上涨趋势，其值由2004年的74上涨到2012年的189.3（见图5-2-1），平均值为113.8，年平均增长率为13.65%。在全国的排名波动比较大，最近两年有明显的上升趋势，整个期间平均位于第25位，排名相对靠后。综合来看，虽然黑龙江省流通发展总指数在全国的排名相对靠后，但一直保持平稳较快增长，发展态势不错，特别是最近两年，年平均增长率高达20.08%，排名上升至第21位。

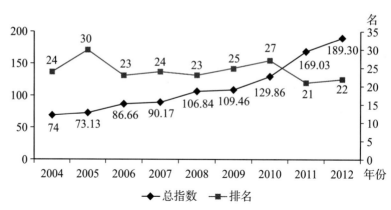

图 5 - 2 - 1　黑龙江省流通发展总指数及其排名

二、流通发展要素分析

2004～2012 年黑龙江省流通发展总指数的四大构成要素指数的发展存在着较大的差异。从指数平均值的角度来看，黑龙江省在流通发展支撑力指数方面表现最好，平均值为 163.54。紧接着是流通现代化指数的表现，而流通国际化指数和发展绩效指数的表现最差，平均值都仅为 84.94（见图 5 - 2 - 2），比流通支撑力指数低一半。从对黑龙江流通发展总指数的平均贡献率和贡献点的角度来看，流通支撑力指数的贡献份额最大，贡献率和贡献点分别为 43.72% 和 15.89 个百分点。而流通现代化指数次之，贡献率和贡献点也分别为 40.2% 和 7.4 个百分点。流通国际化指数和发展绩效指数的贡献份额最小，特别是发展绩效指数，贡献率和贡献点分别低至 -3.12% 和 -5.72 个百分点（见图 5 - 2 - 3），反向地制约着黑龙江流通发展总指数的上涨，进而制约着流通产业的总体发展水平。综合来看，黑龙江省流通发展总指数的发展主要集中在支撑力指数和现代化指数方面，而国际化指数和发展绩效指数的发展比较落后，为此大力提升流通国际化和流通发展绩效是今后黑龙江省流通产业发展的重点。

（一）流通支撑力分析

2004～2012 年黑龙江省流通发展支撑力指数表现不错，一直保持持续上涨趋势。其值由 2004 年的 98.74 上涨至 2012 年的 299.3（见图 5 - 2 - 4），增长了 203.12%。整个期间平均支撑力指数为 163.54，年平均增长率为16%，增长较快。对黑龙江省流通发展总指数的平均贡献率和贡献点分别为43.72%和15.89个百分点。从排名的角度来看，黑龙江省流通支撑力指数的排名波动较大，最近两年黑龙江省迅速蹿升至第9位，挤进全国前十。整个期间平均位于第14位，处于全国流通中等发展水平。综合来看，黑龙江省流通发展支撑力指数对整个流通发展总指数的贡献份额最大，整个期间一直保持较快增长，它的上涨极大地拉动着黑龙江省整个流通产业的发展。

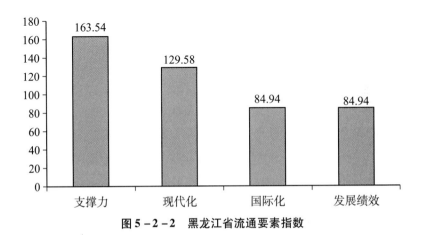

图5-2-2　黑龙江省流通要素指数

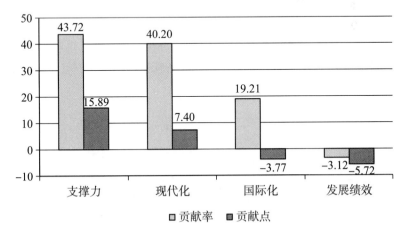

图5-2-3　黑龙江省流通要素的贡献率和贡献点

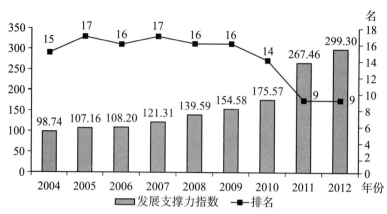

图 5 − 2 − 4　黑龙江省流通支撑力指数及其排名

1. 流通基础分析

从指数的角度来看，黑龙江省基础支撑力指数大体上发展态势良好。整个期间除2006年有所下降外，其余各年均保持上升趋势，到2012年基础指数上升至178.07（见图5−2−5）。其中2006年的波动主要受黑龙江省流通里程强度指数的极速下降的影响。整个期间平均基础支撑力指数为127.16，年平均增长率为8.26%。对流通发展总指数的平均贡献率和贡献点分别为13.88%和3.39个百分点。从基础支撑力指数构成要素来看，人均社会消费品总额的表现最好，增速最快，到2012年其指数值高达352.42，为2004年的3.5倍。流通产业固定资产投资额和流通里程强度指数的发展态势不明显，整体增长非常缓慢，特别是流通里程强度，最近两年出现负增长（见图5−2−6）。综合来看，黑龙江省基础支撑力指数整体上表现良好。

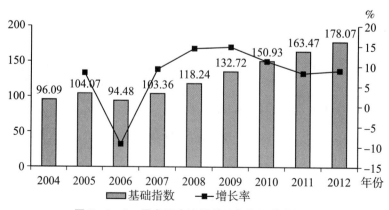

图 5 − 2 − 5　黑龙江省流通基础指数及其增长率

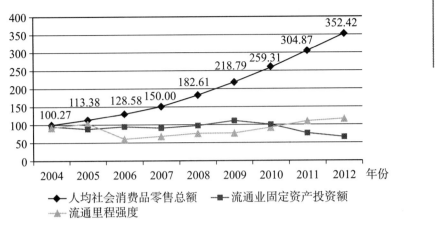

图 5 - 2 - 6 黑龙江省流通基础要素指数

2. 流通潜力分析

从指数的角度来看，2004～2012 年黑龙江省流通潜力指数持续保持较快增长，由 2004 年的 101.39 上升至 2012 年的 420.54（见图 5 - 2 - 7），平均值为 199.93，平均增长率为 21.38%。对流通总指数的贡献点一直保持上升趋势，2012 年上升至 40.07 个百分点。整个期间对流通发展总指数的贡献率和贡献点平均分别为 29.84% 和 12.49 个百分点。从构成要素指标的绝对量来看，黑龙江省人民生活水平日益提高。其中 2012 年城镇居民家庭人均可支配收入和农村居民家庭人均纯收入分别为 17 759.8 元和 16 557.9 元，分别为 2004 年的 2.5 倍和 5.5 倍（见图 5 - 2 - 8）。但是城乡之间仍然存在着不小的差距，2011 年以前城镇居民家庭人均可支配收入为农村居民家庭人均纯收入的 2.4 倍左右，而最近两年城乡居民收入差距缩小，前者为后者的 1.1 倍。综合来看，黑龙江省居民收入水平的提高，极大地带动着整个流通产业的发展，流通发展潜力持续看好。

（二）流通现代化分析

黑龙江省流通现代化指数除 2007 年有所下降之外，其余各年均保持上升趋势，到 2012 年流通现代化指数为 262.58（见图 5 - 2 - 9），比 2004 年增长了 92.32%，整个期间平均流通现代化指数为 129.58，年平均增长率为 20.2%。在全国的排名存在波动，但波动不大，平均位于第 27

位，排名相对靠后。对流通总指数的贡献点一直持续上升，到 2012 年贡献点为 40.64 个百分点，整个期间对流通发展总指数的平均贡献率和贡献点分别为 40.2% 和 7.4 个百分点。综合来看，黑龙江省流通发展现代化指数的上升对流通发展总指数的发展具有重要的推动作用。虽然现代化指数排名相对靠后，但是最近几年流通现代化发展迅猛，对整个流通总指数的带动越来越显著。

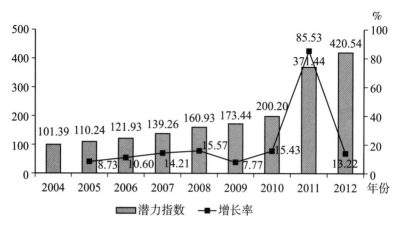

图 5 - 2 - 7　黑龙江省流通潜力指数及其增长率

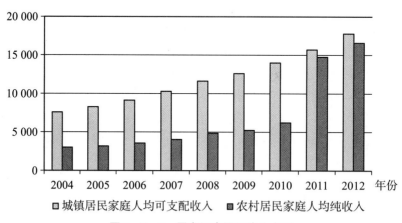

图 5 - 2 - 8　黑龙江省居民收入水平

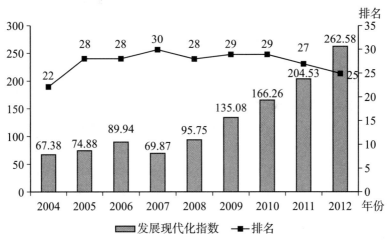

图 5 - 2 - 9　黑龙江省流通现代化指数及其排名

1. 流通技术现代化分析

整个期间黑龙江省流通技术现代化指数除在 2011 年有小幅度的下降外，整体呈现上涨趋势（见图 5 - 2 - 10），到 2012 年技术现代化指数为 269.03，平均指值为 153.78，年平均增长率为 28.86%。对整个流通发展总指数的平均贡献率为 43.79%，贡献点大体上呈现持续上升趋势，到 2012 年为 21.13 个百分点，整个期间对流通发展总指数的平均贡献点为 6.72 个百分点。综合来看，黑龙江省流通技术现代化的发展增长较快，对整个流通产业发展总指数的拉动作用越来越显著。

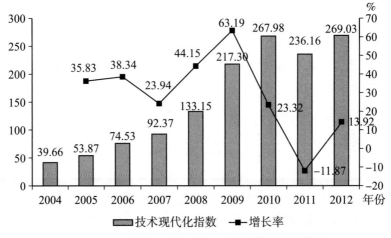

图 5 - 2 - 10　黑龙江省流通技术现代化指数及其增长率

2. 流通产业业态现代化分析

黑龙江省流通产业业态现代化指数除在 2007 年、2009 年有所下降以外，其余各年均保持上升趋势（见图 5 - 2 - 11），2012 年其值为 256.13。整个期间平均业态现代化指数为 105.38，年平均增长率为 25.94%。对流通产业发展总指数的贡献点一直持续上升，2012 年贡献率和贡献点分别为 21.85% 和 19.52 个百分点。整个期间平均贡献率和贡献点分别为 -5.82% 和 0.67 个百分点。从构成要素指标的绝对量来看，2004～2012 年连锁经营销售额实现快速发展，其中 2012 年其值高达 227.6 亿元，比 2004 年增长了 468.6%。

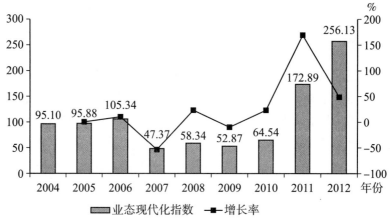

图 5 - 2 - 11　黑龙江省流通产业态现代化指数及其增长率

综合来看，黑龙江省流通现代化的发展主要体现在流通技术现代化方面，而业态现代化虽然以比较快的速度增长，但它的变化趋势与整个流通产业的发展趋势相反，制约着当今的流通产业的发展。

（三）流通发展国际化指数

黑龙江省流通发展国际化指数，除在 2009 年、2012 年有小幅度的下降以外，其余各年均保持上升趋势，到 2012 年指数为 104.34，整个期间平均值为 84.94，年平均增长率为 14.73%。从排名来看，黑龙江省流通国际化指数在全国的排名波动比较大（见图 5 - 2 - 12），平均排名为第 17 位，处于中等偏下发展水平。对流通发展总指数的贡献率近些年来呈现下滑趋势，到2012年贡献率和贡献点分别为1.21%和1.08个百分点，整个期间平均贡献率和贡献点分别为19.21%和－3.77个百分点。综合来看，黑龙江省流通发展国际化指数上升，但对整个流通发展的拉动作用越来越弱。

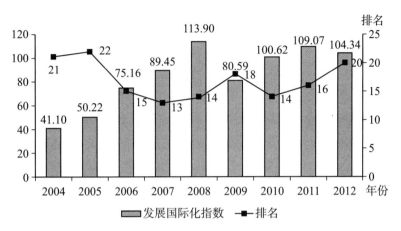

图5－2－12　黑龙江省流通国际化指数及其排名

1. 流通外向度分析

整个期间黑龙江省流通外向度指数大体上呈现上升趋势（见图5－2－13），平均外向度指数为90.48，年平均增长率为24.67%。地区出口商品总额持续增加，到2012年为1 443 517万美元，为2004年的3倍。但是黑龙江省流通外向度指数对流通发展总指数的影响越来越弱，整个期间对总指数的平均贡献率和贡献点分别为15.24%和－1.19个百分点。

2. 流通开放度分析

2004～2012年黑龙江省流通开放度发展比较平稳（见图5－2－13）。从构成要素指标的绝对量来看，黑龙江省流通产业外商直接投资、外资商业销售额、外资住宿餐饮营业额均实现快速增长，2012年三者分别为28 523万美元、48.81亿元和8.75亿元，比2004年分别增长了24.4%、222.2%和242.97%。从指数值的角度来看，黑龙江省流通开放度指数发展态势不明显，2012年开放度指数为97.65，平均指数为79.4，年平均增长率为9.64%。对流通发展总指数的贡献率从2008年开始为负，而贡献点一直为负。2012 年两者分别为 -0.33% 和 -0.29 个百分点，整个期间平均贡献率和贡献点分别为 3.96% 和 -2.58 个百分点。综合来看，黑龙江省流通发展开放度还存在不足，发展缓慢，制约着整个流通产业的发展。

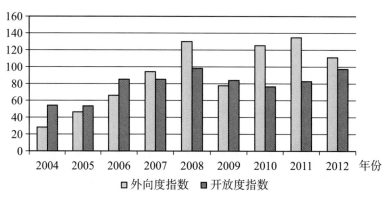

图 5 - 2 - 13　黑龙江省流通国际化要素指数

（四）流通发展绩效分析

从指数值的角度来看，黑龙江省流通发展绩效指数波动比较大，平均贡献指数为 77.12，年平均增长率为 4.03%。在全国的排名波动比较大，平均位于第 22 名，排名相对靠后。对流通总指数的贡献率从 2008 年开始为负，而贡献点一直为负。2012 年贡献率和贡献点分别为 -2.52% 和 -2.25 个百分点，整个期间年平均贡献率和贡献点分别为 -3.13% 和 -5.72 个百分点。综合来看，流通发展绩效指数的发展非常缓慢，对整个流通发展总指数上升呈现反向的拉动作用，且这种拉动力越来越弱。

1. 流通效率分析

2004 ~ 2012 年黑龙江省流通效率指数大体上呈上升趋势（见图 5 - 2 - 14），其中 2012 年上升至 91，平均效率指数为 88.95，年平均增长率为 4.83%。对黑龙江省流通发展总指数的影响越来越弱，2012 年贡献率和贡献点分别低至 -0.01% 和 -0.01 个百分点。由此可见，黑龙江省流通效率指数的发展态势不佳，较小幅度地制约着黑龙江省流通发展绩效指数的提升。

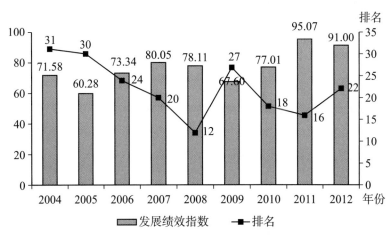

图 5 – 2 – 14　黑龙江省流通发展绩效指数及其排名

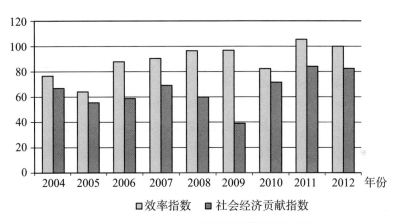

图 5 – 2 – 15　黑龙江省流通发展绩效要素指数

2. 流通社会经济贡献分析

整个期间黑龙江省社会经济贡献指数波动比较大，其中其值在 2005 年、2008 年、2009 年和 2012 年均有所下降，特别是 2009 年的下降幅度最大，究其原因主要受 2008 年的金融危机的影响，对工业增加值的促进力出现急速下降造成的。整个期间平均社会经济贡献指数值为 65.28，年平均增长率为 7.36%。近几年来黑龙江省社会经济贡献指数对整个流通发展总指数影响越来越不显著，2012 年贡献率和贡献点分别仅为 – 2.51% 和 – 2.24 个百分点。整个期间平均贡献率和贡献点分别为 – 6.8% 和 – 4.34 个百分点。从具体构成要素指数来看，只有就业贡献率指数表现稍好，平均指数值超过 100，其他指数平均值均低于 100（见图 5-2-16），这意味着 2004～2012 年不管是黑龙江省流通产业对工业增加值的拉动力、对消费的促进力，还是对就业的贡献率和商品销售税金及附加费的发展都不如 2003 年全国发展水平，这种不足反向地制约着整个流通产业的发展。综合来看，流通产业的发展在对社会经济的贡献方面表现欠佳，社会经济贡献指数对整个流通产业总指数的拉动作用不足，成为制约黑龙江省流通发展总指数的主要制约力量。

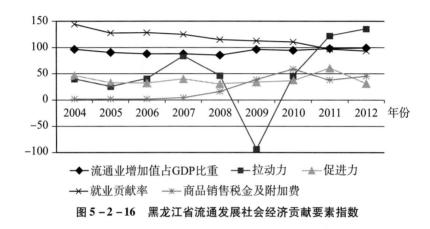

图 5-2-16　黑龙江省流通发展社会经济贡献要素指数

第三节　吉林省

　　吉林省位于中国东北地区的中部，处于由日本、俄罗斯、朝鲜、韩国、蒙古与中国东北部组成的东北亚腹心地带，具有发展东北亚区域合作的优越区位条件。面积达 18.7 万平方千米，占全国总面积的 2.0%。2012 年吉林省年末常住人口 2 750 万人，其中城镇人口 1 477 万人，城市化率为 53.71%。2012 年吉林省经济保持平稳增长，地区国内生产总值达 11 937.82 亿元，占全国国内生产总值 2.3%，相比 2004 年国内生产总值增长了 282.38%。2012 年全年城镇居民人均可支配收入为 20 208 元，农村居民人均纯收入为 8 598.2 元，与 2004 年相比分别增长了 157.74% 和 186.64%。

一、吉林省流通发展的总体情况

2004~2012年，吉林省相继出台各种政策意见，深化流通产业改革。2006年吉林省出台了《关于促进流通产业发展的实施意见》，提出加强国有流通企业改革力度，大力发展连锁经营、电子商务等政策。2013年吉林省商务厅又出台了《关于深化流通体制改革加快流通产业发展的实施意见》，以扩内需、促消费、活流通为重点，深化流通体制改革，到2020年，基本建成城乡一体、竞争有序、安全高效、内外贸高度融合的现代流通体系。全省连锁化率达到30%，商品统一配送率达到80%。在各项政策法规的保障和支撑下，吉林省流通产业得到一定程度的发展。其中，2012年社会消费品零售总额为2750.4亿元，比2004年增长了1.53个百分点。2012年流通产业增加值为1689.29亿元，相比2004年增长了193.16%。流通产业从业人员由2004年的148.49万人上升至2012年的287.16万人，增长了19.89%。

从总指数的角度来看，吉林省流通发展总指数增长稳健，发展态势不错。2004~2012年吉林省流通发展总指数一直位于100以上，且呈现持续上升趋势，2012年其值上升至274.78（见图5-3-1）。整个期间平均值为182.18，年平均增长率为24.22。在全国的排名波动较大，整个期间平均位于第24位，排名相对落后。综合来看，虽然吉林省在全国的排名靠后，但是吉林省流通产业发展总指数的发展态势不错，持续上扬。

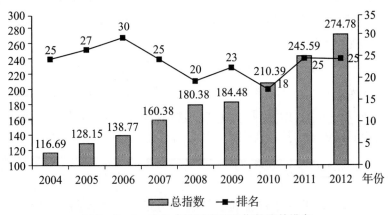

图5-3-1　吉林省流通发展总指数及其排名

二、流通发展要素分析

从流通发展四大要素指数的平均值来看，吉林省流通发展支撑力指数的表现最佳，平均值为159.83，其次是流通现代化指数的表现，平均值为138.63。而流通发展绩效指数和国际化指数表现欠佳，平均值均低于100。其中国际化指数表现最差，平均值仅为62.22（见图5-3-2），仅为流通支撑力指数值的39%。

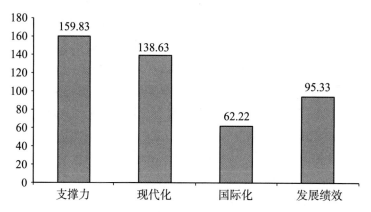

图5-3-2　吉林省流通发展要素指数

从平均贡献率的角度来看，吉林省流通支撑力指数对流通发展总指数的贡献份额最大，贡献率为21.7%，紧接着是流通国际化指数。而流通现代化指数和发展绩效指数贡献份额最小。从平均贡献点的角度来看，吉林省流通支撑力指数仍然领先，而流通现代化指数和国际化指数的贡献点相当，但一个为正，一个为负。而流通发展绩效指数的拉动力最弱，仅为-1.17（见图5-3-3）。综合来看，吉林省整个流通产业的发展主要靠流通支撑力和现代化的推动，而国际化和流通发展绩效的发展对流通产业的发展均起到负向的拉动作用，制约着吉林省流通产业的发展。

（一）流通支撑力分析

2004～2012年吉林省流通发展支撑力指数一直保持持续上升，表现越来越强劲。2012年吉林省流通发展支撑力指数为254.23，比2004

年增长了 153.97%。整个期间平均支撑力指数为 159.83，年平均增长率为 12.45%。在全国的排名波动幅度不大，均位于全国 15 强（见图 5-3-4），整个期间的平均排名为第 13 位。从贡献率和贡献点的角度来看，对流通发展总指数的贡献点越来越大，2012 年贡献点高达 38.56，整个期间的平均贡献率和贡献点分别为 21.7% 和 14.96 个百分点。综合而言，吉林省流通发展支撑力指数表现不错，对流通产业的发展总指数的拉动作用显著，为影响流通发展总指数发展的中坚力量。

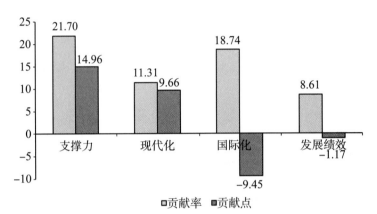

图 5-3-3　吉林省流通要素的贡献率和贡献点

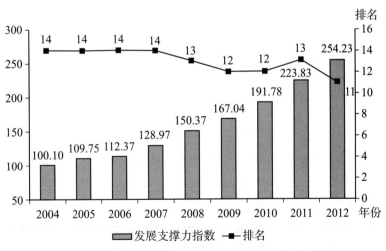

图 5-3-4　吉林省流通支撑力指数及其排名

1. 流通基础分析

吉林省流通发展基础指数除 2007 年以外一直处于上涨趋势，2012 年达到 225.24（见图 5 - 3 - 5），平均指数为 143.56，年平均增长率为 11.43%。其中 2007 年的波动主要受 2007 年流通产业固定资产投资额占比和流通里程强度指数的极速下降的影响。对流通发展总指数的贡献点基本上呈上涨趋势，2012 年贡献点高达 15.66。整个期间平均贡献率和贡献点分别为 10.39% 和 5.45 个百分点。综合来看，吉林省流通发展基础指数整体上表现良好，但增长较缓。

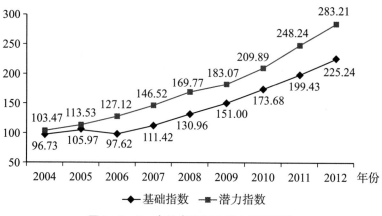

图 5 - 3 - 5　吉林省流通支撑力要素指数

2. 流通潜力分析

2004～2012 年吉林省流通潜力指数发展稳健，一直持续上涨，2012 年上涨至 283.21（见图 5 - 3 - 5）。整个期间平均增长率为 13.46%，平均潜力指数为 176.09。从贡献率和贡献点的角度来看，2004～2007 年间对吉林省流通发展总指数的贡献率一直为负，2008～2012 年一直保持均值为 35.32% 的贡献。整个期间平均贡献率和贡献点分别为 11.31% 和 9.51 个百分点。从影响流通潜力指数的居民收入的角度来看，2004～2012 年吉林省城镇居民家庭人均可支配收入和农村居民家庭人均纯收入都实现较快增长，2012 年两者分别为 20 208 元和 8 598.2 元（见图 5 - 3 -6），比 2004 年同比增长 157.74% 和 186.64%。综合来看，吉林省流通潜力指数对整个流通发展支撑力指数的贡献份额最大。吉林省居民收入水平的较快增长，极大地提升了整个流通发展潜力，进而带动着整个流通产业的发展。

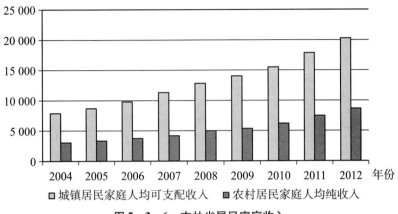

图5-3-6 吉林省居民家庭收入

(二) 流通现代化分析

从指数的角度来看，吉林省流通发展现代化指数除在2011年有小幅度的下降以外，整个期间大体上呈上涨趋势，2012年流通现代化指数高达258.09，比2004年增长了935.15%。在全国的排名由最后一名开始呈现缓慢上升的趋势（5-3-7），平均排名第27名，排名非常靠后。从贡献率和贡献点的角度来看，两者在2008年以前一直为负，之后为正。其中贡献点一直呈上涨趋势，到2012年贡献点高达39.5个百分点，整个期间平均贡献点为9.66个百分点。综合来看，吉林省流通发展现代化指数虽然在全国排名靠后，但是成长很快，它的上涨成为推动吉林省流通发展总指数发展的重要推动力量。

1. 流通技术现代化分析

吉林省流通技术现代化指数表现突出，除2011年有所下降外，整体呈上涨趋势（见图5-3-8），特别是2005年增长率高达101.1%，到2012年技术现代化指数高达445.06，约为2004年的10倍。整个期间平均指数为241.52，年平均增长率为27.57%。对流通发展总指数的贡献率从2008年开始一直维持在60%以上的高贡献率，整个期间年平均贡献贡献率和贡献点分别为34.63%和17.69个百分点。从具体构成指数来看，吉林省在人均流通资本指数方面表现非常突出，由2004年的86.95快速增长至 2012 年的 884.67，增长率为 917.4%。综合来看，吉林省流通技术现代化指数的增速较快，表现强劲，特别是其中的人均流通资本指数，对流通发展总指数的拉动作用非常显著。

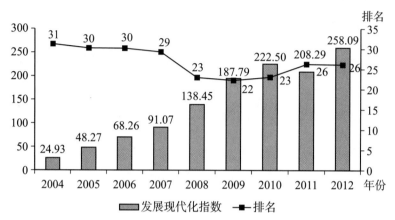

图 5 - 3 - 7　吉林省流通现代化指数及其排名

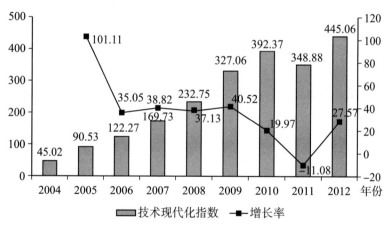

图 5 - 3 - 8　吉林省流通技术现代化指数及其增长率

2. 流通产业业态现代化分析

吉林省流通产业业态现代化指数在 2006 年、2008 年增长迅猛，增长率分别高达 137.45% 和 255.87%（见图 5 - 3 - 9）。整个期间吉林省流通产业态现代化指数由 2004 年的 4.85 快速上涨至 2012 年的 71.13，平均指数值为 35.74，平均增长率为 57.03%。对流通发展总指数的贡献率在 2007 年高达 99.4%，2007 年以后贡献率一直为负，且绝对值越来越小，到 2012 年贡献率仅为 -5.4%，贡献点为 -3.61 个百分点。整个期间平均贡献率和贡献点分别 16.31% 和 -8.03%。从具体构成指数来看（见图 5-3-10），三大要素指数大体上均呈上涨趋势，其中人均连锁规模指数增长最快，2012 年上涨至 172.33，约为 2004 年的 14 倍。而物流配送化程度和连锁经营化程度指数虽有所增长，但增长幅度不大，始终低于 40，由此可见这两项指数的发展程度不高，这严重制约着吉林省流通产业的发展，这也是业态现代化指数的贡献点为负的主要原因。综合来看，虽然吉林省业态现代化指数整体发展不错，但是在物流配送化程度和连锁经营程度方面还有待提高，它俩的提升是今后吉林省流通产业态现代化发展的重点。

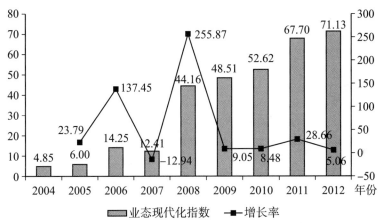

图 5-3-9　吉林省流通产业态现代化指数及其增长率

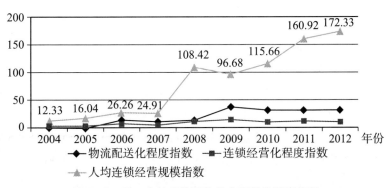

图 5-3-10　吉林省流通产业态现代化要素指数

（三）国际化指数

2004～2012 年吉林省流通发展国际化指数波动比较大，发展趋势不明显。其中在 2006 年国际化指数最低，仅为 33.06。2010 年流通国际化指数最大，为 99.78（见图 5-3-11）。整个期间吉林省流通发展国际化指数均低于 100，平均值为 62.22，年平均增长率为 9.22%。在全国的排名波动较大，整个期间平均位于第 22 位。从贡献率和贡献点的角度来看，贡献率从 2008 年开始一直为负，而贡献点一直为负，整个期间平均贡献率和贡献点分别为 18.74% 和 -9.45 个百分点。这种负向的拉动主要受流通外向度和开发度的发展不足的制约。综合来看，吉林省流通发展国际化指数增速较缓，整体发展还有待提高。

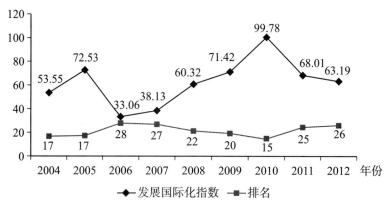

图 5-3-11　吉林省流通国际化指数及其排名

1. 流通外向度分析

吉林省流通外向度指数除在 2009 年有所下降外，其余各年均呈上涨趋势（见图 5-3-12）。整个期间吉林省流通外向度指数由 2004 年的 18.67 上涨至 2012 年的 64.14，平均值为 41.46，年平均增长率为 19.5%。从贡献率和贡献点的角度来看，贡献率从 2008 年开始变为负，而贡献点一直为负，整个期间平均贡献率和贡献点分别为 8.95% 和 -7.35 个百分点。这种负向的拉动究其原因主要在于人均商品出口额指数整体发展态势非常不佳（见图 5-3-13），整个期间始终低于 100，平均指数仅为 41.16，这极大地制约着吉林省流通外向度指数的发展。综合来看，吉林省流通外向度指数整体增长较快，但在人均商品出口额方面始终表现不足，一定程度的制约着当前吉林省流通产业的发展。

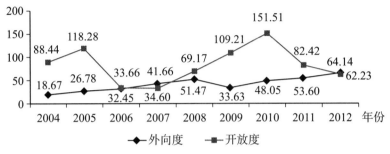

图 5 - 3 - 12　吉林省流通国际化要素

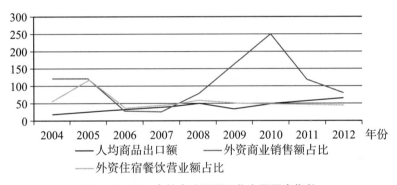

图 5 - 3 - 13　吉林省流通国际化主要要素指数

2. 流通开放度分析

2004 ~ 2012 年吉林省流通开放度指数大致呈 M 状发展态势，其中 2006 年流通开放度指数最低，增速最慢，其值和增速分别为 33.66 和 -71.54%。2010 年吉林省开放度指数创下新高，指数高达 151.51，约为 2006 年的 3 倍。整个期间流通开放度指数的平均值为 83.28，年平均增长率为 11.43%。从贡献点的角度来看，除 2005 年、2009 年和 2010 年其值为正外，其余各年均为负。其中 2005 年、2009 年和 2010 年的波动主要受外资商业销售额占比大幅度的上涨的影响，而其余各年为负的贡献点主要是外资住宿餐饮占比的不足造成的结果（见图 5 - 3 - 13），整个期间外资住宿餐饮占比指数仅为 56.48。整个期间吉林省流通开放度指数对流通发展总指数的平均贡献率和贡献点分别为 9.8% 和 -2.09 个百分点。综合来看，吉林省流通发展国际化的发展主要集中在流通发展开放度上，整体来看开放度指数增长较快，但在外资住宿餐饮占比这块的发展存在明显不足，急需提高。

（四）流通发展绩效分析

2004～2012 年，吉林省流通发展绩效指数波动比较大，大体上呈现 W 形状的发展态势。2008 年发展绩效指数最大，为 131.61，跻身全国第 6 位，其余各年指数均低于 100（见图 5-3-14）。整个期间流通发展绩效指数平均为 95.33，年平均增长率为 1.99%，平均排名第 19 位，处于全国中等偏下发展水平。从贡献点的角度来看，贡献点除 2008 年为正外，其余均为负。2008 年的波动主要是那年吉林省流通效率指数的大幅度增长造成的结果，而其余各年为负的贡献点主要是受吉林省流通社会经济贡献指数发展不足的影响。整个期间年平均贡献率和贡献点分别为 8.61% 和 -1.17 个百分点。综合来看，吉林省流通发展绩效指数的增长非常缓慢，贡献潜力不足，特别是在流通产业的社会经济贡献这块。由此可见流通贡献度的提升是今后吉林省流通产业发展的重中之重。

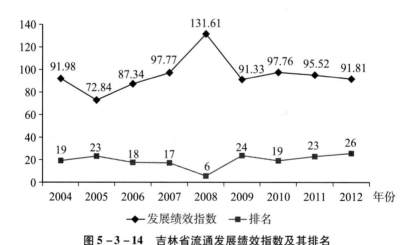

图 5-3-14 吉林省流通发展绩效指数及其排名

1. 流通效率分析

吉林省流通效率指数大体上呈 W 状的发展态势。其中 2005 年效率指数最低，其值为 86.19。其余各年均高于 100，特别是 2008 年，效率指数

最大，高达 201.5（见图 5 – 3 – 15），整个期间效率指数的平均值为
130.91，年平均增长率为 3.57%。从对吉林省流通发展总指数的贡献点
的角度来看，除 2005 年为负以外都为正。2005 年的波动主要是流动资产
周转率和库存周转率指数的大幅度上涨造成的结果（见图 5 – 3 – 16）。整
个期间年平均贡献率和贡献点分别为 5.15% 和 3.86 个百分点。综合来
看，效率指数整体发展态势良好，特别是流动资产周转率指数基本上维持
在 125 以上。

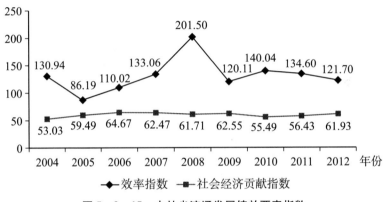

图 5 – 3 – 15　吉林省流通发展绩效要素指数

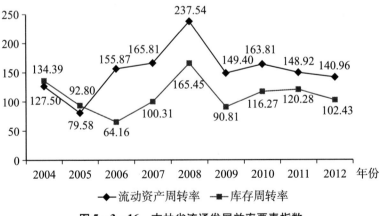

图 5 – 3 – 16　吉林省流通发展效率要素指数

2. 流通发展社会经济贡献分析

2004 ~ 2012 年吉林省流通发展社会经济贡献指数波动幅度不大（见

图 5 - 3 - 15），平均值为 59.75，年平均增长率为 2.22%。从贡献点的角度来看，贡献点一直为负，这主要是流通发展社会经济贡献要素中除就业贡献率指数之外其他所有的要素指数的发展不足造成的结果（见图 5 - 3 - 17）。综合来看，吉林省流通发展社会经济贡献指数的发展态势不佳，存在明显的不足，特别是在商品销售税金及附加费、对社会消费品总额的促进力和对工业增加值的拉动力这三方面的发展上，这些因素共同制约着整个流通产业的发展，由此可见它们的提升是今后流通发展得以提升的关键。

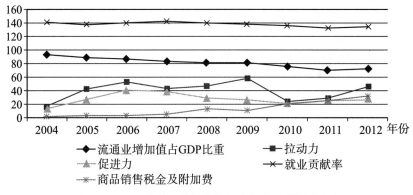

图 5 - 3 - 17　吉林省流通发展社会经济贡献要素指数

第六章　华东地区流通发展分析

华东地区是由上海市、山东省、江苏省、安徽省、江西省、浙江省、福建省七个省市构成的区域，地处中国东部，面积达 80 万平方公里，约占中国面积的 8.3%，简称"华东"。截至 2012 年，华东地区常住人口约 3.8 亿。华东地区自然地理单元完整，自然资源丰富，经济联系密切，经济实力雄厚。

2004～2012 年，华东地区流通发展总指标都呈逐年上升的趋势，各年各省市流通发展指数排名如表 6－1 所示。

表 6－1　　　　华东地区各省市流通发展总指数排名情况

年份 省份	2004	2005	2006	2007	2008	2009	2010	2011	2012
上海	1	1	1	1	1	1	1	1	1
江苏	6	6	5	5	5	5	4	5	5
浙江	5	5	6	6	6	6	6	6	6
安徽	14	11	12	12	15	18	16	19	16
福建	7	8	8	8	8	7	7	7	7
江西	15	12	10	18	17	14	11	12	13
山东	11	10	11	10	10	9	9	9	9

华东地区整体经济水平较高，但各省经济还存在一定差距，同样各省流通产业发展的总体水平也存在一定差距。在 2004～2012 年期间，上海在全国流通发展总指数排名中稳居第 1 名，江苏省、浙江省流通发展水平均在全国前列，且这两个省份的流通产业实力也不相上下。安徽省和江西省在华东地区流通发展总指数排名中相对来说排名靠后，这主要是因为这

两个省份外向度和开放度发展水平不高，更根本的原因则是人均出口额较少，而且流通产业利用外资较低。福建省和山东省排名很稳定，且山东省排名稳中有进，很具发展潜力。

根据华东地区流通发展4要素可以发现：2004～2012年间，支撑力指数的平均水平处于全国前列，支撑力的高水平是华东地区流通产业发展的基础。国际化指数的平均水平的差距则比较大，这主要是由经济发展水平和地理位置导致的，比如，安徽、江西经济水平落后且地处内陆，这使得它们的外向度和开放度都落后于华东地区其他省份。就华东地区总体而言，各一级指数的平均值都呈上升趋势，其中发展国际化指数的平均水平最高，发展现代化指数和发展支撑力指数稳中有升。详见图6－1。

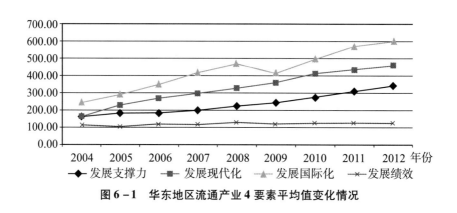

图6－1　华东地区流通产业4要素平均值变化情况

第一节　上海市

上海，简称"沪"，有"东方巴黎"的美称，中国四大直辖市之一，中国的经济、金融中心城市，拥有中国大陆首个自贸区"中国（上海）自由贸易试验区"以及中国最大外贸港口。上海作为中国民族工业的发祥地，地处长江入海口，东向东海，隔海与日本九州岛相望，南濒杭州湾，西与江苏、浙江两省相接，共同构成以上海为龙头的中国最大经济区"长三角经济圈"。上海全市面积为6 340.5平方公里，常住人口2 380万人（2012年），占全国人口1.76%，人口密度为每平方公里3 754.33人，

是世界人口最多的城市之一。2012 年上海地区 GDP 达 20 181.72 亿元，
占全国 GDP 的 3.89%。

一、流通发展总指数概况

上海历来是全国的批发中心，随着商贸流通产业引领消费、指导开发
的功能日益增强，上海市对流通产业的发展越来越重视。2005 年，上海
市政府出台了《上海市人民政府关于上海加速发展现代服务业的若干政
策意见》，对发展连锁经营、现代物流等现代流通产业给予了政策支持。
2012 年上海印发《上海市加快推进城市配送物流发展实施方案》的通知，
加大推动建立高效、绿色、便捷的城市配送物流服务体系。在一系列政策
推动下，上海市流通发展总指数绝对量呈现明显的趋势。其各年流通发展
总指数一级指标情况如表 6-1-1 所示。

表 6-1-1　　　　上海市流通发展总指数及一级指标分值

指标 ＼ 年份	2004	2005	2006	2007	2008	2009	2010	2011	2012
总指数	449.99	539.99	581.32	683.43	739.62	642.31	716.73	772.97	782.15
支撑力	351.43	376.15	373.28	364.55	395.75	439.58	465.77	505.79	539.19
现代化	347.55	532.23	475.33	617.11	670.46	612.85	601.32	618.13	603.55
国际化	942.09	1 113.48	1 269.94	1 545.08	1 665.49	1 360.39	1 601.92	1 755.79	1 840.93
绩效	158.91	138.10	206.75	206.98	226.79	156.41	197.90	212.17	144.94

从表 6-1-1 中可以看出，2004～2008 年期间，上海市流通发展指
数呈直线上升的趋势，在 2009 年有所波动，2010 年之后又呈上升势态。
其流通发展指数平均值为 656.50，平均增长率为 8.61%；发展支撑力、
发展现代化以及发展国际化一直处于良好的上升状态，它们的平均值依次
为 423.50、564.28、1 455.01；发展绩效在 2009 年和 2012 年两个年份出
现波动，究其原因是因为库存周转率的下降所致。其流通发展总指数及子
指标在全国中的排名如表 6-1-2 所示。

表6-1-2　　上海市流通发展总指数及子指标在全国中的排名

年份\指标	2004	2005	2006	2007	2008	2009	2010	2011	2012
总指数	1	1	1	1	1	1	1	1	1
支撑力	2	2	2	3	3	2	2	2	2
现代化	1	1	1	1	1	1	1	2	3
国际化	1	1	1	1	1	1	1	1	1
绩效	3	3	1	1	1	3	1	1	8

从表6-1-2可以看出，上海市流通发展总指数及发展国际化指数排名变化情况很稳定，九年间的连续排名全国第1名，可见上海流通产业发展水平相当之高。流通发展支撑力及发展现代化指数变化仍旧平稳，基本都在前3名浮动。较上海市其他流通产业发展指标而言，流通发展绩效指数排名波动最大，最高排名为第1名，最低为2012年第8名。该指标的平均值为2.43，变异系数为0.86。

图6-1-1为上海市流通支撑力指标、流通发展现代化指标、流通发展国际化指标、流通发展绩效对流通发展总指标的贡献率雷达图。从图6-1-1中可以看出：流通发展国际化指标对上海市流通总指数的贡献最大，发展现代化指标的作用次之，发展支撑力指标和发展绩效指标对总指标的影响一般。由此可知，上海市应该侧重提高发展支撑力和发展绩效，即增加库存周转率等来巩固上海市流通产业发展在全国的地位。

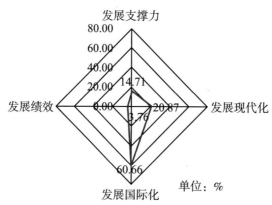

图6-1-1　各一级指标对上海市流通产业贡献率

二、影响流通发展的各因素分析

(一) 流通发展支撑力

流通发展支撑力体现在人均社会消费品零售总额、流通产业固定资产投资额等指标来体现。2004～2012 年间，上海市人均社会消费品零售总额从 13 376.57 元/人升至 31 138.49 元/人，增长了 132.78％。流通产业的固定资产投资额 2012 年比 2004 年增加了 351.96 亿元，增幅为101.93％。城镇人均可支配收入由 2004 年的 16 682.81 元增加至 2012 年的 40 188.12 元，增加了 23 505.31 元，农村人均纯收入在六年间增长了10 737.42 元，增幅为 151.95％。历年三级指标对流通发展支撑力的贡献率如图 6-1-2 所示。

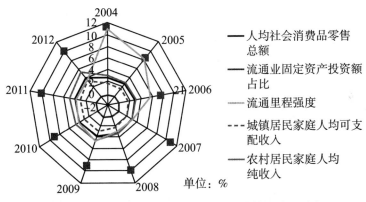

图 6-1-2 历年三级指标对流通发展支撑力的贡献率

从图 6-1-2 中可以看出，2004～2012 年人均社会消费品零售总额对流通发展支撑力的贡献率较大，平均值达 3.50％，说明其对流通发展支撑力起正向拉动作用，平均拉动点数为 18.86 个百分点。流通产业固定资产投资额占比的平均贡献率为 0.06％，即是说其对发展支撑力的平均贡献甚微。流通里程强度一直对发展支撑力指标表现为正促进作用，但作用逐年减弱。城镇居民家庭人均可支配收入的贡献率最大，且最近几年呈上升趋势。

（二）流通发展现代化

流通发展现代化分为技术现代化和业态现代化，其中技术现代化指标包括人均流通资本及批发零售餐饮住宿业资产总额，而业态现代化则从物流配送化程度、连锁经营程度以及人均连锁经营规模层面加以衡量。从绝对量来看，在2004~2012年间，上海市人均流通资本波动较大，由2004年的39 906.75元/每人增加至2009年的116 912.09元/每人，2012年又下降到50 359.95元/每人。相比较之下，上海市批发零售餐饮住宿业资产总额逐年提高，由2004年的3 145.8亿元增加至2012年的16 961.84亿元，增长率为439.19%。物流配送化程度和连锁经营化程度分别在0.52、0.62上下小幅度波动。人均连锁经营规模不断扩大，从2004年的5 526.38元增加至2012年的10 053.02元。

（三）流通发展国际化

上海市流通发展国际化在9年间均为第1名，这是上海这座国际化大都市最突出的优点，经历几十载的发展，上海的国际化在国内是当之无愧的领头羊。从排名稳定性上分析，上海市流通发展国际化9年间平均排在第1位，排名的标准差是0，排名的变异系数则为0。

上海市流通发展国际化的优势在于强大的外向度程度，其人均商品出口额很大，9年间对总指标的贡献度均值达到了46.41%，相对于其他子指标有较强的优势，在很大程度上提高了上海市的国际化水平。上海市流通产业实际利用外资占比以及外资商业销售额占比这两个指标对总指标9年间的贡献率均值分别为8.76%和3.01%，相对于其他各省市而言同样具有较大的优势，也是带动上海市流通发展国际化很重要的一方面。

（四）流通发展绩效

流通发展绩效从效率和社会经济贡献来体现，其中效率从流动资产周转率、库存周转率、物流费用及物流业增加值来看；社会经济贡献从流通产业增加值占GDP比重、拉动倾向、促进倾向、就业贡献率来体现。较上海市其他一级指标而言，上海市流通发展绩效排名波动最大。从排名稳定性分析，上海市流通发展绩效9年间平均排在第2.43位，排名的标准差为2，变异系数为0.86。上海市流通发展绩效的最大优势在于它的就业贡献率，此指标数值远大于其他指标值，9 年间它对于流通总指数的贡献点的均值达到了 16.46，对于流通发展绩效指数的拉动作用极其明显。

三、相对优势与相对弱势要素分析

为了分析上海市自身的 4 大要素发展情况，我们将上海市的 4 大要素按照平均排名进行排序，并将处于第 1 名的要素称为上海市流通发展力的相对优势要素，将排在最后一名的要素称为上海市流通发展力的相对弱势要素（见表 6 - 1 - 3）。

表 6 - 1 - 3　　上海市流通发展力 4 大要素的平均排名和变异系数

指标	支撑力	现代化	国际化	绩效
平均排名	2.22	1.56	1	2.43
变异系数	0.20	0.18	0	0.86

根据这一原则，上海市流通发展力的相对优势要素是流通发展国际化和发展支撑力，而相对弱势要素是流通发展绩效。进一步分析这些要素排名的变异系数可以发现，上海市相对优势要素的排名没有变化，非常稳定。

第二节　江苏省

江苏省，地处中国东部沿海的长江三角洲，全省土地面积 10 万多平方公里，人口总数 7 800 多万人，分别占全国的 1% 和 6%，下辖 13 个省辖市。改革开放 30 多年来，江苏沿海地区依托长三角，面向东北亚，沟通中西部，围绕建设大港口、引进大项目、发展大产业的总体要求，推进港口、产业、城镇三位一体联动开发，加快建设成为我国东部地区重要的经济增长和辐射带动能力强的新亚欧大陆桥东方桥头堡。2012 年全省地区生产总值约 54 058.2 亿元，占全国比重超过 10%，同比增长 10.1%，人均地区生产总值达 68 347 元。

一、流通发展总指数概况

2004～2012 年，江苏省综合交通运输体系不断完善，基本形成"四纵四横"综合交通运输网络。到 2012 年年底，全省公路总里程达到 15.4 万公里，铁路运营总里程达到 2 400 公里，港口集装箱吞吐量达到 1 140 万标箱，四级以上高等级航道达到 2 000 多公里，"7+2"机场布局基本形成。物流政策环境不断改善。部门合作协调机制初步形成，出台了一系列鼓励现代物流业发展的政策措施。全省限额以上流通产业固定资产投资从 2004 年的 731 亿元提高至 2012 年的 1 397 亿元，增长 376.66%，其中，2012 年全省社会物流总额达 116 226.3 亿元，约占全国的 9.3%。其历年流通发展总指数情况如图 6-2-1 所示。

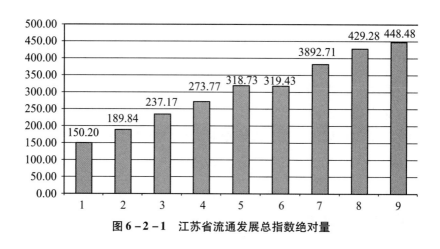

图 6-2-1　江苏省流通发展总指数绝对量

从图 6-2-1 可看出，江苏省流通发展总指数的绝对量在这 9 年间呈明显的上升趋势。最低值为 2004 年的 150.20，最高值为 2012 年的 448.48。平均值为 305.51。并且各年份江苏省物流业发展水平在全国各省市中的排名一直靠前（详见表 6-2-1），平均排名第 5.11，变异系数为 0.12。有这样骄人的水平，与其得天独厚的区位优势、良好的投资环境、充沛的人力资源有关，更与"亲商、安商、富商"的发展理念息息相关。

表6-2-1				江苏省流通产业发展总指标排名					
年份	2004	2005	2006	2007	2008	2009	2010	2011	2012
总指标排名	6	6	5	5	5	5	4	5	5

下面我们用雷达图来分析2004～2012年间发展支撑力指数、发展现代化指数、发展国际化指数、发展绩效指数对江苏省流通发展总指数的平均贡献，如图6-2-2所示。

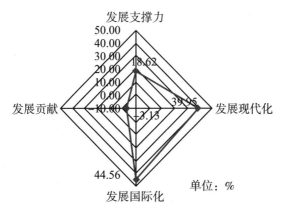

图6-2-2　各指数对江苏省流通产业的贡献率

由图6-2-2可以看出：发展国际化指数对江苏省流通发展指数的贡献最大，对总指数的贡献率为44.59%，其次是发展现代化指数，对总指数的贡献率为39.94%，再其次是发展现代化指数，对总指数的贡献率为18.62%，发展绩效指数对江苏省流通发展指数的贡献为负数，对总指数的贡献率为-3.13%，主要是由于江苏省库存周转率较低所致。江苏省流通产业的发展主要体现在其对全市国民经济发展的贡献及其对外开放程度两个方面，提高流通产业发展的现代化程度及促进流通产业的就业则是江苏省流通产业总体发展进步的重点。因此，电子商务等新兴流通发展模式和连锁化、零售配送等新兴流通产业态的进一步推广，对于江苏省流通产业的全面发展将具有重要的推动作用。

二、影响流通发展的各因素分析

（一）流通发展支撑力

江苏省流通发展支撑力在整个期间排名基本保持全国前列，尤其在2007年之后发展支撑力指标排名一直保持在第5位。江苏省流通发展支撑力排名在2004~2012年间发展排名曲线呈显著的上升趋势，详见图6-2-3。

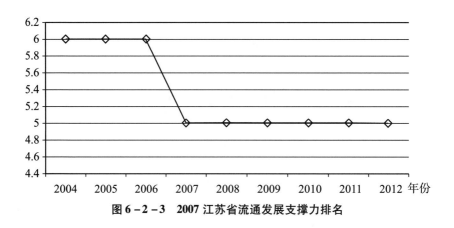

图6-2-3　2007江苏省流通发展支撑力排名

从排名稳定性上分析，江苏省2004~2012年间的发展支撑力排名平均为第5.33位，排名的标准差是0.5，排名的变异系数为0.09，两者的值远小于流通发展总指数的相应值，所以流通发展支撑力的排名稳定。

从对流通发展总指数增长率的贡献上分析，2012年两个二级指标基础指数和潜力指数对流通发展总指数的贡献率分别为4.65%和11.74%，基础指数和潜力指数分别拉动总指数上升了33.44个和38.48个百分点。在2012年，江苏省人均社会消费品零售总额、流通产业固定资产投资额占比、流通里程强度、城镇居民家庭人均可支配收入和农村居民人均纯收入对流通发展总指数的贡献率分别是5.96%、0.32%、4.29%、4.77%和6.27%，它们分别拉动总指数上升了19.54个、-1.06个、14.96个、15.64个和22.88个百分点。各个三级指标对发展支撑力的贡献率均为正，相对来说，只有流通产业固定资产投资额对总指数的贡献率表较小，是因为江苏省2012年流通产业固定资产投资额未达到全国平均水平。

（二）流通发展现代化

在 2004 ~ 2012 年间，江苏省流通发展现代化排名均在前三名，详见图 6 - 2 - 4，且排名相当之稳定，可见江苏省流通产业发展现代化水平之高。

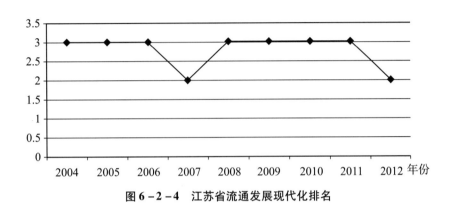

图 6 - 2 - 4　江苏省流通发展现代化排名

从对流通发展总指数增长率的贡献上分析，2004 ~ 2012 年二级指标技术现代化和业态现代化指数对流通发展总指数的平均贡献率分别为 11.24% 和 31.93%，技术现代化和业态现代化分别推动总指数上升了 24.76 个和 56.03 个百分点。

从指数上来看，江苏省在 2004 ~ 2012 年间的发展现代化指数实现了大幅上升，由 2004 年的 189.75 逐年上升至 2012 年的 629.51，增长率达 231.76%，说明尽管江苏省的流通发展现代化指标排名稳定，但实际发展水平在这一期间实现了大幅度的提高。

（三）流通发展国际化

江苏省在 2004 ~ 2012 年间人均货物出口额上升了 256.66%，批发、零售外商投资企业销售额由 2004 年的 79.23 亿元，增加到 2 647.61 亿元，住宿餐饮业外商投资企业的营业额由 2004 年的 5.62 亿元，增加到 101.34 亿元，从而为其流通产业发展的国际化程度的进一步加强提供了重要的条件。

从指数上看，2004 ~ 2012 年间，江苏省的流通发展国际化指数呈现上升趋势，总体上由 2004 年的 191.22 提高至 2012 年的 674.60。从其在全国各省（市）中的排名上看，江苏省流通产业发展国际化指数由2004年的第7名提高至2012年的第4名，总体上名次也有所提高，这一期间的排名也基本在第5名上下波动。说明从其自身角度看这一时期江苏省的流通发展国际化水平相对于其经济总体的发展基本相协调，从全国横向角度看其发展速度相对其他一些省份较超前。这期间，该省的发展国际化水平一直处于全国上等水平，且仍有较大的发展进步空间。该省历年的流通发展国际化指数值及其在全国的排名情况如表6-2-2所示。

表6-2-2　江苏省流通发展国际化指数值及其在全国各省（市）中的排名

指标＼年份	2004	2005	2006	2007	2008	2009	2010	2011	2012
国际化	191.22	267.23	363.45	444.93	511.39	440.36	584.88	647.01	674.6
排名	7	5	5	5	5	5	4	3	4

（四）流通发展绩效

江苏省2012年流通产业流动资产总额达10 751.70亿元，比2005年增长了589.88%，批发和零售业主营业务收入达31 001.30亿元，比2004年增长了432.77%。2004～2012年间，江苏省流通产业增加值由2 609.95亿元上升至11 458.97亿元，流通产业就业增长率达158.44%。因此，从总量上看，江苏省流通产业在2004～2012年这9年间的发展效率及其对社会经济的贡献都有所提高。

从指数角度看，2004～2012年这9年间，江苏省的流通发展绩效指数在总体上处于增长趋势，指数值由2004年的68.99增长至2012年的102.16。但从全国范围看，该省的流通发展绩效情况在全国各省（市）中的排名却比较靠后，江苏省流通发展绩效在2004年到2012年期间排名各年都在第20名上下波动。期间，最高排名为2011年的第13名，最低排名则为2004年的第26名，详见表6-2-3。

表6-2-3　　江苏省流通发展绩效指数值及其在全国各省（市）中排名

指标＼年份	2004	2005	2006	2007	2008	2009	2010	2011	2012
发展绩效指数	68.99	76.61	73.37	76.36	109.69	98.71	101.05	111.41	102.16
排名	26	21	25	25	14	20	17	13	24

三、相对优势与相对弱势要素分析

为了分析江苏省4大要素发展情况，我们将江苏省的4大要素按照平均排名进行排序，并将处于第1名的要素称为江苏省流通发展力的相对优势要素，将排在最后一名的要素称为江苏省流通发展力的相对弱势要素。

根据这一原则，江苏省流通发展力的相对优势要素是流通发展国际化和发展现代化，而相对弱势要素是流通发展绩效。进一步分析这些要素排名的变异系数可以发现，江苏市相对优势要素的排名基本没有变化，非常稳定（见表6-2-4）。

表6-2-4　　江苏省流通发展力4大要素的平均排名和变异系数

	支撑力	现代化	国际化	绩效
平均排名	5.53	2.78	4.78	21.11
变异系数	0.09	0.15	0.22	0.24

第三节　浙江省

浙江省地处中国东南沿海长江三角洲南翼，东临东海，南接福建，西与江西、安徽相连，北与浙江、江苏接壤。浙江省东西和南北的直线距离均为450公里左右，陆域面积104 141平方公里，为全国的1.08%，是中国面积最小的省份之一。改革开放以来，浙江省经济发展迅速，主要经济指标在全国保持领先地位，并成为最具活力的省份之一。浙江以省会杭州为枢纽，沪杭、浙赣、萧甬、金温等路线构成了浙江铁路运输网络。浙江以宁波、温州等5大港口群，形成除澳洲外的全球海运覆盖体系。这一系列优越的基础，为浙江省流通产业的发展提供了温床。

一、浙江省流通发展总体情况

浙江是经济比较发达的沿海省份，交通四通八达，沪杭、浙赣铁路相接纵贯省境，与杭甬、杭宣铁路构成交通主干线，航空网线初步形成，邮政电信事业也得到了大发展。便利的交通和临海的地理位置给浙江省的流通产业起到了长足的贡献。历年的流通发展总指数值及其在全国30个省（市）中的排名情况如表6-3-1所示。

表6-3-1　　　浙江省各年流通发展总指数数值及其在全国的排名情况

指标 ＼ 年份	2004	2005	2006	2007	2008	2009	2010	2011	2012
总指标	165.54	192.87	224.56	249.73	279.47	278.46	316.99	364.97	399.09
排名	5	5	6	6	6	6	6	6	6

从表6-3-1可以看出，从2004～2012年，浙江省流通发展总指数的排名相当稳定，稳居第6名的位置。下面我们用雷达图来分析2004～2012年发展支撑力指数、发展现代化指数、发展国际化指数、发展绩效指数对浙江省流通发展总指数的平均贡献率，如图6-3-1所示。

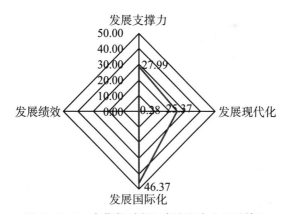

图6-3-1　各指数对浙江省流通产业贡献情况

由图6-3-1可以看出，各指标对总指数的贡献均为正。发展国际化指数对浙江省流通发展指数的贡献最大，对总指数的贡献点数为46.37，其次是发展现代化指数，对总指数的贡献点数为25.37，再其次是发展支撑力指数，对总指数的贡献点数为27.99，发展绩效指数对浙江省流通发展指数的贡献最小，对总指数的贡献点数为0.27。这说明，浙江省流通产业的发展主要体现在其对全国经济发展的贡献及其对外开放程度两个方面，促进流通行业的就业则是浙江省流通产业总体发展进步的重点。因此，电子商务等新兴流通发展模式和连锁化、零售配送等新兴流通产业态的进一步推广，对于浙江省流通产业的全面发展将具有重要的推动作用。

二、影响流通发展的各因素分析

(一) 流通发展支撑力

2004~2012年间，浙江省的流通发展支撑力指数的排名均保持在第4名，说明浙江省在流通发展支撑力方面取得了很好的成果，其中流通发展现代化、流通发展国际化和流通发展绩效是浙江省的优势所在；从指数方面来看，浙江省的流通发展支撑力指数在2004~2012年间一直处于上升的趋势，从2004年的149.02上升到2012年的360.12，各个年份的数值均大于全国平均水平，平均指数值为242.14，年平均增长速度为10.30%。历年的流通发展支撑力指数的排名及数值如图6-3-2所示。

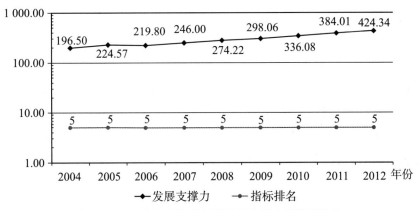

图6-3-2　浙江历年的流通发展支撑力指数及排名

2004～2012 年间，构成浙江省流通发展支撑力指数的两个二级指标中，基础指数与潜力指数对流通发展支撑力指数的平均贡献率为 11.98%、16.00%，说明潜力指数相对基础指数是影响流通发展支撑力指数的主要原因；影响基础指数的三个三级指标中，人均社会消费品零售总额、流通产业固定资产投资额、流通里程强度对基础指数的贡献率分别为 6.21%、－0.37%、6.15%，即流通产业固定资产投资额对基础指数具有负的拉动作用；构成潜力指数的两个三级指标中，城镇居民家庭人均可支配收入与农村居民家庭人均纯收入对潜力指数的贡献率分别为 6.27%、9.78%，即农村居民家庭人均纯收入对潜力指数的影响较大；人均社会消费品零售总额指数、镇居民家庭人均可支配收入指数与农村居民家庭人均纯收入指数各年份的数值均大于全国水平，所以其对二级指标的贡献率均为正，流通产业固定资产投资额指数的数值有的大于有的小于全国水平，但总体对二级指标的贡献率是小于 0 的。流通发展支撑力指数的排名从 2004 年的第 4 名下降到 2012 年的第 5 名，主要是流通里程强度指数的下降所致，但综合起来，流通发展支撑力指数的排名基本保持不变。

（二）流通发展现代化

2004～2012 年间，浙江省批发和零售业固定资产投资由 63.83 亿元增至 322.88 亿元，住宿餐饮业固定资产投资由 40.27 亿元上升至 212.87 亿元，连锁零售企业统一配送商品购进额增加了 1 412.03 亿元，零售业销售额增加了 4 612.71 亿元，这些成绩的取得使得浙江省流通产业发展技术现代化和业态现代化在这两方面的绝对量上有了较大的提升。

从指数上来看，浙江省在 2004～2012 年间的发展现代化指数实现了大幅上升，由 2004 年的 168.76 逐年上升至 2012 年的 379.73，增长率达 125.01%，说明浙江省的流通发展现代化水平在这一期间实现了大幅度的提高。浙江省历年流通发展现代化指数及其在全国各省（市）中的排名如表 6－3－2 所示。

表6-3-2　浙江历年流通发展现代化指数值及其在全国各省（市）中的排名

年份	2004	2005	2006	2007	2008	2009	2010	2011	2012
发展现代化	168.76	206.71	238.74	254.42	273.93	288.91	302.79	336.49	379.73
排名	4	5	6	5	6	8	15	12	13

从排名来看，发展现代化指数排名在2004～2012年期间呈波动起伏状态，整体为下降趋势，由2004年的第4名降至2012年的第13名，平均排名8.22，变异系数为0.45。从流通发展现代化的两大因素看，技术现代化对流通发展的贡献率从2004年的14.69%下降到2012年的7.78%，呈下降趋势。业态现代化指数呈上升趋势，且发展速度明显高于技术现代化指数，由2004年的174.79增加到2012年的483.95，对整体流通发展指数增长的贡献率由16.10%上升至19.58%，成为影响流通产业发展现代化的主要因素。这一情况表明，技术现代化的发展水平落后于业态现代化水平的发展，因此需进一步提高浙江省流通产业技术现代化水平。

（三）流通发展国际化

依靠其优越的地理位置和资源开放优势，浙江省在2004～2012年间按经营单位所在地区的货物出口总额上升了250.56%，流通产业外商实际投资额由67.09亿美元增至130.69亿美元，上升了94.80%，批发、零售外商投资企业销售额增加了390.29亿元，2012年住宿餐饮业外商投资企业的营业额比2004年增加了50.03亿元，从而为其流通产业国际化进一步发展提供了重要基础。

浙江省国际化发展的构成指标数量值在2004～2012年都有较大幅度的增长，由2004年的194.89增加至2012年的682.12，表明国际化发展高速。从其在全国各省（市）中的排名上看，浙江省流通产业发展国际化指数始终稳定在30个省中的前六位，这说明其流通发展国际化程度在全国处于领先水平。因此，浙江省的流通国际化发展处于较快发展状态。该市历年的流通发展国际化指数值及其在全国的排名情况如表6-3-3所示。

表6-3-3 浙江省流通发展国际化指数值及其在全国各省（市）中的排名

指标 年份	2004	2005	2006	2007	2008	2009	2010	2011	2012
发展国际化	194.89	242.62	339.37	400.64	470.17	415.48	527.74	638.15	682.12
排名	6	6	6	6	6	6	6	4	3

2004～2012年间，构成流通发展国际化指数的外向度指数和开放度指数对流通发展总指数的平均贡献率分别为52.72%和-2.53%，浙江省流通国际化发展水平主要是受外向度因素的影响。因此，提高其开放度水平对浙江省流通发展国际化将起到重要的作用。影响浙江省流通产业开放度指数的各三级指标的变化情况如图6-3-3所示。

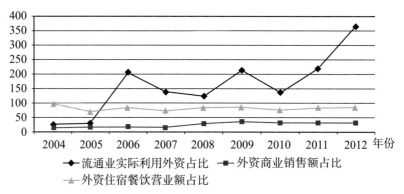

图6-3-3 浙江省构成开放度指数的各三级指标历年的指标值情况

由图6-3-3可知，在历年的流通产业实际利用外资额占比这一指标值明显高于其他两个指标值，说明流通开放度发展主要由流通产业的实际利用外资额的提高带动，其他两个因素发展速度较为缓慢，所发挥的作用较小。流通产业实际利用外资额占比和外资住宿餐饮业营业额占比这两个指标对开放度指数的贡献均为正值，且前者贡献较大，故浙江省流通发展开放度指数的降低主要是由其流通产业实际利用外资额占比造成的。因此，政府相关部门需要给予外商企业投资流通产业的适当政策扶持以鼓励外商对流通产业的投资，提高该市的流通国际化发展水平。

（四）流通发展绩效

浙江省 2012 年流通产业流动资产总额达 11 618.62 亿元，比 2004 年增长了 426.33 个百分点，批发和零售业主营业务收入达 29 659.71 亿元，比 2004 年增加了 21 943.89 亿元。2004 ~ 2012 年间，浙江省流通产业增加值由 1 826.53 亿元上升至 5 802.74 亿元，就业人数增加 58.65 万人，就业增长率达 101.98%。但相比较其他指标或省份而言，浙江省流通发展绩效比较靠后。

从指数角度看，2004 ~ 2012 年间，浙江省的流通发展绩效指数在 100 上下波动，均值为 102.39，变异系数为 0.05。从全国范围看，该省的流通发展绩效情况在全国各省（市）中的排名始终处于中间位置，排名在第 12 名到第 19 名间波动。该省历年的流通发展绩效率指数值及其在全国 30 个省（市）中的排名如表 6 - 3 - 4 所示。

表 6 - 3 - 4 浙江省流通发展绩效指数值及其在全国各省（市）中的排名

年份	2004	2005	2006	2007	2008	2009	2010	2011	2012
发展绩效指数	102.03	97.59	100.33	97.87	99.58	111.38	101.35	101.25	110.15
排名	16	15	14	16	20	13	16	20	18

在影响流通发展绩效指数的两个指标中，2004 ~ 2012 年间，效率指数呈现升降起伏的波动趋势，指数值变化不大，平均指数值为 136.27，社会经济贡献指数在此期间总体上呈上升趋势，平均指数值为 68.27。说明这一阶段浙江省流通发展绩效指数的增长主要是由流通产业的社会经济贡献指数拉动的，而流通产业的发展在流通效率方面发展相对缓慢，存在更多的发展空间。

三、相对优势与相对弱势要素分析

为了分析浙江省 4 大要素发展情况，我们将浙江省的 4 大要素按照平均排名进行排序，并将处于第 1 名的要素称为浙江省流通发展力的相对优势要素，将排在最后一名的要素称为浙江省流通发展力的相对弱势要素。

根据这一原则，浙江省流通发展力的相对优势要素是流通发展支撑力和发展国际化，而相对弱势要素是流通发展绩效。进一步分析这些要素排名的变异系数可以发现，浙江省相对优势要素的排名基本没有变化，非常稳定（见表6-3-5）。

表6-3-5　　浙江省流通发展力4大要素的平均排名和变异系数

指标	支撑力	现代化	国际化	绩效
平均排名	5	8.22	5.44	15.44
变异系数	0	0.45	0.22	0.05

第四节　安徽省

安徽地处江、淮河中下游，长江三角洲腹地，居中靠东、沿江通海，东边江苏、浙江，西接湖北、河南，南邻江西，北靠山东，东西宽约450公里，南北长约570公里，土地面积13.94万平方公里，占全国的1.45%，居第22位。现辖16个地级市、62个县（市）、43个县级区和1 522个乡镇、街道办事处。2012年末，全省户籍人口6 902万人，常住人口5 988万人。安徽在中国交通干线网中具有承东启西的地位，铁路密度居华东前列。此外，截至2012年底，全省高速公路通车里程已达3 210公里，在建里程超过1 000公里，现已形成一个四通八达的高速公路网络。2012年地区生产总值17 212.05亿元，较上年增长12.49%，发展较为迅速。

一、安徽省流通发展总体概况

随着经济社会的持续发展，现代流通产业对经济发展的促进作用越来越明显。2012年12月，安徽省出台《安徽省商贸流通产业"十二五"发展规划》，目标是在2015年，全省社会消费品零售总额超过8 500亿元，比2010年翻一番，同时全省商业增加值占服务业增加值比重达到30%，占地区生产总值超过10%。之后在2013年8月，又提出《关于深化流通体制改革加快流通产业发展的实施意见》，发出了大力发展流通产业的信号。在一系列政策的支持下，安徽省对流通产业发展的重视程度与日俱增，但相对其他省份发展状况并不理想。2004 ~ 2012 年，安徽省的流通发展总指数排名从最初的第 13 名下滑到第 15 名，具体排名情况可见图6 - 4 - 1。

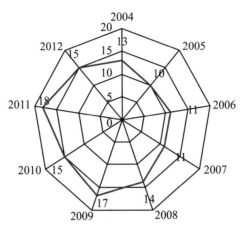

图 6 - 4 - 1　安徽省流通发展总指数排名

可见，安徽省流通发展总指数排名下滑，但绝对值却在稳步上升，具体情况如图 6 - 4 - 2 所示。

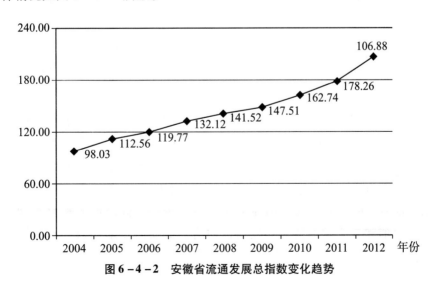

图 6 - 4 - 2　安徽省流通发展总指数变化趋势

　　此外，2004～2012 年，安徽省流通发展总指数的 4 个一级指标也出现不同程度的变动，发展支撑力指数总体比较稳定，平均排名第 22.67位。发展现代化指数在最初几年里排名有所上升，但之后有所回落，2012年位列第 9 位；发展国际化指数波动较小，而发展绩效指数从 2004 年的第 10 位波动下滑到 12 年的第 19 位。2012 年，这 4 个一级指标对总指数的贡献率分别为 24.1%、68.8%、5.1%、1.98%，可见发展现代化和发展支撑力对总指数的贡献较大，安徽省应进一步提升其发展国际化与发展绩效水平。表 6 - 4 - 1 显示了安徽省流通发展总指数及一级指标的具体数值。

表 6 - 4 - 1　　　　安徽省流通发展总指数及一级指标历年数值

指标 年份	总指数	发展支撑力	发展现代化	发展国际化	发展绩效
2004	98.03	88.12	99.51	77.82	126.68
2005	112.56	94.15	184.75	36.93	134.41
2006	119.77	94.86	223.55	48.57	112.09
2007	132.12	108.49	241.31	72.84	105.84
2008	141.52	122.80	234.48	94.38	114.41
2009	147.51	134.34	272.30	81.88	101.51
2010	162.74	154.32	306.47	83.18	106.98
2011	178.26	181.15	334.96	88.12	108.79
2012	206.88	203.20	394.04	121.82	108.48

　　由表 6 - 4 - 1 可看出，安徽省流通发展总指数近 9 年来持续稳定上升，总体发展势头良好。这主要是由发展支撑力和发展现代化带动，尤其是安徽省发展现代化水平除 2008 年受国际经济危机影响略有下降外，其余年份均保持较快的上升，而发展国际化和发展支撑水平却在不断波动，说明安徽省出口及利用外资情况不太理想，同时说明相对于地区生产总值和工业增加值等比较指标而言，流通产业增加值变动速度也不稳定。

二、流通发展要素分析

(一)流通发展支撑力

安徽省流通发展支撑力指数排名偏低,变动幅度不大。2004~2012年,安徽省该指数平均排名第22.67位,其中2004年排名最高,位列全国第20名,2006~2008年三年排名最低,位列全国第24位,排名的标准差为1.33。历年排名情况如图6-4-3所示。

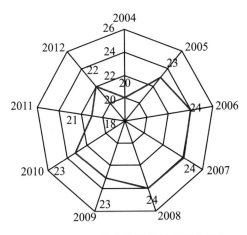

图6-4-3　安徽省流通发展支撑力排名

2012年,影响安徽省流通发展支撑力指数的两个二级指标中,基础指数与潜力指数对流通发展支撑力指数的贡献率分别为22.18%、77.82%,即潜力指数是影响流通发展支撑力指数的主要原因,基础指数的影响相对较小。影响基础指数的三个三级指标中,人均社会消费品零售总额指数、流通产业固定资产投资额占比、流通里程强度指数对基础指数的贡献率分别为98.74%、-29.64%、30.90%,即流通产业固定资产投资额占比对基础指数具有负的拉动作用即相对于固定资产投资总额而言,流通产业的固定资产增加速度较慢,人均社会消费品零售总额指数和流通里程强度指数是对基础指数有正的拉动作用,发展情况较好;构成潜力指数的两个三级指标中,城镇居民家庭人均可支配收入指数与农村居民家庭人均纯收入指数对潜力指数的贡献率分别为 46.12%、53.88%，说明农村居民家庭人均纯收入指数对潜力指数的影响相对较大。安徽流通发展支撑力指数总体处于稳定上升状态，历年变化趋势如图 6－4－4 所示。

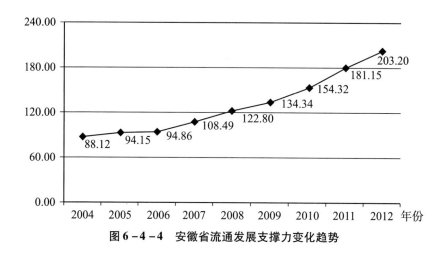

图 6－4－4　安徽省流通发展支撑力变化趋势

（二）流通发展现代化

流通发展现代化水平体现了流通产业发展的专业化程度，安徽省流通发展现代指数近年来在绝对值上持续上升，在全国排名上处于中上游水平，但波动很大。2004～2012 年，安徽省该指数平均排名第 9.67 位，其中 2005 年排名最高，居全国第 5 位，2010 年排名全国第 14 位，是近年来最低水平。九年中排名的标准差为 3.09，反映出其总体排名的不稳定性。历年排名情况如图 6－4－5 所示。

2012 年，影响安徽省流通发展现代化指数的二级指标主要体现在两点，第一为技术现代化指数，第二为业态现代化指数。二者对流通发展现代化的贡献率分别为 59.33%、40.67%，可见技术现代化指数对流通发展现代化指数发挥着主要作用，而业态现代化影响力稍弱。影响技术现代化的共有两个三级指标，分别为人均流通资本指数和批发零售餐饮住宿业资产总额指数，二者对技术现代化指数的贡献率分别为 112.21% 与 －12.21%。构成业态现代化指数的两个三级指标中，物流配送化程度指数、连锁经营程度指数、人均连锁经营规模指数对业态现代化指数的贡献率分别为 3.30%、4.59%、92.29%，可见人均连锁经营规模对业态现代化指数发挥着主要的带动作用，而另两个指标影响很小。通过以上分析，安徽省流通发展现代化指数近些年的波动，主要原因是人均流通资本和人均连锁经营规模的波动。流通发展现代化指数历年变化趋势见图6-4-6，可见安徽省流通发展现代化在2008年稍有下降，这可能是受经济危机影响，流通产业固定资产投资额及从业人员增速均有不同程度的下降，2008年之后增长较为迅速。

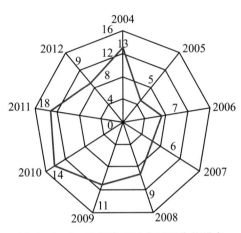

图6-4-5　安徽省流通发展现代化排名

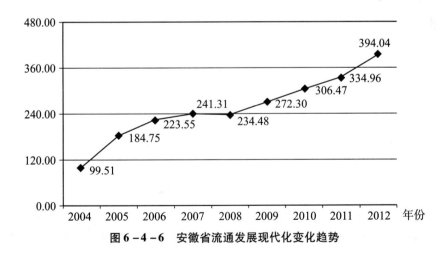

图6-4-6　安徽省流通发展现代化变化趋势

（三）流通发展国际化

流通发展国际化水平体现了流通产业发展与国外的联系程度，安徽省流通发展国际化指数在全国排名上处于中游水平，与发展现代化指数类似的是波动很大。2004～2012年，安徽省该指数平均排名第16.33位，其中2004年排名最高，居全国第12位，2005年排名最低，居全国第22位，2012年该指数排名第16位，处于近年来的中游水平。9年中该指数排名的标准差为3.02，反映出其总体排名的不稳定性。历年排名情况如图6－4－7所示。

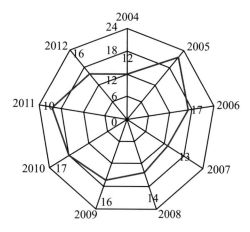

图6－4－7　安徽省流通发展国际化排名

2004～2012年，影响安徽流通发展国际化指数的两个二级指标中，外向度指数和开放度指数对流通发展国际化指数的贡献率分别为72.71%与27.29%，这体现了外向度指数对流通发展国际化指数的较大的拉动作用。安徽省外向度中的人均商品出口额近年来一直在上升，年平均增长速度为24.27%，增长速度较快。相较而言，外资商业销售额占比与外资住宿餐饮营业额占比增长较为缓慢，年平均增长速度分别为7.09%和3.44%，并且流通产业实际利用外资占比年平均增长率为负，这是安徽省流通发展国际化指数排名靠后的一个重要原因。此外，就贡献率而言，2012年流通产业实际利用外资占比、外资商业销售额占比分别为271.13%、11.14%和－182.91%，可见安徽省今后要着重发展外资住宿餐饮行业，同时提升流通产业实际利用外资占比情况。具体流通发展国际化指数值可见图6-4-8，2005年和2009年，发展国际化指数经历了较大下滑，这是受出口下降及外资引入下降所导致的，近年来该指标逐年回升，2012年上升幅度较大。

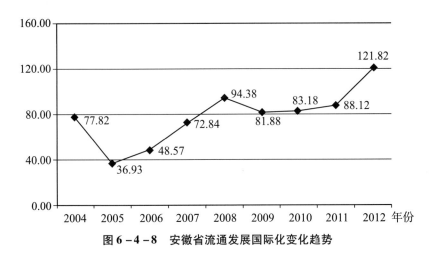

图6-4-8　安徽省流通发展国际化变化趋势

（四）流通发展绩效

安徽省流通发展绩效指数在2004～2012年间绝对值持续下降，但整体排名处于中等偏上的位置，最高排名出现在2005年，位居全国第6位，其余年份在10～20名之间，但不同年份波动较大，2012年排名第19位，是近些年来的最低水平，平均排名为12.78名，中位数为12名，排名的标准差为3.97。历年流通发展绩效指数的排名如图6-4-9所示。

2004～2012年，影响安徽省流通发展绩效指数的两个二级指标中，效率指数和社会经济贡献指数对流通发展绩效指数的贡献率分别为30.10%与69.90%，说明社会经济贡献指数是影响流通发展绩效指数的主要因素，而效率指数影响略小。安徽省流通发展绩效指数的排名由2004年的第10名上升到2005年的第6名，之后逐渐下降到第19名，主要体现在社会经济贡献指数的变动，在构成社会经济贡献的三级指标中，流通产业增长值、拉动力指数、促进力指数和就业贡献率指数的贡献率分别为-37.93%、-74.60%、-102.03%和378.86%，可见只有就业贡献率指数对社会经济贡献起到了较大的正向促进作用，而其余指数都只有反向促进作用，具体原因为流通产业增加值相对地区增长总值、工业生产总值及社会消费品零售总额等指标而言增长较为缓慢，例如，安徽省流通产业增加值 2004～2012 年内年平均增长率为 14.86%，落后于地区生产总值的年均增长率（15.35%），可见安徽省要提升其流通发展绩效指数，首当其冲的就是要大力促进流通产业发展，提高流通产业增加值。历年流通发展绩效指数值见图 6-4-10，2009 年以前，该指数虽有波动，但整体呈下降趋势，而在 2009 年之后，发展情况略有好转，每年都有小幅上升，但上升速度较慢。

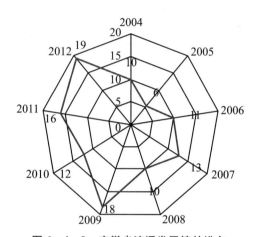

图 6-4-9　安徽省流通发展绩效排名

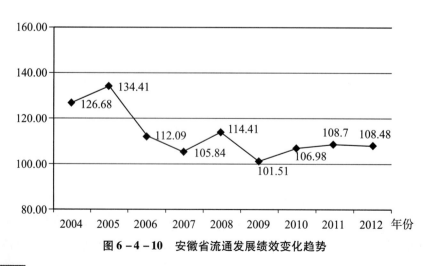

图 6-4-10　安徽省流通发展绩效变化趋势

第五节 福建省

福建省位于我国东南沿海，东隔台湾海峡与台湾省相望。陆地平面形状似一斜长方形，东西最大间距约 480 千米，南北最大间距约 530 千米，陆域面积 12.4 万平方公里。福建省辖 1 个副省级城市和 8 个地级市。大陆岸线长 2010 公里，沿海岛屿共 1 202 座。福建省居于中国东海与南海的交通要冲，是中国距东南亚、西亚、东非和大洋洲最近的省份之一。目前全省高速公路里程已突破 3 000 公里，实现了各设区市到省会福州"四小时交通经济圈"。2012 年地区生产总值为 19 701.78 亿元，年末常住人口 3 748 万人。

一、流通发展总体情况

2004～2012 年，福建省流通发展总指数呈上升趋势，从 2004 年的 140.63 上升到 2012 年的 338.04，年平均增长速度为 10.24%，显著高于全国平均水平 4.19%；在绝对值上，2012 年也超过全国平均水平，发展状况很好，反映出福建省流通产业发展较为理想。2012 年福建省经贸委制定了《福建省商贸流通产业"十二五"发展规划》，为"十二五"期间福建省商贸流通产业发展提供路径指导。针对农村流通产业发展，又形成了《福建省人民政府关于加快农村流通产业发展的若干意见》，可见，福建省对流通产业发展重视程度较高，发展前景值得期待。历年流通发展总指数数值逐年上升，具体如图 6-5-1 所示。

从排名来看，福建省流通发展总指数在 2004～2012 年间的排名十分稳定，9 年均位居全国第 7 名，反映出福建省流通发展水平较高，质量较好。历年流通发展总指数的排名情况，如图 6-5-2 所示。

2004～2012 年，影响福建省流通发展总指数的 4 个一级指标中，流通发展支撑力指数、流通发展现代化指数、流通发展国际化指数、流通发展绩效指数对流通发展总指数的贡献率分别为 23.23%、33.50%、42.48%、0.78%，即流通发展支撑力指数、流通发展现代化指数、流通发展国际化指数和流通发展绩效指数对流通发展总指数均具有正的拉动作用。

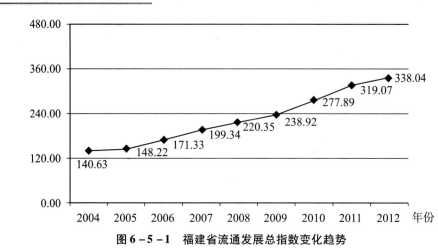

图 6 - 5 - 1　福建省流通发展总指数变化趋势

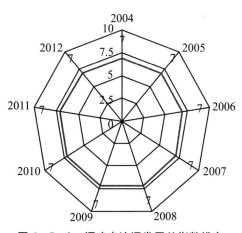

图 6 - 5 - 2　福建省流通发展总指数排名

二、影响流通产业发展的各因素分析

（一）流通发展支撑力分析

福建省流通发展发展支撑力指数在 2004～2012 年的排名都在 7～8 名，说明福建省在流通发展发展支撑力方面具有较大优势；总体来看，福建省在 2004～2005 年排名全国第 8 位，之后稳定在全国第 7 位的位置，排名标准差为 0.42，可见变动相当小。如图 6 - 5 - 3 所示。

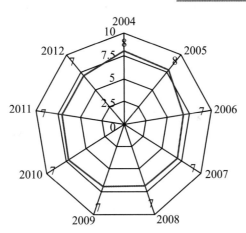

图 6 – 5 – 3　福建省流通发展支撑力排名

从流通发展支撑力指数绝对量来看，9 年来绝对量稳定上升，平均指数值为 209.76，年平均增长速度为 10.31%。历年流通发展发展支撑力指数数值如图 6 – 5 – 4 所示。

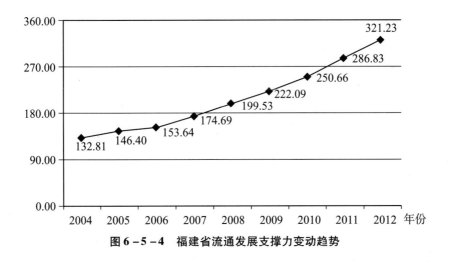

图 6 – 5 – 4　福建省流通发展支撑力变动趋势

2012 年，构成福建省流通发展支撑力指数的两个二级指标中，基础指数与潜力指数对流通发展支撑力指数的贡献率分别为 42.22% 和 57.78%，即基础指数与潜力指数对流通发展支撑力指数作用较为均衡，其中潜力指数拉动作用略大。构成福建省流通发展支撑力指数的三级指标中，人均社会消费品零售总额指数、城镇居民家庭人均可支配收入指数与农村居民家庭人均纯收入指数一直处于上升态势，且发展水平较高，这些都是流通发展支撑力指数排名全国前列的重要因素。

（二）流通发展现代化分析

相对而言，福建省流通发展现代化指数的排名波动较大，最高排名出现在近两年，排名全国第6位，最低排名在2005年，居全国第12位，值得一提的是，除了2005年指数排名略有下降外，2005年后该指数排名一直处于上升状态，体现出福建省流通产业技术化、专业化程度的持续改进。具体排名情况可如图6-5-5所示。

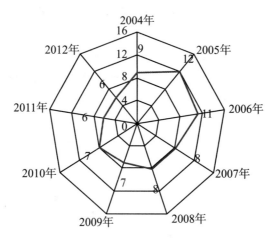

图6-5-5　福建省流通发展现代化排名

从绝对量来看，福建省流通发展现代化指数总体水平持续上升，其中2006～2010年发展速度较快，2010年之后稍有放缓。且均高于全国水平。历年流通发展现代化指数具体数值如图6-5-6所示。

2004～2012年，构成福建省流通发展现代化指数的两个二级指标中，技术现代化指数一直处于上升状态，年平均增长速度为18.23%，业态现代化指数年平均增长速度为13.50%，最近几年增长速度明显加快。三级指标中，人均流通资本和批发零售餐饮住宿业资产总额对技术现代化的贡献率分别为110.03%和-10.03%，说明人均流通资本对技术现代化起着正向拉动作用，而批发零售餐饮住宿业资产总额则相反，对技术现代化有反向抑制作用。业态现代化中，人均连锁经营规模对业态现代化贡献率最大，为 113.40%，而物流配送化程度和连锁经营化程度则有反向抑制作用，这也为福建省流通产业进一步的发展提供启示，接下来，应采取大力发展连锁经营水平并改善物流网点布局等措施。

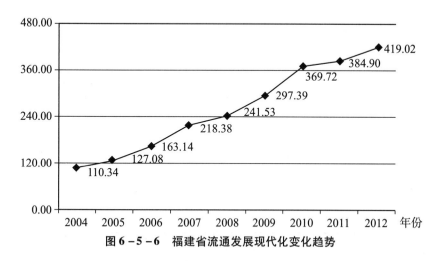

图 6 - 5 - 6　福建省流通发展现代化变化趋势

（三）流通发展国际化分析

福建省流通发展国际化程度较高，与国际接轨做得比较好。这是福建省流通产业发展的巨大优势。其指数排名也较稳定，2004 年排名最高，位居全国第 5 位，之后一直稳定在第 7 名，排名标准差为 0.63，稳定性较高，如图 6 - 5 - 7 所示。

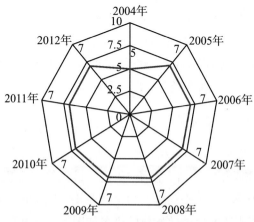

图 6 - 5 - 7　福建省流通发展国际化排名

从绝对量来看，2004～2009 年福建省流通发展国际化指数增长较为
缓慢，2009 年和 2010 年增长迅速，2011 年增速再度放慢。9 年间年平均
增长率为 10.89%。历年流通发展国际化指数具体数值如图 6 - 5 - 8
所示。

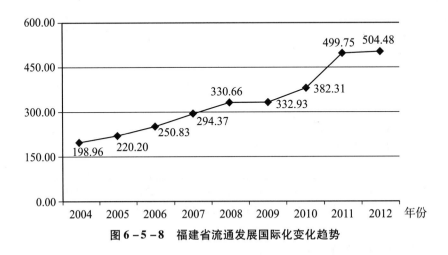

图 6 - 5 - 8　福建省流通发展国际化变化趋势

2012 年，构成福建省流通发展国际化指数的两个二级指标中，外向
度指数和开放度指数对流通发展国际化指数的贡献率分别为 82.79% 与
17.21%，说明外向度指数对流通发展国际化指数起主要作用，而开放度
对国际化指数的影响很小。构成开放度指数的三个三级指标中，流通产业
实际利用外资占比指数、外资商业销售额占比指数、外资住宿餐饮营业额
占比指数对开放度指数的贡献率分别为 29.01%、46.12%、24.85%，都
起到了正向拉动作用。福建省流通发展国际化指数的排名之所以长期稳定
在较高水平，不仅仅体现在出口额的稳定增加，也与流通产业利用外资情
况，外资商业及住宿餐饮业经营状况息息相关。

（四）流通发展绩效分析

福建省流通发展绩效指数相对该省其他一级指标而言排名较靠后，最
高排名出现在 2006 年，位列全国第 10 位，最低排名出现在 2011 年，仅
仅排在全国第 20 名，9 年平均排名为全国第 14 名，并且变动较大，标准
差为 3.13。历年流通发展绩效指数的排名如图 6 - 5 - 9 所示。

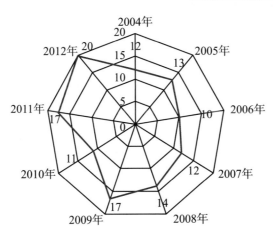

图 6 - 5 - 9　福建省流通发展绩效排名

就具体指标值而言，福建省流通发展绩效指数波动较大，且整体趋势向下发展。最高水平为 2004 年的 120.42，2012 年为 107.46，9 年内指标值波动走低，具体数值如图 6 - 5 - 10 所示。

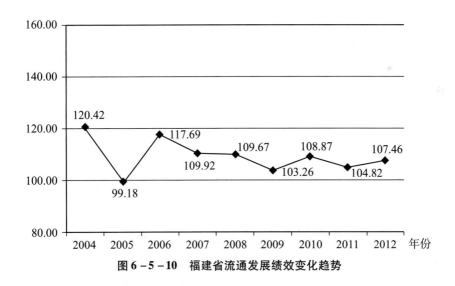

图 6 - 5 - 10　福建省流通发展绩效变化趋势

2012 年，构成福建省流通发展绩效指数的两个二级指标中，效率指数和社会经济贡献指数对流通发展绩效指数的贡献率分别为 12.58% 与 87.42%，即流通发展绩效指数主要受社会经济贡献指数影响。效率指数因素体现的并不明显。在社会经济贡献的四个三级指标中，流通产业增加值占 GDP 比重、拉动力和促进力对社会经济贡献的贡献率均为负，分别为 -32.45%、-64.86% 和 -108.42%，只有就业贡献率对社会经济贡献有较大的正向拉动作用。这主要还是由于流通产业增加值增长相对缓慢，9 年间平均增长率仅为 10.85%，落后于地区生产总值年平均增长率近 4 个百分点。因此，为了提高福建省流通发展绩效指数，并进一步带动福建省流通产业发展，首先就要大力提高流通产业增加值水平，促进流通产业结构往高附加值方向调整。提高流通产业在地区经济产业结构中的地位。

第六节　江西省

江西省古有"吴头楚尾，粤户闽庭"之称，因公元 733 年唐玄宗设江南西道而得省名，又因省内最大河流为赣江而简称赣。江西省内除北部较为平坦外，东西南部三面环山，中部丘陵起伏，成为一个整体向鄱阳湖倾斜而往北开口的巨大盆地。全境有大小河流 2 400 余条，赣江、抚河、信江、修河和饶河为江西五大河流，鄱阳湖是中国第一大淡水湖。江西处北回归线附近，全省气候温暖，雨量充沛，年均降水量 1 341 毫米到 1 940 毫米。2012 年年末，江西常住人口突破 4 500 万人，达到 4 503.93 万人，国内生产总值为 12 948.88 亿元，比去年增长 10.65%，与全国 10.60% 的增长速度稍微快一些。

一、江西省流通发展总体情况

为适应现代流通产业发展趋势和区域特色经济的发展需要，江西省于 2002 年提出积极运用现代流通组织形式、新型经营方式和服务技术，改组、改造商贸流通产业，繁荣商贸流通产业，力争"十五"期间，全省社会消费品零售总额年均增长 9%，2005 年达到 1 080 亿元。以中心城市、交通枢纽和商品集散中心为重点，推动现代物流产业发展，建设若干个层次高、流量大、效益好的大型现代化商品市场和物流园区，努力形成大市场大流通的格局。为使江西省流通产业真正"血脉畅通"，提高江西省流通企业竞争能力，江西于 2006 年对流通企业的发展出台一系列的优惠政策，鼓励外资、民间资本参与流通企业改制，改制时全部安置原企业职工的可免征契税。2013 年，江西省商务厅对商贸流通统计工作高度重视，按照商务部办公厅《关于进一步做好商贸流通产业统计工作的通知》要求，统筹安排，精心组织，认真开展商贸流通统计工作，努力为商贸流通产业发展提供信息支持。江西省比较早地重视流通产业的发展，其流通发展总指数在 2004～2012 年的排名总体比较靠前，最高排名为 2006 年的第 9 名，最低排名为 2007 年的第 17 名，平均排名为 12.56 名，总体来说，江西省的流通产业发展还是挺不错的，近四年的排名，波动不大，都排在前 15 名内。历年江西省的流通发展总指数的排名如图 6－6－1 所示。

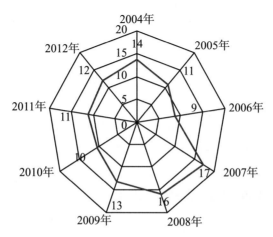

图 6－6－1　江西省流通发展总指数排名

从指数方面来看，江西省流通发展总指数总体处于上升的态势，从 2004 年的 95.95 上升至 2012 年的 222.35，平均指数值为 151.75，年平均增长速度为 9.79%，比全国水平 9.68% 的增长速度稍微快一些，但总指数在各个年份的数值都小于全国水平，说明江西的流通发展还有待进一步加强。历年江西省流通发展总指数的数值如图 6－6－2 所示。

2004～2012 年，构成江西省流通发展总指数的四个一级指标中，流通发展支撑力指数、流通发展现代化指数、流通发展国际化指数、流通发展绩效指数的平均指数值为 135.15、266.91、76.25、128.71，流通发展国际化相对于其他三个指标来说，是江西省流通发展的一大短板，必须加快与外国的合作，促进流通产业进一步的发展。四个一级指标对总指数的贡献率分别为 18.96%、83.39%、7.35%、－9.70%，即流通发

展支撑力指数、流通发展现代化指数、流通发展国际化指数对流通发展
总指数具有正的拉动作用，而流通发展绩效指数对流通发展总指数具有
负的拉动作用，说明江西省有必要加快流通发展国际化和流通发展绩效
的建设。

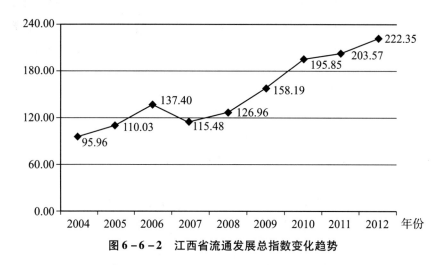

图6-6-2　江西省流通发展总指数变化趋势

二、影响流通发展的各因素分析

（一）流通发展支撑力

2004～2012年，江西省的流通发展支撑力指数在全国的排名波动较
小，但都未能进入前15名，最高排名在2004年的第16名，最低排名在
2008～2011年的第22名，说明江西省在流通发展支撑力方面做的努力还
不够。历年江西省流通发展支撑力指数的排名如图6-6-3所示。

从指数方面来看，江西省2004～2012年的流通发展支撑力指数数值
一直处于上升的趋势，从2004年的92.53上升至2012年的203.36，年平
均增长速度为9.14%，相对于全国9.74%的年平均增长速度还是有一定
的差距，而且各个年份的指数数值都小于全国水平。历年江西省流通发展
支撑力指数的数值如图6-6-4所示。

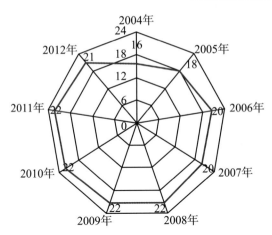

图 6 - 6 - 3　江西省流通发展支撑力排名

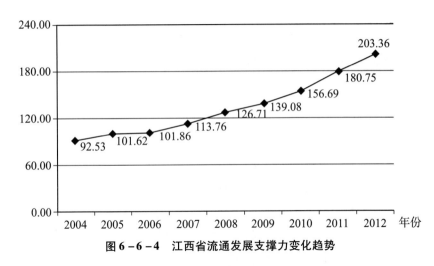

图 6 - 6 - 4　江西省流通发展支撑力变化趋势

2004～2012 年，影响江西流通发展支撑力指数的两个二级指标中，基础指数与潜力指数对流通发展支撑力指数的贡献率分别为 7.65%、92.35%，即潜力指数是影响流通发展支撑力指数的主要原因，基础指数的影响相对小。影响基础指数的三个三级指标中，人均社会消费品零售总额指数、流通产业固定资产投资额指数、流通里程强度指数对基础指数的贡献率分别为 319.89%、-215.75%、-4.23%，即流通产业固定资产投资额指数和流通里程强度指数对基础指数具有负的拉动作用，其中固定资产投资额指数时升时降，波动较大，而流通里程强度指数上升较为缓慢。人均社会消费品零售总额指数是影响基础指数的主要因素；构成潜力指数的两个三级指标中，城镇居民家庭人均可支配收入指数与农村居民家庭人均纯收入指数对潜力指数的贡献率分别45.57%、54.43%，说明农村居民家庭人均纯收入指数对潜力指数的影响相对较大。江西省流通发展支撑力指数的排名相对较稳定且都没能进入前15名，虽然三级指标中，人均社会消费品零售总额指数、城镇居民家庭人均可支配收入指数与农村居民家庭人均纯收入指数一直处于上升态势，但是与全国水平相比，仍存在一定距离。

（二）流通发展现代化

2004～2012年，江西省的流通发展现代化指数在全国的排名都进入前15名内，最高排名在2006年的第4名，最低排名在2007年、2008年的第13名，最大波动为从2006年的第4名下降到2007年的第13名，近几年波动幅度不大，说明流通发展现代化指数是江西省的一大优势所在。历年江西省流通发展现代化指数的排名如图6－6－5所示。

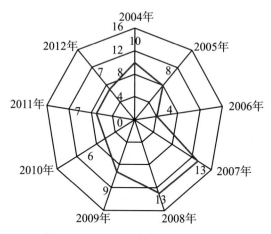

图6－6－5　江西省发展现代化排名

从指数方面来看，江西省2004～2012年的流通发展现代化指数大体呈上升态势，年平均增长速度为15.84%，增长速度相对较快；从2008年开始，指数值都大于全国水平。历年江西省流通发展现代化指数如图6－6－6所示。

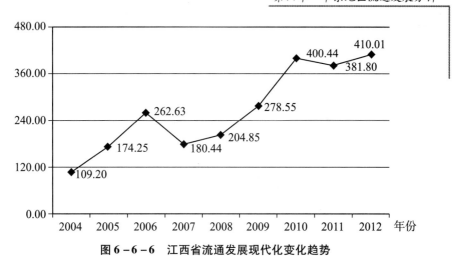

图6-6-6 江西省流通发展现代化变化趋势

2004～2012年，影响江西省流通发展现代化指数的两个二级指标中，技术现代化指数和业态现代化指数对流通发展现代化指数的贡献率分别为43.47%与56.53%，即业态现代化指数对流通发展现代化指数的贡献相对较大。构成技术现代化指数的两个三级指标中，人均流通资本指数和批发零售餐饮住宿业资产总额指数对技术现代化指数的贡献率分别为104.62%与-4.62%，构成业态现代化指数的三个三级指标中，物流配送化程度指数、连锁经营化程度指数、人均连锁经营规模指数对业态现代化指数的贡献率分别为4.95%、40.06%、54.99%。江西省流通发展现代化指数由2004年的第10名上升到2005年的第8名，主要是连锁经营化程度指数的大幅度上涨，从2006年的第4名下降到2007年的第13名，主要是物流配送化程度指数、连锁经营化程度指数、人均连锁经营规模指数的下降，特别是物流配送化程度指数的下降达到200多，又从2008年的第13名上升到2009年的第9名，主要是人均流通资本指数的增长速度为73.69%。

（三）流通发展国际化

2004～2012年，江西省的流通发展国际化指数在全国的排名除了2012年进入前15名，其他年份都基本在第18名左右波动，最高排名在2012年的第13名，最低排名在2008年的第15名，说明流通发展国际化是江西省流通发展的一大弱势。历年江西省流通发展国际化指数的排名如

图 6 - 6 - 7 所示。

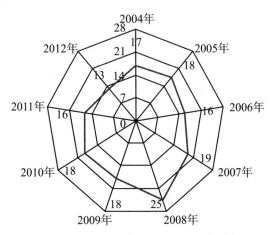

图 6 - 6 - 7　江西省流通发展国际化排名

从指数方面来看，江西省 2004 ~ 2012 年的流通发展国际化指数数值都比较小，最低为 2008 年的 47.19，跟全国水平的 187.69 相对，差距很大，各年的数值与全国水平差距也很大，最大差距在 2012 年，数值为381.65，说明江西省有待进一步加强与外国的合作。历年江西省流通发展国际化指数如图 6 - 6 - 8 所示。

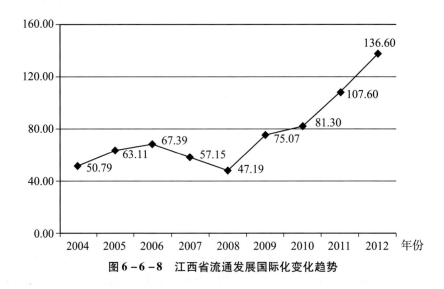

图 6 - 6 - 8　江西省流通发展国际化变化趋势

2004～2012年，影响江西流通发展国际化指数的两个二级指标中，外向度指数和开放度指数对流通发展国际化指数的贡献率分别为96.87%与3.13%，即外向度指数对流通发展国际化指数具有很大的拉动作用。江西省流通发展国际化指数的排名从2007年的第19名下降到2008年的第25名，主要是外资住宿餐饮营业额占比指数的下降，从2011年的第16名上升到2012年的第13名，主要是流通产业实际利用外资占比指数的较大幅度的上升，增长率为173.87%。

（四）流通发展绩效

2004～2012年，江西省的流通发展绩效指数在全国的排名都没跌出前15名，最高排名在2010年的第6名，最低排名在2005年的第12名，各年波动幅度不大。历年江西省流通发展绩效指数的排名如图6-6-9所示。

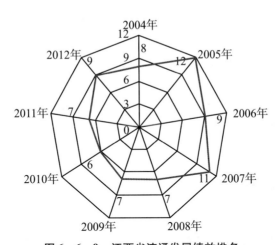

图6-6-9 江西省流通发展绩效排名

从指数方面来看，江西省2004～2012年的流通发展绩效指数数值波动相对较小，最低为2005年的101.12，各年指数值与全国水平差距不大，除了2012年全国水平值大于江西省外，其他年份均小于江西省。历年江西省流通发展绩效指数如图6-6-10所示。

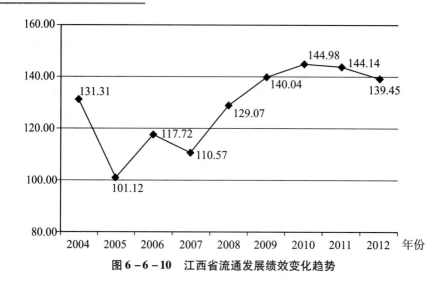

图6-6-10　江西省流通发展绩效变化趋势

　　2004~2012年，影响江西流通发展绩效指数的两个二级指标中，效率指数和社会经济贡献指数对流通发展绩效指数的贡献率分别为24.21%与75.79%，说明社会经济贡献指数是影响流通发展绩效指数的主要因素。江西省流通发展绩效指数的排名由2004年的第8名下降到2005年的第12名，主要是流动资产周转率指数和库存周转率指数的下降，从2007年的第11名上升到2008年的第7名，主要是流动资产周转率指数和库存周转率指数的上升。

第七节　山东省

　　山东因居太行山以东而得名，简称为"鲁"，省会济南，先秦时期隶属齐国、鲁国，故而别名齐鲁、东鲁。山东省境内中部山地突起，西南、西北低洼平坦，东部缓丘起伏，形成以山地丘陵为骨架、平原盆地交错环列其间的地形大势，泰山雄踞中部，主峰海拔1 532.7米，为山东省最高点，黄河三角洲一般海拔2~10米，为山东省陆地最低处。2012年年末，地区常住人口数达9 685万人，是中国的人口大省，国内生产总值为50 013.24亿元，比去年增长10.25%，是中国经济较发达的地区之一。

一、山东省流通发展总体情况

2005 年山东省政府表示，要用 5 年时间将山东打造成现代流通产业强省，使流通产业增加值占 GDP 的比重达到 23% 以上。2008 年，山东省公布 2007 年度流通产业 30 强企业名单的通知，并进一步提出希望各级流通主管部门和有关企业以加快流通现代化建设为主题，以深化改革为动力，以结构调整为主线，以现代信息技术为支撑，突出体制、管理、技术和制度创新，着力增强企业的核心竞争力，尽快培养一批主业突出、辐射带动力强、品牌影响力大、具有较强竞争力的流通大企业、大集团，为进一步推动流通大企业快速健康发展、提高全省流通现代化水平做出更大的贡献。2013 年，在召开的山东省政府常务会议上，研究了加快现代流通产业发展等工作。山东省在流通发展方面取得了很好的效果，2004～2012年流通发展总指数的排名都进入前 10 名，而且比较稳定，基本在第 9 名左右。历年山东省流通发展总指数的排名如图 6 - 7 - 1 所示。

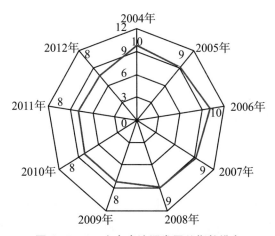

图 6 - 7 - 1　山东省流通发展总指数排名

从绝对数方面看，山东省流通发展总指数一直处于上升的态势，从2004 年的 104.36 一直上升到 2012 年的 275.03，年平均增长速度为11.37%，各年数值与全国水平差距不大。具体如图 6 - 7 - 2 所示。

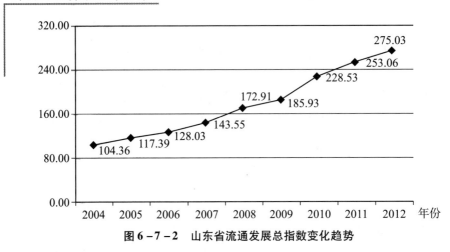

图 6 - 7 - 2　山东省流通发展总指数变化趋势

2004～2012 年，影响山东流通发展总指数的四个一级指标中，流通发展支撑力指数、流通发展现代化指数、流通发展国际化指数、流通发展绩效指数对流通发展总指数的贡献率为 57.29%、62.86%、0.06%、-20.21%，即流通发展支撑力指数、流通发展现代化指数、流通发展国际化指数对流通发展总指数具有正的拉动作用，而流通发展绩效指数对流通发展总指数具有负的拉动作用，从贡献率可以看出，流通发展国际化是山东省的一大短板，必须加快和外国的合作，才能进一步提升山东省的流通产业发展。

二、影响流通发展的各因素分析

（一）流通发展支撑力

2004～2012 年，山东省的流通发展支撑力指数在全国的排名都比较靠前，2004 年和 2005 年排在第 7 名，2006～2012 年排在第 8 名，排名相对稳定。历年山东省流通发展支撑力指数的排名如图 6 - 7 - 3 所示。

从绝对数方面来看，山东省的流通发展支撑力指数总体呈上升的态势，年平均发展速度为 9.70%，而且各年数值都大于全国水平，流通发展支撑力是山东省的一大优势。历年变化趋势如图 6 - 7 - 4 所示。

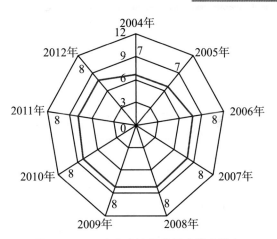

图 6 - 7 - 3 山东省流通发展支撑力排名

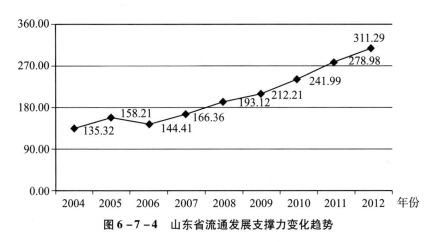

图 6 - 7 - 4 山东省流通发展支撑力变化趋势

2004～2012 年，构成山东流通发展支撑力指数的两个二级指标中，基础指数与潜力指数对流通发展支撑力指数的贡献率为 56.89% 和 43.11%，即基础指数对流通发展支撑力指数具有较大的拉动作用。构成山东省流通发展发展支撑力指数的三级指标中，人均社会消费品零售总额指数、城镇居民家庭人均可支配收入指数与农村居民家庭人均纯收入指数一直处于上升态势，制约山东流通发展发展支撑力指数排名的主要原因是流通产业固定资产投资额占比指数与流通里程强度指数的波动。

（二）流通发展现代化

2004～2012 年，山东省的流通发展现代化指数在全国的排名均进入前10名，除了2004年的第7名和2010年的第8名，其他年份都是排在第10名。历年山东省流通发展现代化指数的排名如图6-7-5所示。

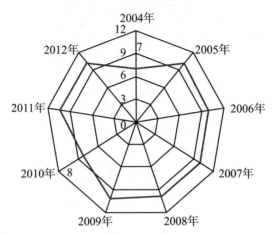

图6-7-5　山东省流通发展现代化排名

从指数来看，9年间流通发展现代化指数持续增长，年平均增长速度为13.36%，增长速度相对较快，从2009年开始，指数值都大于全国水平，流通发展现代化也是山东省发展较好的方面。历年具体数值如图6-7-6所示。

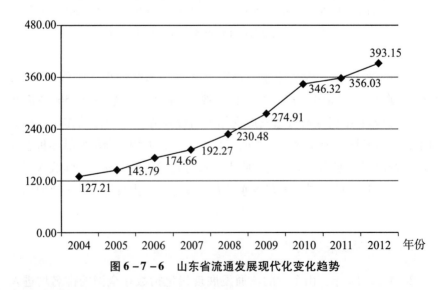

图6-7-6　山东省流通发展现代化变化趋势

2004～2012 年，构成山东省流通发展现代化指数的两个二级指标中，技术现代化指数和业态现代化指数对流通发展现代化指数的贡献率分别为35.88%与64.12%，说明业态现代化指数是影响流通发展现代化指数的主要因素。技术现代化指数的两个三级指标中，人均流通资本指数与批发零售餐饮住宿业资产总额指数对技术现代化指数的贡献率分别为207.47%、-107.47%，即人均流通资本指数对技术现代化指数具有正的拉动作用，而批发零售餐饮住宿业资产总额指数对技术现代化指数具有负的拉动作用；业态现代化指数的三个三级指标中，物流配送化程度指数、连锁经营化程度指数、人均连锁经营规模指数对业态现代化指数的贡献率分别为-1.72%、-0.19%、101.91%，说明人均连锁经营规模指数对业态现代化具有非常重要的意义。山东省流通发展现代化指数的排名从2004 年的第 7 名下降到 2005 年的第 10 名，主要是物流配送化程度指数和连锁经营化程度指数的下降所致，从 2009 年的第 10 名上升到 2010 年的第 8 名，主要是人均流通资本指数增长幅度达到36.52%，又从 2010 年的第 8 名下降到 2011 年的第 10 名，主要是由物流配送化程度指数和连锁经营化程度指数的下降引起。

（三）流通发展国际化

山东省流通发展国际化指数在 2004～2012 年的排名均进入前 15 名，最高排名在 2010 年的第 8 名，最低排名在 2004 年的第 13 名，各年的波动幅度不大。历年山东省流通发展国际化指数的排名如图 6-7-7 所示。

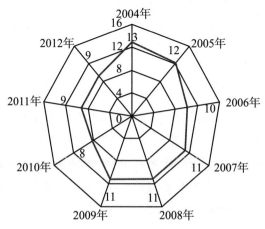

图 6-7-7 山东省流通发展国际化排名

从绝对数来看，除2009年受国际经济危机影响，出口额及引进外资减少，发展国际化指数略有下降外，其他年份均保持上升，年平均增长速度为14.72%，增长速度较快，但指数值与全国水平差距还有较大差距，最大值为260.60。具体变化趋势见图6-7-8。

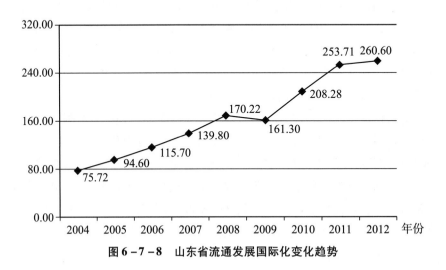

图6-7-8 山东省流通发展国际化变化趋势

2004～2012年，开放度指数的三个三级指标中，流通产业实际利用外资占比指数、外资商业销售额占比指数、外资住宿餐饮营业额占比指数对开放度指数的贡献率分别为38.66%、37.57%、23.77%。山东省流通发展国际化指数排名从2005年的第12名上升到2006年的第10名主要是人均商品出口额指数的上升，从2009年的第11名上升到2010年的第8名，主要是人均商品出口额指数和流通产业实际利用外资占比指数的上升。

（四）流通发展绩效

山东省流通发展绩效指数在2004～2012年的排名除了2010年和2011年进入前15名外，其他年份排名都未能进入前15名，最高排名在2010年和2011年的第9名，最低排名在2007年的第25名，最大波动为从2009年的第21名上升到2010年的第9名。历年山东省流通发展绩效指数的排名如图6-7-9所示。

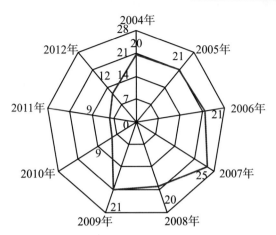

图 6 - 7 - 9　山东省流通发展绩效排名

从绝对值来看，2009 年之前指数值上下波动，时有增减，但在 2009 年之后，增长较为稳定，年平均增长速度为 6.11%，具体变化趋势见图 6 - 7 - 10。

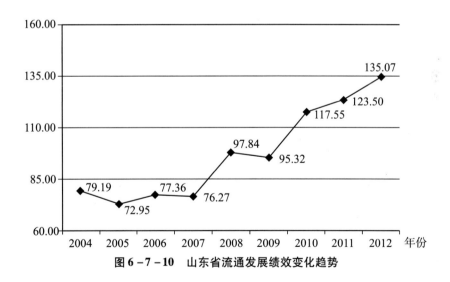

图 6 - 7 - 10　山东省流通发展绩效变化趋势

从对流通发展绩效指数的贡献上分析，二级指标效率指数与社会经济贡献指数对流通发展绩效指数的贡献率分别为 - 31.31% 和 131.31%，说明社会经济贡献指数对流通发展绩效指数具有负的拉动作用。山东省流通发展绩效指数排名从 2006 年的第 21 名下降到 2007 的第25名，主要由流动资产周转率指数、库存周转率指数、促进力指数不同程度的下降所引起，从2007年的第25名上升至2008年的第20名，主要由三级指标不同程度的上升引起，从2009年的第21名上升到2010年的第9名，主要由三级指标不同程度的上升引起，其中库存周转率指数上升幅度最大。

第七章　中南地区流通发展分析

　　中南地区位于中国中南部区域，包括河南省、湖北省、湖南省、广西壮族自治区和海南省。总面积达283.77万平方公里，占全国总面积的29.56%。2012年末常住人口约为13.54亿人，占全国总人口的20.23%，人口稠密。该地区农业、轻重工业比较发达，矿产资源丰富，其中煤炭资源占全国的3.06%，铁矿产资源储量也居全国前列。中南地区教育资源丰富，交通便利，拥有中国重要的交通枢纽城市——郑州、株洲、衡阳、柳州市和方便的水路交通。这些资源和便利的交通深化了中南地区经济和流通产业的发展。

　　2004~2012年，中南地区经济保持持续上涨，2012年该地区生产总值高达89 894.63亿元，占全国生产总值的17.31%。整个期间中南地区流通产业的发展表现越来越强劲，从绝对量的角度来看，影响这一地区流通发展的主要总量指标均呈逐年上升的趋势。各年的具体指标值如表7-1所示。

表7-1　　　影响中南地区流通产业发展的主要总量指标情况

年份＼指标	社会消费品零售总额（亿元）	流通产业固定资产投资额（亿元）	流通里程数（公里）	流通产业增加值（亿元）	连锁零售业销售额（亿元）	流通产业外商实际直接投资额（万美元）	流通产业就业人数（亿元）
2004	15 109.5	2 182.2	498 533.6	2 845.58	389.5	65 611.5	410.1
2005	18 430.7	2 682.9	510 577.3	3 272.96	2 575.1	79 019.2	403.8
2006	21 386	3 441.5	929 408.8	3 808.58	3 828.6	118 422	402.3
2007	25 251.3	3 881.1	945 293	4 495.8	4 388.8	162 679	399.3
2008	30 993.3	4 828.4	968 074	4 747.67	5 051	256 878	410.7

续表

指标 年份	社会消费品零售总额 （亿元）	流通产业固定资产投资额 （亿元）	流通里程数 （公里）	流通产业增加值 （亿元）	连锁零售业销售额 （亿元）	流通产业外商实际直接投资额 （万美元）	流通产业就业人数 （亿元）
2009	35 808.5	6 937.4	991 603.5	5 134.65	5 124.6	312 505	418.7
2010	42 267.3	8 411.35	1 049 206.8	5 937.5	6 309.5	339 887	426.5
2011	49 578.7	8 952.6	1 067 874.2	7 160.45	7 798.4	430 914	471.3
2012	56 464.5	10 490.1	1 087 166.7	8 390.98	9 200.9	517 865	496

从流通发展总指数的角度来看，2004～2012 年，中南地区流通发展总指数的发展整体上比较平稳，但各省之间发展不平衡（见图7-1）。其中，广东省上升趋势最为明显，一直遥遥领先其他五个省份，这与其得天独厚的地域位置、政治环境、经济水平等息息相关。湖北和广西的流通产业的发展次之，增长较缓。而剩下的湖南省，海南省和河南省的流通产业的发展相当，波动较大，特别是河南省。

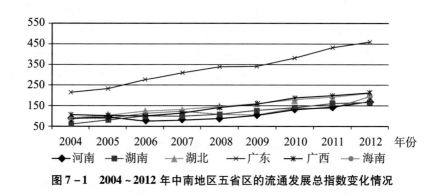

图7-1 2004～2012 年中南地区五省区的流通发展总指数变化情况

第一节　河南省

河南省简称豫，是中国传统地域——中原的核心区，地处中国中部，承东启西，是中国经济自东向西梯次发展的中间地带。全省面积为16.7万平方公里，2012 年末河南省总人口为 9 406 万人，其中城镇人口为

3 991 万人，城市化率为 42.43%。2004～2012 年河南省经济保持持续上涨，2012 年河南省地区生产总值高达 29 599.31 亿元，占全国生产总值的 5.7%，比 2004 年增长了 204.61%。

一、河南省流通发展总体状况分析

2004～2012 年，河南省社会消费品零售总额由 2 808.20 亿元上升至 10 915.60 亿元，增长率达 288.70%；另外流通产业固定资产投资额由 576.10 亿元增至 1 879.64 亿元，上升了 226.27 个百分点；流通产业外商直接投资额由 2007 年的 10 354 万美元增加至 2012 年的 120 099 万美元；与此同时流通产业增加值由 2 672.60 亿元上升至 7 856.18 亿元，增长率达 193.95%。历年的流通发展指数值及其排名情况如表 7-1-1 所示。

表 7-1-1　　河南省各年流通发展指数值及其在全国各省（市）中的排名

指标 ＼ 年份	2004	2005	2006	2007	2008	2009	2010	2011	2012
流通发展总指数	89.98	102.65	76.29	81.21	85.65	99.23	130.41	145.43	168.87
排名	16	14	27	28	29	28	25	25	23

从流通发展总指数的角度来看，2004～2012 年，河南省的流通发展总指数呈现升降交替的波动，总体呈上升趋势。从总指数的排名（除西藏外）的角度来看，河南省的排名波动较大。整个期间除 2004 年、2005 年以外均位于 20 名之后，其中 2005 年排名上升至第 14 位，2008 年下降至全国第 29 位，排名倒数第二位，整个期间平均位于全国第 24 位，这表明河南省的流通发展水平在全国范围内是相对落后的，有待提高。

从流通发展总指数的四大构成指数的平均值来看，2004～2012 年，河南省在流通支撑力方面表现最突出，支撑力指数高达 145.05；流通发展现代化表现次之，现代化指数高达 139.04，而流通发展国际化和流通发展绩效的表现最差，仅为 76 左右，低于 100。这表明河南省流通发展国际化和流通发展绩效度这两方面是河南省流通发展的薄弱环节。

从流通发展的贡献率的角度来看，2004～2012 年，流通发展支撑力指数、发展现代化指数、发展国际化指数和发展绩效指数对流通发展总指数的贡献率分别为－141.14%、－142.97%、302.59%和 81.52%，即发展绩效和发展国际化指数对总的流通指数增长具有正的拉动作用，发展支撑力指数和发展现代化指数对于流通发展总指数的增长具有负的拉动作用。由此可见，相关政府部门和企业应进一步转变该地区的流通发展方式，提高人民收入水平和流通效率，增强物流配送化程度和连锁经营化程度，积极鼓励电子商务等新型流通方式的推广，这对流通产业的发展具有重要意义。

二、影响流通发展的各因素分析

（一）流通发展支撑力

2004～2012 年，河南省人均社会消费品零售总额由 2 889.99 元上升至 11 604.93302 元，流通产业固定资产投资额从 576.10 亿元增加至 1 879.64 亿元，流通里程数由 81 000 公里增至 255 800 公里，城镇居民可支配收入由 7 704.9 元增长至 20 442.6 元，农村人均纯收入由 2 553.2 元增长至 7 524.9 元。这些影响流通产业发展的经济总量指标的上升为这一时期河南省流通产业的发展提供了重要的支撑。历年的流通发展支撑力指数值及其在全国的排名情况如表 7 - 1 - 2 所示。

表 7 - 1 - 2　河南省各年流通发展支撑力指数值及其在全国各省（市）中的排名

年份 指标	2004	2005	2006	2007	2008	2009	2010	2011	2012
发展支撑力指数	105.19	118.12	107.06	118.05	134.47	145.93	167.12	192.65	216.81
排名	10	10	17	18	18	19	18	18	18

从表 7 - 1 - 3 可以看出，2004～2012 年，河南省流通发展支撑力指

数呈逐年上升趋势，表明这一期间河南省的流通发展支撑力有了一定程度的进步，并且从指数值的变化上来看，河南省流通发展指数从 2004 年的105.19 上升至 2012 年的 216.81，说明河南省流通发展支撑力有了很大程度的提高。但是从排名上看，这一期间，河南流通发展支撑能力在全国30 个省（市）中的排名由 2004 年的第 10 名下降至 2012 年的第 18 名，且除 2004 年、2005 年之外河南省流通发展支撑能力在全国的排名一直在17 名之后，这表明河南省的流通发展支撑能力在全国范围由中等偏上水平降至比较落后的水平，且目前仍处于比较落后的状态。

表 7 - 1 - 3　　构成河南省流通发展支撑力指数各二级指标历年指标值情况

年份 指标	2004	2005	2006	2007	2008	2009	2010	2011	2012
基础指数	116.23	130.35	94.04	94.93	105.92	115.38	134.90	152.00	169.49
潜力指数	94.16	105.89	120.08	141.18	163.02	176.48	199.34	233.30	264.13

　　2004 ~ 2012 年间，河南省流通发展支撑力基础指数总体上呈上升趋势，由 2004 年的 116.23 上升到 2012 年的 169.49，平均指数值为 123.69；流通发展支撑力潜力指数呈逐年上升状态，由 2004 年的 94.16 上升到2012 年的 264.13，平均指数值为 166.40（见表 7 - 1 - 3），说明这一时期，河南省流通发展支撑力指数的增加是由于流通发展潜力指数和基础指数的不断上升造成的。从对流通发展总指数增长率的贡献上来看，2004 ~ 2012 年间，基础指数和潜力指数对流通发展总指数的贡献率分别为 - 9.26% 和 - 131.88%，说明潜力指数对发展总指数有较大的反向拉动作用，而基础指数对总指数也有一定的负向拉动作用，因此流通发展基础和潜力支撑能力发展不足是制约河南省流通发展支撑能力提高的重要因素。因此，要想提高河南省的流通发展支撑能力，需要采取有效措施，进一步增强影响河南省流通发展支撑力的基础指数和潜力指数的强度。

　　2004 ~ 2012 年间，构成河南省流通发展支撑力基础指数的各三级指标值的情况如图 7 - 1 - 1 所示。

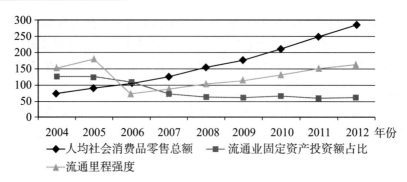

图 7 - 1 - 1　河南省发展支撑力基础指数构成要素的变动趋势

由图 7 - 1 - 1 可知，流通里程强度在 2005～2006 年间有较快增长，其后逐年呈下降趋势，流通产业固定资产投资额占固定资产投资总额的比重在这一期间呈下降趋势，人均社会消费品零售总额指数在这一期间呈逐年上升趋势。2007 年之后，人均社会品销售总额的指数值开始高于其他的指标值，说明 2007 年之后，河南省流通发展基础支撑能力主要表现为人均社会消费品总额的增加，相对于河南省整个社会经济的发展状况，其流通产业固定资产投资略显不足以及流通产业基础交通运输建设发展较慢是制约该省流通发展支撑能力的重要因素。因此，采取有效措施鼓励流通产业的固定资产投资，并增加流通产业发展所需基础交通设施建设的投入将对河南省流通发展基础能力的提升，从而对进一步提升其流通发展支撑力起到重要作用。

（二）流通发展现代化

这一期间在总量指标大幅上升的同时，河南省的流通发展现代化指数在总体上也呈上升趋势，指数值由 2004 年的 49.48 上升至 2012 年的 281.71，平均指数值为 139.04。说明在这一期间，河南省流通发展现代化水平有了一定的上升。从全国范围看，河南省的流通发展现代化指数在全国 30 个省（市）中的排名先由 2006 年的第 28 名上升至 2009 年的第 9 名，2010 年又下滑至第 28 名，进步趋势不是很明显，这说明河南省流通发展现代化水平在全国范围内还是比较落后的。历年的流通发展现代化指数值及其在全国的排名情况如表 7 - 1 - 4 所示。

表7-1-4　河南省各年流通发展现代化指数值及其在全国各省（市）中的排名

年份 指标	2004	2005	2006	2007	2008	2009	2010	2011	2012
现代化指数	49.48	65.24	94.23	103.75	104.69	139.76	189.60	222.87	281.71
排名	26	28	26	26	25	27	26	24	21

2004～2012年间，构成河南省流通发展现代化指数的技术现代化指数和业态现代化指数都呈上升趋势，两指数的平均指数值分别为210.33和67.75，历年的技术现代化指数均高于业态现代化指数，说明技术现代化在流通发展现代化指数中所占的份额相对较大，业态现代化发展水平较低是河南省流通发展现代化的薄弱之处。这一期间，技术现代化和业态现代化两指标对流通发展现代化指数下降的贡献率分别为70.69%和146.68%，说明业态现代化水平的不断下降是河南省流通发展现代化水平下降的主要因素。又由于构成业态现代化的连锁经营化程度这一指标在业态现代化指数中占有较大的份额，这一指数在这一时期的下降为业态现代化指数的下降的贡献率达48.21%，说明连锁经营化程度偏低且不断下降是制约河南省流通现代化发展的一个重要因素。因此，相关政府部门和企业采取有效激励措施，鼓励物流业新生业态发展，提高连锁经营程度，将有利于该省流通产业发展现代化总体水平的进一步提升。

2004～2012年间，构成河南省流通发展现代化指数的各二级指标值的情况如图7-1-2所示。

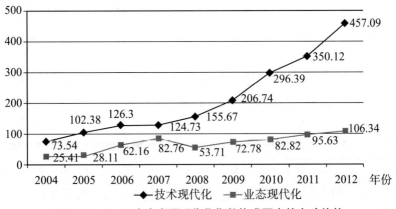

图7-1-2　河南省发展现代化指数构成要素的变动趋势

(三) 流通发展国际化

河南省在2004~2012年间影响物流发展国际化水平的一些绝对量指标实现了大幅提升。其中，河南省的货物出口总额由2004年的440 023万美元增加至2012年的3 193 071.3万美元，流通产业外商实际直接投资额由7 062万美元增至120 099万美元。这些指标的上升，为河南省流通产业发展的国际化程度的提高起到了重要的基础作用。

从指数的角度来看，2004~2012年间河南省的流通发展国际化指数呈现升降起伏的波动状态，由2004年的136.14增至2005年的158.57，然后由2005年的158.57降至2009年的37.47，最后又由2009年的37.47升至2012年的100.72。从排名的角度来看，河南省流通发展国际化指数在全国30个省（市）中的排名先由2004年的第9名下滑至2006年的第26名，然后又上升至2012年的第21名，虽然2004~2005年间排名在全国前十名，但是2006~2012年间排名均在20名之后，说明这一期间河南省的流通发展国际化程度在全国范围内的排名有所进步但仍处于欠发达的地位。河南省历年的流通发展国际化指数值及其排名情况如表7-1-5所示。

表7-1-5　河南省各年流通发展国际化指数值及其在全国各省（市）中的排名

年份 指标	2004	2005	2006	2007	2008	2009	2010	2011	2012
发展国际化指数	136.14	158.57	33.97	30.78	35.42	37.47	74.57	75.34	100.72
排名	9	8	26	27	28	27	21	23	21

2004~2012年间，在影响河南省流通发展国际化的两个二级指标中，历年的外向度指数值较小，平均指数值为39.42，且总体上略呈上升趋势；开放度指数在总体上呈上升趋势，历年的指数值均大于外向度指数，说明这一期间河南省流通产业国际化程度的发展主要依托于该产业较高的实际利用外资额比重等因素，而其外向度因素，即其出口额占全国出口额的比重则对该区流通发展国际化的影响力较小，是制约其流通发展国际化水平进一步得到提高的重要因素。这一期间，外向度指数对于流通发展总

226

指数增长的贡献率总体上大于开放度指数，两指数的贡献率分别为127.07%和－67.13%，说明外向度指数对流通发展总指数增长的拉动作用较大，而开放度对流通发展总指数有较大的反向拉动作用。

（四）流通发展绩效

河南省流通产业流动资产总额由2004年的689.8亿元增加到2012年的2 464亿元，批发和零售业主营业务收入由2004年的2 055.70亿元增加至2012年的7 739.00亿元。2004～2012年间，流通产业增加值由2 672.60亿元增加至7 856.18亿元。商品销售税金及附加费由2004年的6.3亿元增加至73.5亿元。从这些总量数据上看，在这一期间河南省流通产业的发展绩效指标在总量上有所提高。

从指数上看，河南省在2004～2012年间的流通发展绩效指数虽然各年间有所波动，但总体上呈略有上升趋势，说明河南省的流通发展绩效能力在这一期间有所上升。就其在全国排名来看，河南省的流通发展绩效指数的排名一直波动于第20名与第30名之间，总体上排名有所下降，说明河南省的流通发展绩效能力仍有很大的发展进步的空间。历年的流通发展绩效指数值及其在全国30个省（市）中的排名情况如表7－1－6、图7－1－3所示。

表7－1－6　河南省各年流通发展绩效指数值及其在全国各省（市）中的排名

指标＼年份	2004	2005	2006	2007	2008	2009	2010	2011	2012
发展绩效指数	69.12	68.68	69.92	72.26	68.03	73.74	90.33	90.85	76.24
排名	24	25	26	27	28	27	21	24	27

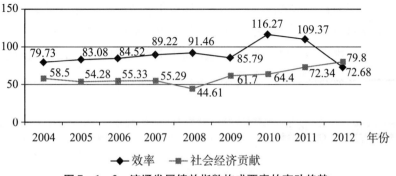

图7－1－3　流通发展绩效指数构成要素的变动趋势

　　在影响河南省流通发展绩效指数的两个二级指标中，效率指数在这一期间总体上呈上升的趋势，除 2012 年之外逐年上升，由 2004 年的 79.73 上升为 2011 年的 109.37，平均指数值为 90.23；社会经济贡献指数呈升降波动状态，总体上有上升趋势，由 2004 年的 58.50 上升至 2012 年的 79.80，平均指数值为 60.69。这一期间，效率指数和社会经济贡献指数对流通发展总指数变化的贡献率分别为 26.41% 和 69.86%，故河南省流通发展绩效指数的上升是由效率指数和社会经济贡献指数总体上共同的上升引起的，且社会经济贡献指数对发展绩效指数的拉动作用较大。2004～2012 年间，影响流通发展社会经济贡献指数的各指标的变化情况如图 7 - 1 - 4 所示。

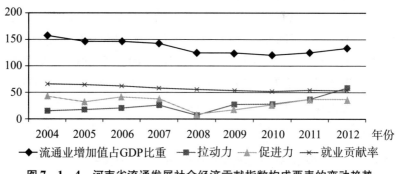

图 7 - 1 - 4　河南省流通发展社会经济贡献指数构成要素的变动趋势

　　由图 7 - 1 - 4 可知，拉动力指数和促进力指数变化的波动性较大，流通产业增加值占 GDP 的比重和就业贡献率这两指标较稳定，指标值在总体上都有下降。因此，河南省流通产业发展的社会经济贡献呈总体下降趋势的主要原因在于该省流通产业的发展对于就业的贡献较小以及流通产业的发展相对于整个经济的发展仍然比较缓慢。同时，该省流通产业的发展对消费的促进作用和对工业产出的拉动作用所表现出的不稳定性也是河南省流通产业发展面临的一个重要问题。

第二节　湖北省

　　湖北省，简称"鄂"，省会武汉市。长江自西向东，横贯全省 1 061

公里，长江及其最大支流汉江，润泽楚天，水网纵横，湖泊密布，因此又称"千湖之省"。湖北省东连安徽，东南邻江西、湖南，西连重庆，西北与陕西为邻，北接河南。湖北东、西、北三面环山，中部为"鱼米之乡"的江汉平原。2013年，湖北省完成生产总值24 668.49亿元，按可比价格计算，比2012年增长10.1%。2012年，全省常住人口5 779.00万人。

一、湖北省流通发展总体状况分析

湖北省在2004年至2012年间的流通发展总指数情况如表7-2-1所示。

表7-2-1　　　　湖北省流通发展总指数及子指标在全国的排名

指标 年份	总指数	支撑力指数	现代化指数	国际化指数	绩效指数
2004	12	11	17	14	7
2005	12	12	19	17	3
2006	12	10	22	15	3
2007	12	11	19	14	3
2008	11	11	18	15	2
2009	12	12	17	14	6
2010	13	12	16	16	5
2011	15	14	18	17	5
2012	13	13	14	22	9

从表7-2-1可以看出，湖北省流通发展总指数排名变化情况不是很大，总体排名基本都是在10~15之间。说明湖北省流通发展在全国位于中上水平。流通发展支撑力指数变化比较平稳，九年间均在平均值附近小幅度浮动。流通发展现代化指数的平均排名有较大幅度的波动，该指数在2004~2012年间的排名都处于15~20之间。而流通发展国际化指数的排名也有较大幅度变动。流通发展绩效指数排名比较稳定，总体有所下降，从2004年的第7名变为了2012年的第9名，而在2005~2011年间基本都维持在前5名。表7-2-2为具体的指数值：

表 7 - 2 - 2　　　　湖北省流通发展总指数值及二级指标分值表

指标 年份	总指数	支撑力指数	现代化指数	国际化指数	绩效指数
2004	98.51	103.77	80.18	74.81	134.77
2005	104.53	110.00	102.68	70.09	154.58
2006	119.59	116.98	130.64	68.04	182.31
2007	127.14	133.03	150.46	66.76	175.31
2008	148.47	151.44	197.23	89.59	172.04
2009	158.73	166.79	239.60	83.57	160.32
2010	176.94	188.20	283.07	91.50	156.33
2011	194.52	215.94	310.51	106.32	153.74
2012	210.91	242.92	367.33	95.36	145.35

　　表 7 - 2 - 2 显示的是湖北省流通发展指数二级指标数值，流通总指数的平均值为 148.82，最大的指数为 210.91，最小的指数为 98.51。流通发展支撑力指数的平均值 158.79，最大值为 2012 年的 242.92，最小值为 2004 年的 103.77。流通发展现代化指数的平均数为 206.86，最大值为 231.67，最小值为 80.18。流通国际化指数的平均值为 82.89。该指数在 2004～2012 年间的数值均小于全国平均水平。原因可能是在这些年外资商业销售额占比及外资住宿餐饮业营业额占比相较于全国平均水平来说比较小。流通发展绩效指数的平均值为 159.42，最大值为 182.31，最小值为 134.77。

二、影响流通产业发展的各因素分析

（一）流通发展支撑力

　　流通发展支撑力通过人均社会消费品零售总额、流通产业固定资产投资额等指标来体现。2004～2012 年间，湖北省的人均社会消费品零售总额从 4 681.47 元上升至 16 546.98 元，增长了 353.46%。流通产业的固定资产投资额由 2004 年的 391.82 亿元增加至 2012 年的 2 150.47 亿元。湖

北省的城镇人均可支配收入由 2004 年的 8 022.8 元升至 2012 年的
20 839.60 元，农村人均纯收入由 2004 年的 2 890 元升至 2012 年的
7 851.70 元。各三级指标 2004～2012 年间在流通发展支撑力基础指数中
的贡献率情况如表 7 - 2 - 3 所示。

表 7 - 2 - 3　　　　流通发展支撑力基础指数各三级指标贡献率情况（%）

指标 ＼ 年份	2004	2005	2006	2007	2008	2009	2010	2011	2012
人均社会消费品零售总额	-42.50	26.33	10.54	11.92	10.32	10.99	10.89	11.17	11.53
流通产业固定资产投资额占比	-46.12	1.99	5.51	2.93	0.61	0.96	0.23	-0.18	-0.26
流通里程强度	46.15	-3.40	-9.12	-4.72	-1.54	-0.73	0.31	1.16	1.48

从表 7 - 2 - 3 中可以看出，2012 年人均社会消费品零售总额对流通
发展总指数的贡献率为 11.53%，说明对流通发展支撑力起正向拉动作
用，拉动点数为 12.79。流通产业固定资产投资额占比的贡献率为
-0.26%，贡献点数为 -0.29。流通里程强度由 2004 年的 46.15% 变化为
1.48%。因此，流通发展基础支撑能力的下降主要是由流通产业固定资
产投资额（限额以上）占比和流通里程强度的下降引起的。因此，鼓励流
通产业的固定资产投资以提高流通产业固定资产投资在固定资产投资总额
中所占的比重，同时，加强流通产业发展所需要的交通设施建设，以使其
与整个经济的发展相协调，将有利于湖北省流通产业发展支撑能力的全面
快速提高。

（二）流通发展现代化

从绝对值来看，湖北省在 2004 年～2012 年间，批发和零售业的固
定资产投资由 66.32 亿元增加至 409.82 亿元，连锁零售企业统一配送
商品购进额增加至 1 037 亿元，连锁零售销售额由 2004 年的 271.50 亿
元增加至 2012 年的 1 555.40 亿元。批发零售业销售总额由 2004 年的
1 063.40 亿元增加为 2012 年的 4 498.80 亿元。人均连锁经营规模由

2004 年的 476.48 元增加至 2010 年的 2 691.47 元。这些成绩的取得使得湖北省流通产业发展技术现代化和业态现代化两方面在绝对量上有了较大的提高。

（三）流通发展国际化

流通发展国际化从外向度及开放度两方面来体现，外向度主要由人均商品出口额来体现，开放度从流通产业实际利用外资占比、外资商业销售额占比、外资住宿餐饮营业额占比来体现。从绝对量上来看，湖北省商品出口额由 2004 年的 338 219 万美元上升至 2010 年的 1 939 849 万美元，增长幅度达 473.54%。湖北省流通产业实际利用外资额由 2004 年的 14 639.50 万美元上升至 2012 年的 21 943 万美元。外资批发业销售额由 2004 年的 46.09 亿元增加至 2012 年的 242.76 亿元，外商投资企业的住宿餐饮业营业额由 2006 年的 14.50 亿元增加至 2012 年的 44.85 亿元。这些绝对量的增长对发展国际化指数的构成起到了举足轻重的作用。

影响湖北省流通产业开放度指数的各三级指标历年指标值情况的情况如图 7 - 2 - 1 所示。

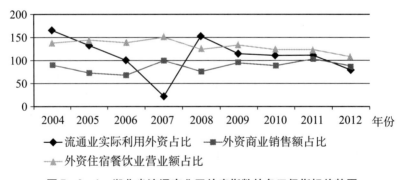

图 7 - 2 - 1　湖北省流通产业开放度指数的各三级指标趋势图

在构成湖北省开放度指数的各三级指标中，流通产业实际利用外资占比这一指标值的波动性较大，但总体上下降的幅度较小，外资住宿餐饮营业额占比呈明显的逐年下滑趋势，只有外资商业销售额占比的指数值相对较稳定，并略呈上升趋势。这一期间，流通产业实际利用外资占比、外资商业销售额占比和外资住宿餐饮营业额占比这三个三级指标对流通发展总指数变化的贡献率分别为 1.29%、-2.44% 和 4.94%，故湖北省流通发展开放度指数在这一时期的不断下降主要是由外资商业销售额占比的下降造成的。因此，采取有效措施扩大出口，同时，进一步鼓励外资商业的发展，将有利于湖北流通发展国际化程度以及流通产业总体发展水平的提高。

（四）流通发展绩效

湖北省在2004～2012年间流通发展绩效的变化如下：2012年批发零售业流动资产总额达3 173.5亿元，2004年为750.1亿元，批发和零售业主营业务收入达10 601.3亿元，而2004年为1 932亿元。2004～2012年间，湖北省流通产业增加值由862.95亿元上升至2 622.48亿元。因此，从总量上看，湖北省流通产业在2004～2012年这九年间的发展效率及其对社会经济的贡献都有所提高。

2005～2012年间，湖北省流通发展绩效指数构成情况如图7－2－2所示。

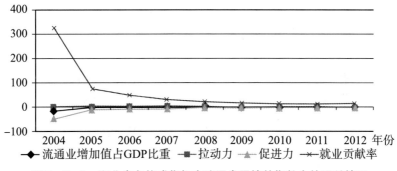

图7－2－2　湖北省各构成指标在流通发展绩效指数中的贡献情况

在构成湖北省流通发展绩效指数的各项指标中，就业贡献率对流通发展绩效指数的贡献一直为正，且贡献值较大，说明就业贡献率对流通发展绩效指数起到很重要的正向拉动作用。流通产业增加值占GDP比重、促进力指数的贡献值均为负，说明这两个指标对流通发展绩效指数起负向促进作用。由上分析知，促进湖北省流通产业增加值的增长速度以及该产业促进力对于增强湖北省流通产业发展绩效能力有重大作用。

第三节　湖南省

　　湖南位于江南，中国东南腹地，属于长江中游地区，东临江西，西接重庆、贵州，南毗广东、广西，北与湖北相连。土地面积21.18万平方公里，占中国国土面积的2.2%，在各省市区面积中居第10位。辖14个地州市、122个县（市、区）。面积21.18万平方公里，全省常住人口为6 568.3722万人，2013年地区总产值为22 154.23亿元。

一、流通发展总指数分析

　　湖南省流通发展总指标的绝对量2004～2012年间波动幅度较大，最低值为2004年的61.86，最高值为2012年的166.51，而且湖南省的流通发展指数值呈现一种逐年上升的态势，表现较为稳定，其9年间的均值为117.41。虽然湖南省流通发展指数在这些年出现一定的增长趋势，但其总排名基本处于20名之后的位置，可见湖南流通产业发展的总体水平在全国范围内表现较为落后，有待于进一步提升。

　　湖南省在2004～2012年这9年间的流通发展总指数排名中有一年进入前20名，其余两年均位列第20名之后，最高排名是2006年的第18名，最低排名是2004年的第27名，而2012年则排在第24位，详见表7-3-1、表7-3-2。

表7-3-1　　　　湖南省流通发展总指数及其一级指数排名

指标 年份	总指数	支撑力指数	现代化指数	国际化指数	绩效指数
2004	27	15	24	22	28
2005	21	15	15	20	30
2006	18	16	19	12	30
2007	20	14	17	16	29

指标 年份	总指数	支撑力指数	现代化指数	国际化指数	绩效指数
2008	20	14	15	26	29
2009	20	13	13	22	29
2010	22	16	19	25	28
2011	21	16	19	25	30
2012	25	17	19	26	30

表7-3-2　　　　湖南省流通发展总指数及其一级指数指数值

指标 年份	总指数	支撑力指数	现代化指数	国际化指数	绩效指数
2004	61.86	94.36	56.97	39.93	56.18
2005	82.60	107.24	121.16	52.37	49.64
2006	100.38	107.92	139.44	100.52	53.63
2007	102.57	123.01	164.57	63.22	59.50
2008	112.14	141.87	202.66	46.44	57.57
2009	132.72	158.41	259.06	55.40	57.98
2010	140.57	172.58	268.69	58.18	62.82
2011	157.31	198.69	308.29	59.41	62.86
2012	166.51	220.53	322.14	61.53	61.83

从时间上分析，湖南省流通发展指数在2004年至2012年间排名在第18名到第27名之间，详见图7-3-1。

2004~2012年间，影响湖南省流通发展总体情况的四个一级指标，即流通发展支撑力、流通发展现代化、流通发展国际化和流通发展绩效的指数平均值分别为169.52、204.78、59.67和58.00。四要素各年对总指数的贡献程度对比详情，见图7-3-1、图7-3-2。

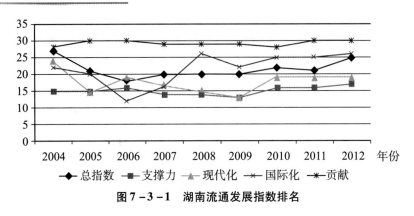

图 7-3-1　湖南流通发展指数排名

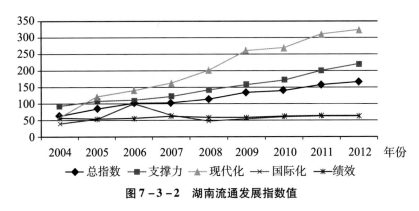

图 7-3-2　湖南流通发展指数值

在 2004～2012 年间，流通发展现代化指数在流通总指数中所占份额的平均值最大，其次是流通发展支撑力指数，而流通发展绩效指数所占份额最小。这表明，这一期间，湖南省的流通产业发展主要表现在流通产业的发展支撑力和发展现代化两个方面，发展绩效方面较为薄弱。

二、流通发展要素分析

（一）流通发展支撑力分析

2004～2012 年间湖南省人均社会消费品零售总额由 3 090.18 元上升至 11 932.37 元，流通产业固定资产投资额由 281.01 亿元上升至 2 105.15 亿元，流通里程数由 102 200 公里上升至 249 300 公里，城镇人均可支配收入由 8 617.50 元增至 21 318.80 元，农村人均纯收入由 2 837.50 元增至

7 440.20 元，这些方面所取得的进步为这一期间湖南省流通产业的发展提供了重要的支撑力。

2004～2012 年间，湖南省的流通发展支撑力指数也呈现逐年增长的态势，由 2004 年的 94.36 增至 2012 年的 220.53，说明这一期间虽然湖南省的流通发展支撑能力有所上升。从发展支撑力指数在全国 30 个省（市）的排名来看，湖南省的排名先由 2004 年的第 15 名下降至 2012 年的第 17 名，说明虽然湖南省流通产业发展支撑能力在全国范围内取得了十分明显的进步，但其流通发展支撑能力的增长速度在全国仍处于较落后的状态。

湖南省流通发展支撑力是四个一级指标中最强劲的一个，它的优势主要来自于基础指数和潜力指数的全面发展，尤其是潜力指数的抢眼表现。9 年间，潜力指数和基础指数都有比较明显的逐年递增的趋势。到 2012 年的时候，基础指数达到了 173.37，对总指数的贡献率为 13.78%，而潜力指数也达到了较高的 267.69，对总指数的贡献率为较高的 31.52%。2012 年人均社会消费品零售总额、流通产业固定资产投资额（限额以上）占比以及流通里程强度这三个三级指标对流通发展总指数增长的贡献率分别为 12.12%、−0.15% 和 1.81%，故人均社会消费品零售总额的增长是这一期间拉动湖南流通发展支撑力基础指数上升的主要力量，而流通产业固定资产投资额（限额以上）占比的下降则是制约流通发展基础支撑能力上升的主要因素。因此，鼓励对流通产业发展所需要的基础设施的投资建设以使之与该省的社会经济发展情况相协调对于流通发展支撑能力及总体流通发展水平的提升具有重要作用。

（二）流通发展现代化分析

湖南省流通现代化排名在第 13～24 名之间，其波动幅度比发展支撑力指数要大，并且呈下降趋势。湖南省流通现代化指数在九年间的平均排名是第 17.78 名。

2004～2012 年间，湖南省的批发和零售业的固定资产投资由 56.55 亿元增至 417.83 亿元，住宿和餐饮业固定资产投资由 21.42 亿元上升至 183.91 亿元，连锁零售企业统一配送商品购进额由 46.19 亿元增加到 631.50 亿元，连锁零售销售额由 73.20 亿元增加到 909.90 亿元，这些成绩的取得使得湖南省流通产业发展技术现代化和业态现代化两方面在绝对量上有了较大的提升。

从指数上来看，湖南省在 2004～2012 年间的发展现代化指数呈逐步上升的趋势，由 2004 年的 56.97 增至 2012 年的 322.14，并从 2007 年开始指数值高于其他三项指数值。从总指数值和其在全国的排名变化情况可以看出，2004～2012 年间，从其自身发展的纵向角度看，湖南省的流通发展现代化的发展相对于该省整体经济的发展水平增长较快，从而拉动其指数值的上升；从全国范围比较的横向角度来说，该省的流通发展现代化水平实现了一定幅度的提升，但仍然处于全国欠发达的状态。

这一期间，湖南省的技术现代化指数和业态现代化指数都呈逐年上升的趋势。技术现代化指数值先由 2004 年的 75.97 增至 2012 年的 455.31，平均值为 256.92；业态现代化指数由 2004 年的 37.97 增至 2012 年的 188.97，平均值为 152.64。除 2005 年、2006 年外，这一期间的技术现代化指数总体上高于业态现代化指数，说明技术现代化在湖南省流通发展现代化指数中所占的份额相对较大，对流通发展现代化发展的影响也较大。2004～2012 年间，技术现代化指数和业态现代化指数对流通发展总指数的贡献率分别为 52.70% 和 28.55%，说明这一时期湖南省流通发展现代化指数的上升是由技术现代化指数和业态现代化指数的共同上升引起的，且技术现代化指数对流通发展现代化指数增长的正向拉动作用更强，故技术现代化发展是带动湖南省流通发展现代化水平提高的最重要的因素。

（三）流通发展国际化分析

湖南省在 2004～2012 年间按经营单位所在地分的货物出口总额由 2004 年的 310 643.4 万美元上升至 2012 年的 1 260 220 万美元，批发、零售外商投资企业销售额由 2004 年的 19.02 亿元增加至 2012 年的 159.61 亿元，住宿餐饮业外商投资企业的营业额由 2004 年的 8.77 亿元增加至 2012 年的 24.33 亿元，从而为其流通产业发展的国际化程度的进一步加强提供了重要的条件。

从指数上看，2004～2012 年间，湖南省的流通发展国际化指数呈现升降交替的波动性状态，总体上由 2004 年的 39.93 上升至 2012 年的 61.53。从其在全国各省（市）中的排名上看，湖南省流通产业发展国际化指数由 2004 年的第 22 名滑落至 2012 年的第 26 名。说明这一时期湖南省的流通发展国际化水平从其自身角度看相对于其经济总体的发展较为缓慢，从全国横向角度看发展速度相对其他一些省份较缓慢，有一定的落后趋势。这一期间，该省的发展国际化水平一直处于全国中下水平，有较大的发展进步空间。

这一期间，构成流通发展国际化指数的开放度指数呈先上升后下降的趋势，由 2004 年的 66.38 增至 2006 年的 177.37 后，又降至 2012 年的 67.08，总体上有所上升。外向度指数呈逐步上升趋势，指数值由 2004 年的 13.67 升至 2012 年的 55.98（见图 7 - 3 - 3）。又由于历年的开放度指数值均远高于外向度指数的值，故湖南省流通国际化发展水平主要依赖于其较高的开放程度，而其薄弱环节则在于该省的对外出口量较少。因此，进一步鼓励对外出口和外资商业的发展，增加人均对外出口额和外资商业销售额占批发零售业的比重，将有利于湖南省流通发展国际化程度的提高。

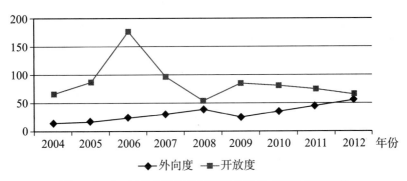

图 7 - 3 - 3　湖南省流通发展国际化的构成指数变化趋势

（四）流通发展绩效分析

湖南省批发零售业流动资产总额由 2004 年的 378.20 亿元增长至 2012 年的 1 498.30 亿元，批发和零售业主营业务收入由 2004 年的 1 246.10 亿元增长至 2012 年的 5 362.60 亿元。2004 ~ 2012 年间，湖南省流通产业增加值由 1 234.03 亿元上升至 4 551.03 亿元，流通产业就业人数增加 12.13 万人。因此，从总量上看，湖南省流通产业在 2004 ~ 2012 年这九年间的发展效率及其对社会经济的贡献都有所提高。

从指数角度看，2004 ~ 2012 年这九年间，湖南省的流通发展绩效指数在总体上处于增长趋势，指数值由 2004 年的 56.18 增至 2012 年的 61.83。从全国范围看，该省的流通发展绩效情况在全国各省（市）中的排名由 2004 年的第 28 名下降至 2012 年的第 30 名，一直处在全国比较落后的水平，说明湖南省的流通发展绩效有很大的提升空间。

在影响流通发展绩效指数的两个指标中，2004～2012 年间，效率指数和社会发展绩效指数在总体均呈上升趋势，分别增长了 54.91% 和 24.20%，且除 2009 年外，历年的效率指数值和社会经济贡献指数值差距不大，故湖南省流通发展绩效指数的增长是由效率指数和社会经济贡献指数共同拉动的。

第四节　广东省

广东省是中国大陆南端沿海的一个省份，位于南岭以南，南海之滨，与香港、澳门、广西、湖南、江西和福建接壤，与海南隔海相望，面积 17.98 万平方公里，2010 年人口普查数为 10 430.31 万人，2011 年地区总产值达 5.3 万亿元，是中国的经济大省。

一、广东省流通发展总体情况

广东省是中国流通产业发展较早也是改革开放以来发展水平较高的省份，2002 年，广东省委省政府出台的关于大力发展现代流通产业的决定，从此全省便开始在实践和探索中努力转变其流通产业发展方式，并取得良好成效。在这一背景下，2004～2012 年间，广东省的流通产业各总量指标实现了较大的增长。其中，社会消费品零售总额由 6 370.4 亿元上升至 22 677.10 亿元，增长率达 255.98%；流通产业固定资产投资额由 673.07 亿元上升至 2 599.78 亿元；流通产业外商直接投资额由 48 662.00 亿元上升至 36 7762.00 亿元，增长率达 655.75%；流通产业增加值由 4 183.06 亿元上升至 10 009.48 亿元，增长率达 139.29%。

在流通产业的各总量指标实现了大幅增长的同时，2004～2012 年间广东省的流通发展总指数也在总体呈上升趋势，指数值由 2004 年的 215.25 上升至 2012 年的 459.98，这一期间的平均指数值为 333.58。从全国范围看，广东省的流通发展总指数在全国 30 个省（市）中一直位于全国前 5 位，说明广东省的流通产业在全国范围内具有较高的发展水平。历年流通发展总指数的指数值及其排名情况如表7-4-1、表7-4-2所示。

表7-4-1 广东省流通发展总指数及四要素发展力排名

年份 \ 指标	总指数	支撑力指数	现代化指数	国际化指数	绩效指数
2004	4	5	5	3	6
2005	4	5	7	2	8
2006	4	5	6	3	6
2007	4	6	5	3	5
2008	4	6	4	3	8
2009	4	6	6	2	2
2010	5	6	9	2	7
2011	4	6	8	3	8
2012	4	6	8	2	4

表7-4-2 广东省流通发展总指数及四要素发展力分值

年份 \ 指标	总指数	支撑力指数	现代化指数	国际化指数	绩效指数
2004	215.25	160.86	167.26	393.24	138.04
2005	237.43	179.09	177.19	460.13	146.40
2006	279.44	183.27	236.66	558.59	153.74
2007	312.41	203.65	247.05	658.45	153.18
2008	340.87	233.26	290.42	712.77	136.48
2009	342.92	255.41	305.57	641.51	186.45
2010	382.21	285.77	339.05	762.04	146.25
2011	431.74	326.71	378.09	872.99	149.49
2012	459.98	359.15	395.38	926.11	158.62

这一期间，影响广东省流通发展总指数的四个一级指标中，均呈上升趋势。发展支撑力指数、发展现代化指数、发展国际化指数和发展绩效指数的平均值分别为243.02、281.85、665.09和152.07，这一期间对流通发展总指数增长的平均贡献率分别为14.75%、18.73%、61.37%和

5.15%，由此可知，该省流通发展国际化指数对流通发展总指数增长的拉动作用最大。虽然近些年广东省一直致力于流通发展方式的转变，流通产业发展支撑力和流通发展绩效水平偏低和增长乏力仍然是广东省流通产业发展面临的主要问题。因此，在转变流通产业发展方式的过程中有意识地采取相关措施去扭转流通发展绩效随着流通发展方式的转变而下降的趋势，并促进流通产业的发展对社会经济总体发展的贡献力度，对于该省流通产业全面的发展和升级具有重要的意义。

二、影响流通产业发展的各因素分析

(一) 流通发展支撑力

凭借其强大的经济实力和优越的地理位置，2004～2012 年间，广东省人均社会消费品零售总额由 6 992.25 元上升至 21 405.61 元，流通产业固定资产投资额增加了 1 926.72 亿元，城镇居民可支配收入由 13 627.65 元上升至 30 226.71 元，农村人均纯收入由 4 365.87 元上升至 10 542.84 元。这些影响流通产业发展的经济总量指标的上升为这一时期广东省流通产业的发展提供了重要的支撑。

从指数方面看，2004～2012 年间，广东省的发展支撑力指数在总体上处于增长趋势，平均指数值为 243.02。说明这一期间，该省的流通发展支撑能力有所提高。从全国范围看，在 30 个省（市）中，广东省的流通发展支撑力指数的排名基本平稳，总体上呈下降趋势，由 2004 年的第 5 名下降至 2012 年的第 6 名，说明广东省流通产业发展的支撑力在全国处于较为先进的行列。历年的流通发展支撑力指数值及其在全国 30 个省（市）中的排名情况见表 7-4-1、表 7-4-2。

2004～2012 年间，构成支撑力指数的基础指数和潜力指数在广东省的流通发展支撑力指数中均呈上升趋势，但历年的基础指数都小于潜力指数。这一期间，基础指数和潜力指数对于流通发展总指数增长的贡献率分别为 7.05% 和 7.70%，故潜力指数对该省流通发展支撑力指数增长的拉动作用相对较大，广东省流通发展基础支撑能力相对较薄弱。影响流通发展支撑力的各三级指标历年的值情况如图 7-4-1 所示。

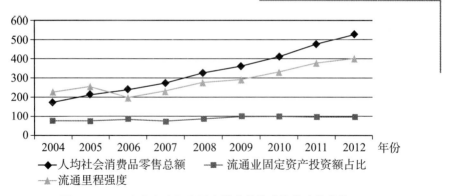

图 7 – 4 – 1　广东省流通发展支撑力的构成指数变化趋势

　　在 2004～2012 年间，构成广东省流通发展基础支撑能力的各三级指标值都相对较平稳，没有大幅度的波动。其中，人均社会消费品零售总额的指数呈逐年上升的趋势，且历年指标值相对于其他量指标较大，历年的流通里程强度指标值均为最小。这一期间，人均社会消费品零售总额、流通产业固定资产投资额（限额以上）占比和流通里程强度对该省流通发展总指数增长的贡献率分别为 3.91%、–0.28% 和 3.42%，故广东省流通发展支撑能力的上升主要表现为人均社会消费品零售总额和流通里程强度的增加，而流通产业固定资产投资的发展相对于整个经济的发展速度较慢是制约其流通发展支撑能力提高的重要因素。因此，进一步鼓励和加大对流通产业发展所需要的固定资产的投资，以使其满足整个社会经济总体发展状况的需要对于广东省流通发展能力的进一步提升具有重要意义。

　　（二）流通发展现代化

　　2004～2012 年间，广东省流通产业固定资产投资额由 673.07 亿元提高到 2 599.78 亿元，批发和零售业销售额由 14 051.24 亿元增至 70 296.24 亿元，增长率为 400.28%，零售业商品购进总额增加了 5 529.67 亿元，连锁零售销售总额由 5 338.79 亿元增至 21 835.22 亿元。这些影响技术现代化和业态现代化的指标因素在绝对量上的增长对于这一时期广东省流通发展现代化水平的提高提供了坚实的基础。

　　在流通发展现代化相关的各指标绝对量上取得大幅增长的同时，2004～2012 年间，其流通发展现代化指数也表现出一定的上升趋势。从全国排名上看，这一期间，广东省流通发展现代化指数在全国30个省（市）中的排名由2004年的第5名下降到2012年的第8名，这说明虽然这一期间广东省的流通发展现代化水平在全国依然处于较先进地位，但其逐渐被其他省（市）超越，名次不断下滑。历年的流通现代化发展指数值及其在全国的排名见表7-4-1、表7-4-2。

2004～2012年间，构成广东省流通发展现代化指数的技术现代化指数呈上升趋势，业态现代化指数总体上也呈上升趋势，平均指数值分别为188.03和375.81，且历年的业态现代化指数值均高于技术现代化指数值，说明这一期间广东省流通现代化发展上的不足在于技术现代化水平偏低。这一期间，技术现代化指数和业态现代化指数对流通发展总指数增长的贡献率分别为4.09%和15.34%，说明业态现代化对总值数的上升有较大拉动作用。因此，相关政府部门和企业采取有效激励措施促进流通产业固定资产投资的增长力度，以提高流通产业发展技术现代化水平，将有利于该省流通产业发展现代化水平总体的提升。

（三）流通发展国际化

广东省作为中国对外开放的沿海省份之一，其流通产业发展国际化水平也一直处于全国先进行列。2004～2012年间，按经营单位所在地分广东省的货物出口总额由1 915.71亿美元上升至5 740.51亿美元，流通产业外商实际直接投资额由4.87亿美元增至36.78亿美元，批发、零售外资商业销售额由672.07亿元增至6 177.30亿元，外资住宿和餐饮业营业额由124.53亿元上升至343.34亿元。这些绝对量指标的增长，说明了这一期间广东省流通产业在发展国际化上又取得了一定程度的进步。

从指数角度看，2004～2012年间，广东省的流通发展国际化指数在整体上呈现出不断上升的趋势，指数的平均值为665.09，说明广东省的流通发展国际化程度有所提高。从全国范围看，这一时期内，广东省的流通发展国际化指数在全国30个省（市）中的排名由第3名上升至第2名，这说明在全国范围内，广东省的流通发展国际化水平不仅始终处于前列，还取得了一定的进步。历年的流通发展国际化指数值及其在全国的排名情况见表7-4-1、表7-4-2。

2004～2012年间，在影响广东省流通发展国际化的两个二级指标中，外向度指数和开放度指数均呈上升趋势，平均指数值分别为 1 119.34 和 210.25，且历年的外向度指数值均高于开放度指数值，说明外向度指数在该省流通发展国际化指数中所占的份额较大。这一期间，外向度指数和开放度指数对流通发展总指数增长的贡献率分别为 55.44% 和 5.93%，说明外向度指数对流通发展国际化指数增长的拉动作用相对较大。综上，开放度水平较低且发展较为缓慢是制约广东省流通发展国际化水平提升的重要因素。所以，采取合理政策措施进一步鼓励外商对于流通产业的直接投资和外资流通产业的发展将对进一步促进该地区流通发展国际化的进程具有重要作用。

（四）流通发展绩效

2004 ~ 2012 年间，广东省流通产业的发展效率和社会经济贡献的相关指标在绝对量上都取得了进一步的增长。其中，流通产业流动资产总额在 2012 年达 15 340.73 亿元，较 2004 年增长了 540.35%；批发和零售业主营业务收入由 7 737.81 亿元增至 41 987.21 亿元；流通产业增加值由 4 183.06 亿元上升至 10 009.48 亿元，增长率为 139.29%。

对应于上述指标因素在绝对量上实现的大幅增长，这一期间广东省的流通产业发展绩效指数较为稳定，略呈上升的趋势。从全国范围看这一期间广东省流通发展绩效情况在全国 30 个省（市）中的排名由全国第 6 名下降至第 4 名一直处于全国前列，且略有上升。

这一期间，在构成广东省流通发展绩效指数的两个三级指标中，效率指数和社会经济贡献指数的指数值都比较稳定，效率指数略呈下降趋势，社会经济贡献指数则呈上升趋势，平均指数值分别为 122.96 和 163.05，效率指数在流通发展绩效指数中所占的份额相对较小。效率指数和社会经济贡献指数水平较低且增长乏力是广东省流通发展绩效指数提高过程中所面临的重要问题。影响社会经济贡献指数的各三级指标因素在这一期间历年的指标值情况如图 7 - 4 - 2 所示。

历年的就业贡献率指数和流通产业增加值在 GDP 中所占的比重的两指标的值比较平稳，变化较小且一直处于高位，而拉动力和促进力两指标的波动性较大。另外，由于除就业贡献率外的三个三级指标在这一期间变化趋势性都不太明显，故广东省流通产业发展绩效指数在这一时期的没有明显的增长。因此，要进一步提升广东省流通产业发展的贡献能力，需要在促进流通效率指标发展的同时，应继续转变流通产业的发展方式，深化流通产业改革，以提高流通产业发展对零售业的促进作用及其对工业的拉动作用。

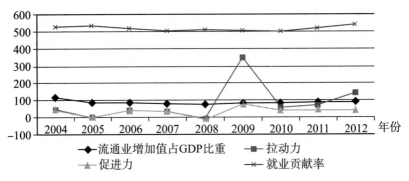

图 7 - 4 - 2　广东省社会经济贡献构成指数的变化趋势

第五节　广西壮族自治区

广西壮族自治区是中国五个少数民族自治区之一，位于中国华南地区西部，因桂江而简称桂，首府南宁市，下辖有 14 个地级市，7 个县级市（地级市代管），从东至西分别与广东、湖南、贵州、云南四省接壤。南濒北部湾、面向东南亚，西南与越南毗邻，是中国南部沿海一个快速发展的省份。2012 年末住人口 4 682.00 万人，2012 年地区国内生产总值达13 035.10 亿元，占全国国内生产总值的 2.51%，比上年增长 11.21%，广西主要经济区有北部湾经济区、云南省广西壮族自治区沿边金融综合改革试验区、广西东兴国家重点开发开放试验区，是中国南部沿海一个快速发展的省份。

一、广西流通产业发展的总体情况

现代流通产业无论从内涵、地位和作用等各方面来讲，同传统商业相比都发生了根本性的变化，已成为国民经济的先导产业、支柱产业。近几年，广西致力于流通产业的快速发展。2003 年，广西壮族自治区出台

《关于加快广西现代流通产业发展的意见》，提出加快广西现代流通产业发展的意见；2007 年，广西壮族自治区下发了《关于加快全区流通产业发展的实施意见》，重点扶持 10 家大型连锁企业（企业集团），20 家特色化经营的专业连锁企业，以及 20 个大型批发市场和 3 家大型物流配送中心；2013 年，广西壮族自治区印发了《广西流通产业发展"十二五"规划》，预计到 2015 年，全区社会消费品零售总额达到 6 380.00 亿元，年均增长 14.00%。在大力发展流通产业这一背景下，2004 ~ 2012 年，广西的社会消费品零售总额从 2004 年的 973.40 亿元上升至 2012 年的 4 516.60 亿元，年平均增长速度为 18.59%；流通产业固定资产投资额从 2004 年的 202.17 亿元增至 2012 年的 1 356.46 亿元，年平均增长速度为 23.55%；流通产业外商直接投资额从 2004 年的 2 310.00 万美元下降至 2005 年的 1 439.00 万美元，之后以 28.71% 的年平均增长速度在增长；流通产业增加值从 2004 年的 647.12 亿元增至 2012 年的 1 972.21 亿元，年平均增长速度为 13.18%。

从广西流通发展总指数来看，其在全国的排名位次变化如图 7 - 5 - 1 所示。

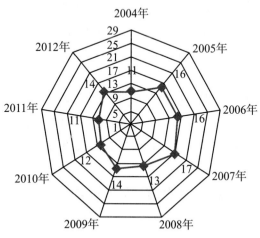

图 7 - 5 - 1 广西总指数排名位次

从图 7 - 5 - 1 可以看出，广西壮族自治区的流通发展总指数在全国除西藏以外的 30 个省（市）中的排名是相对稳定的，波动幅度不大，基本处于中等水平。历年的流通发展指数值情况如图 7 - 5 - 2 所示。

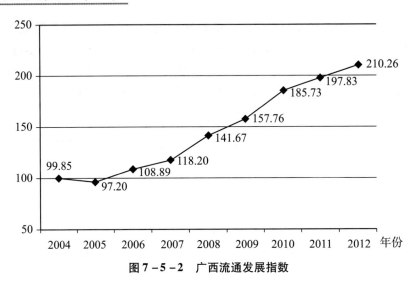

图 7 - 5 - 2　广西流通发展指数

从图 7 - 5 - 2 可以看出，广西流通发展指数值总体呈上升趋势，从 2004 年的 99.85 上升至 2012 年的 210.16，平均指数值为 146.38，这一期间的年平均增长速度为 8.62%，增长速度较快。

2004 ~ 2012 年，影响流通发展指数的四个一级指标值中，流通发展支撑力指数和流通发展现代化指数一直处于上升阶段，平均指数值分别为 133.86 和 224.32，流通发展国际化指数和流通发展绩效指数有升有降，平均指数值分别为 97.44 和 143.01，它们对总指数的贡献率为 255.11%、- 243.03%、1 210.88%、- 1 122.96%，即流通发展支撑力指数、流通发展国际化指数对流通总指数的增长具有正的拉动作用，流通发展现代化指标、流通发展绩效指标对流通总指数的增长具有负的拉动作用。因此，加大发展现代化等措施，对于拉动流通总指数的增长具有重要的意义。

二、影响流通发展的各因素分析

（一）流通发展支撑力

2004 ~ 2012 年，广西人均社会消费品零售总额由 2004 年的 1 991.00 元一直上升至 2012 年的 9 646.73 元，年平均增长速度为 19.16%，增长速度较快；流通产业固定资产投资额占比有升有降，在 2004 年达到最大值，其数值为 0.16，2012 年为 0.14，比 2004 年下降了 12.50%，其绝对量虽然增加了，但比重却下降了，说明流通产业固定资产投资额有待进一步增加；城镇居民家庭人均可支配收入和农村居民家庭人均纯收入一直处于上升状态，年平均增长速度为 10.44% 和 11.23%。

　　从指数方面来看，2004～2012 年，广西的流通发展支撑力指数一直处于上升状态，从 2004 年的 86.76 上升至 2012 年的 202.22，平均指数值为 133.86，年平均增长速度为 9.86%，流通发展支撑力指数对总指数的贡献率为 255.11%；从全国范围看，在 30 个省（市）中，广西的流通发展支撑力指数排名一直处于较稳定状态，最大波动是 2010 年的第 20 名下降到 2011 年的第 23 名。其历年的流通发展支撑力指数排名位次如图 7-5-3 所示。

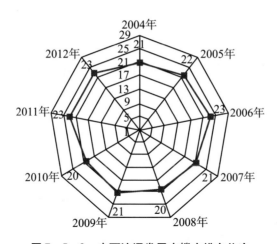

图 7-5-3　广西流通发展支撑力排名位次

　　从二级指标来看，流通发展支撑力的基础指数一直是上升的，但指数都不大，对流通发展支撑力指数的贡献率为 78.82%，即基础指数对流通发展支撑力指数具有正的拉动作用；流通发展支撑力的潜力指数一直处于上升状态，对流通发展支撑力指数的贡献率为 21.18%，即潜力指数对流通发展支撑力指数也具有较大的正的拉动作用，基础指数是影响流通发展支撑力指数的主要因素。三级指标中，人均社会消费品零售总额指数、城镇居民家庭人均可支配收入指数和农村居民家庭人均纯收入指数处于一直上升，流通产业固定资产投资额占比指数有升有降，但总体来说，呈下降趋势，流通里程强度指数大体呈上升趋势，故流通产业固定资产投资额占比制约流通发展支撑力提高的主要原因。

（二）流通发展现代化

广西壮族自治区在促进流通产业发展现代化方面，取得了较大的成果。2004~2012年，人均流通资本投资额从2004年的59 991.10元上升至2012年的375 750.06元，年平均增长速度为22.61%，增长速度明显较快；资产总额占比比较稳定，差不多维持在0.01%左右，但其总量指标值总体是上升的；物流配送化程度和连锁经营化程度有升有降，但总体呈下降趋势；人均连锁经营规模从2004年的288.53元增至2012年的1 796.35元，但2009年，其数值是下降的，年平均增长速度为22.53%，增长速度也较快。

从指数来看，广西的发展现代化指数一直处于上升状态，从2004年的115.57增至2012年的391.23，平均指数值为224.32，年平均增长速度为14.51%，发展现代化指数对总指数的贡献率为96.98%，拉动相对较大。历年的流通发展现代化数值如图7-5-4所示。

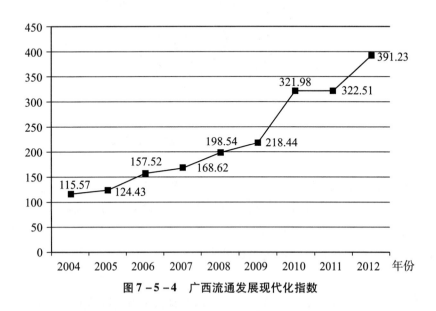

图7-5-4　广西流通发展现代化指数

从全国范围来看，广西壮族自治区的流通发展现代化指数在全国30

个省（市）的排名波动较大，最高排名为 2004 年的第 8 名，最低排名为 2009 年的第 19 名，总体呈现先降再升的趋势，说明广西在促进流通发展现代化方面，没有引起足够的重视，如果要使其流通发展现代化指数排名比较靠前，需要长期的努力。历年的流通发展现代化指数的排名位次情况如图 7 – 5 – 5。

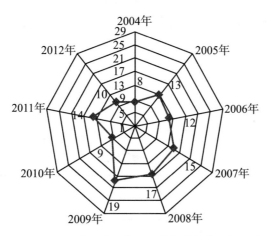

图 7 – 5 – 5 广西流通发展现代化指数的排名位次

构成广西壮族自治区流通发展现代化指数的技术现代化指数呈现一直上升状态，从 2004 年的 75.57 增至 2012 年的 503.56，平均指数值为 252.00，年平均增长速度为 23.46%，增长速度较快；业态现代化指数有升有降，平均指数值为 196.63，年平均增长速度为 6.70%，增长速度相对缓慢。技术现代化指数和业态现代化指数对流通发展现代化指数的贡献率为 – 103.89% 和 203.89%，即技术现代化指数对流通发展现代化指数具有负的拉动力，而业态现代化指数对流通发展现代化指数具有正的拉动力，所以提高技术现代化意义重大。

（三）流通发展国际化

流通发展国际化指数对流通发展指数的贡献率为 1 210.88%，即流通发展国际化指数对总指数具有正的拉动作用，说明广西壮族自治区在提高流通发展国际化方面，效果还不错。具体来看，广西人均商品出口额从 2004 年的 48.79 元上升至 2012 年的 330.37 元，年平均增长速度为

23.68%，增长速度较快；流通产业外商直接投资额大体先升后降，2009年达到最大值，2012年相对于2004增长了369.13%，流通产业实际利用外资占比由2004年的0.04上升至2012年的0.14；外资商业销售额占比呈现先减后增再减的趋势，年平均增长速度为−5.32%；外资住宿餐饮营业额占比呈下降趋势。

　　从指数来看，2004～2012年，广西壮族自治区的流通发展国际化指数呈现不规则变化，在2009年达到最大值，其平均指数值为97.44，年平均增长速度为15.68%。历年的流通发展国际化数值如图7−5−6所示。

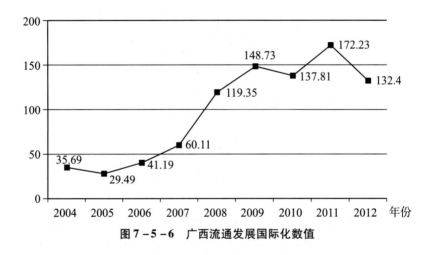

图7−5−6　广西流通发展国际化数值

　　从全国范围来看，广西壮族自治区的流通发展国际化指数在全国30个省（市）的排名由2004年的第24名上升至2012年的第14名，说明广西壮族自治区流通发展国际化的发展速度较快。历年的流通发展国际化指数排名情况如图7−5−7所示。

　　构成广西壮族自治区流通发展国际化指数的两个二级指标中，外向度指数一直处于上升阶段，从2004年的14.39上升至2012年的97.42，平均指数值为46.71，年平均增长速度为23.68%，增长速度较快，开放度指数先升后降，平均指数值为148.17，年平均增长速度为12.07%，增长相对缓慢。外向度指数和开放度指数对流通发展国际化指数的贡献率为65.23%和34.77%，即外向度指数和开放度指数对流通发展国际化指数具有正的拉动力，但开放度指数的贡献率相对较小。从总体来看，要提高广西壮族自治区的流通发展国际化指数，必须实施加大开放度，吸引外资投资等措施。

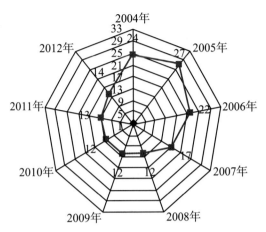

图 7 - 5 - 7　广西流通发展国际化指数排名

（四）流通发展绩效

流通发展绩效指数对流通发展指数的贡献率为 - 1 122.96%，即流通发展绩效指数对总指数具有负的拉动作用，说明广西壮族自治区在流通发展绩效方面，做得努力还不够。具体来看，流通产业流动资产一直在上升，年平均增长速度为 24.38%，流通产业主营业务收入增长了301.44%，增长幅度大，流通产业增加值从 2004 年的 647.12 亿元增至2012 年的 1 972.21 亿元，流通产业从业人员增长幅度不大。

从指数来看，2004～2012 年，广西壮族自治区的流通发展绩效指数大体呈现下降的趋势，从 2004 年的 161.11 下降至 2012 年的 128.25，年平均增长速度为 - 2.50%，说明广西壮族自治区对流通发展绩效的重视程度在下降，如果能提高对流通发展绩效的重视，那么对于广西壮族自治区的流通发展指数具有很大的促进作用。历年的流通发展绩效指数情况如图7 - 5 - 8 所示。

从全国范围来看，广西壮族自治区的流通发展绩效指数在全国 30 个省（市）的排名从 2004 年的第 2 名下降至 2012 年的第 16 名，下降幅度较大，说明近几年，广西壮族自治区对流通发展绩效的重视不足。历年的流通发展绩效的排名情况如图 7 - 5 - 9 所示。

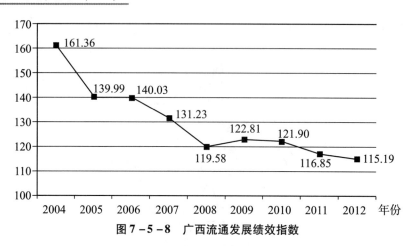

图 7 - 5 - 8　广西流通发展绩效指数

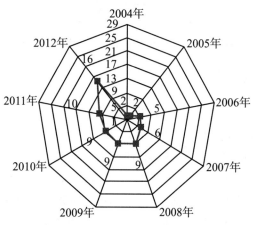

图 7 - 5 - 9　广西流通发展绩效的排名

　　构成广西壮族自治区流通发展绩效指数的两个二级指标中，效率指数从2004年的166.09下降至2012年的91.86，平均指数值为122.96，年平均增长速度为－6.37%，社会经济贡献指数总体也呈下降趋势，平均指数值为163.05。效率指数与社会经济贡献指数对流通发展绩效指数的贡献率为54.09%和45.91%，贡献率差别不大。

第六节　海南省

　　海南省，简称琼，别称琼州，位于中国南端。海南省是中国国土面积第一大省，海南经济特区是中国最大的省级经济特区和唯一的省级经济特区，海南岛是仅次于台湾岛的中国第二大岛。海南省北以琼州海峡与广东省划界，西临北部湾与广西壮族自治区和越南相对，东濒南海与台湾省对望，东南和南边在南海中与菲律宾、文莱和马来西亚为邻。

一、海南省流通发展总体状况分析

2013 年海南省全省地区生产总值完成 2 855.3 亿元，是 2007 年的 1.7 倍，年均增长 11.8%，人均地区生产总值突破 5 000 美元，达到 5 147 美元；地方公共财政收入 409.4 亿元，是 2007 年的 3.8 倍，年均增长 30.5%；固定资产投资 2 145.4 亿元，是 2007 年的 4.2 倍，年均增长 35.1%。

2004～2012 年间，海南省流通产业发展的各指标取得了大幅的增长。其中，社会消费品零售总额由 220.20 亿元上升至 870.80 亿元，增长率达 295.46%；流通产业固定资产投资额由 58.00 亿元增至 398.60 亿元，上升了 578.24 个百分点；流通产业增加值由 172.28 亿元上升至 532.88 亿元，增长率达 209.31%。历年的流通发展指数值及其排名情况如表 7-6-1 所示。

表 7-6-1　　海南省各年流通发展指数值及其在全国各省（市）中的排名

指标＼年份	2004	2005	2006	2007	2008	2009	2010	2011	2012
流通发展指数	90.16	90.70	113.19	123.97	109.28	104.91	138.49	138.16	194.58
排名	15	18	13	15	24	26	23	26	18

从各年流通发展指数及其排名的变化可以看出，在总量指标实现了大幅度上升的同时，2004～2012 年，海南省的流通发展总指数呈现升降交替的波动，总体呈上升趋势。说明这一期间海南省的流通产业总体发展水平有所上升。从全国范围来看海南省的流通发展指数在全国除西藏以外的 30 个省（市）中的排名也呈现升降波动的趋势。在名次上，2004～2006 年间，海南省流通发展总指数的排名呈现小幅上升趋势，2006～2009 年，

流通发展总指数的排名又呈现大幅下降的趋势，2009～2012年，海南省流通发展总指数的排名呈现上升趋势。但是从总体排名上来看，除2006年海南省流通发展总指数的排名基本处于15名之后，这说明，在这期间海南省的流通发展总体水平在全国范围内是相对落后的。

2004～2012年间，影响海南省流通发展总体情况的四个一级指标，即流通发展支撑力、流通发展现代化、流通发展国际化和流通发展绩效的平均指数值分别为147.03、126.03、59.99、157.37，且四个指标中，历年流通发展支撑力指数和流通发展绩效指数相对较大，发展国际化的指数值较小，所以发展国际化水平较低是海南省流通发展的薄弱环节。

2004～2012年间，海南省流通发展指数由90.16上升至194.58，发展支撑力指数、发展现代化指数、发展国际化指数和发展绩效指数对流通发展指数的这一变化的贡献率分别为72.27%、43.93%、－28.10%和11.89%，即发展支撑力和发展现代化指数对总的流通指数增长具有较大的正向拉动作用，发展国际化指数对于流通发展总指数的增长具有负的拉动作用。因此，进一步增强海南省的外向度和开放度，增加海南省商品出口额，增强流通产业外商直接投资额，同时，积极鼓励海南省的外商直接投资并提高外资商业销售额，对海南省流通产业总体的发展水平的提高具有重要意义。

二、影响流通发展的各因素分析

（一）流通发展支撑力

2004～2012年间，海南省人均社会消费品零售总额由2 691.93元上升至9 817.36元，流通产业固定资产投资额从58.00亿元增加至398.60亿元，流通里程数由21 601.6公里增至25 301.7公里，城镇居民可支配收入由7 735.78元增长至20 917.71元，农村人均纯收入由2 817.60元增长至7 804.00元。这些影响流通产业发展的经济总量指标的上升为这一时期海南省流通产业的发展提供了重要的支撑。历年的流通发展支撑力指数值及其在全国的排名情况如表7－6－2所示。

表 7 - 6 - 2　海南省各年流通发展支撑力指数值及其在全国各省（市）中的排名

年份 指标	2004	2005	2006	2007	2008	2009	2010	2011	2012
支撑力指数	89.71	95.86	114.32	132.20	146.78	156.06	173.26	194.24	220.81
排名	18	21	12	12	13	14	15	17	16

　　从流通发展指数值方面看，在 2004～2012 年间，海南省流通发展支撑力指数总体上呈现上升趋势。从 2004 年的 89.71 上升至 2012 年的 220.81。从全国排名上看，这一期间，海南流通发展支撑能力在全国 30 个省（市）中的排名呈现升降交替的波动，总体上由 2004 年的第 18 名上升至 2012 年的第 16 名。由表 7 - 6 - 2 可以看出，2006～2009 年间海南省流通发展支撑力指数排名排在全国前 15 名之内，其余年份均排在 15 名之后。这表明海南省的流通发展支撑能力在全国范围处于中等水平，且目前仍处于中等偏后的状态。

　　对构成发展支撑能力的二级指标进行分析可知，2004～2012 年间，海南省流通发展支撑力基础指数总体上呈上升趋势，由 2004 年的 80.05 上升到 2012 年的 176.91，平均指数值为 129.87；流通发展支撑力潜力指数呈逐年上升状态，由 2004 年的 99.38 上升到 2012 年的 264.70，平均指数值为 164.18，说明这一时期，海南省流通发展支撑力指数的增加是由于流通发展潜力指数和基础指数的不断上升造成的。从对流通发展总指数增长率的贡献上来看，2004～2012 年间，基础指数和潜力指数对流通发展总指数的贡献率分别为 29.49% 和 42.78%，说明基础指数和潜力指数对发展总指数有正向的拉动作用，而潜力指数对总指数的拉动作用要大于基础指数的拉动作用。因此，要想提高海南省的流通发展支撑能力，还需要采取有效措施，进一步增强影响海南省流通发展支撑力的基础指数的强度。表 7 - 6 - 3 为构成海南省流通发展支撑力指数各二级指标历年指标值情况。

　　2004～2012 年间，构成海南省流通发展支撑力基础指数的各三级指标值的情况如图 7 - 6 - 1 所示。

表7-6-3　　构成海南省流通发展支撑力指数各二级指标历年指标值情况

年份 指标	2004	2005	2006	2007	2008	2009	2010	2011	2012
基础指数	80.05	86.50	111.12	127.21	135.44	140.51	153.98	157.15	176.91
潜力指数	99.38	105.22	117.52	137.19	158.12	171.62	192.55	231.32	264.70

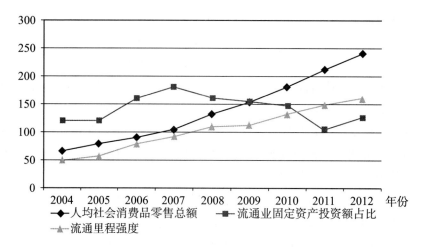

图7-6-1　海南省发展支撑力基础指数构成要素的变动趋势

流通产业固定资产投资额占比在2004～2007年间有较快增长，其后逐年呈下降趋势，人均社会消费品零售总额和流通里程强度呈现逐年上升趋势。2009年之后，人均社会品销售总额的指数值开始高于其他的指标值，说明2009年之后，海南省流通发展基础支撑能力主要表现为人均社会消费品总额的增加，相对于海南省整个社会经济的发展状况，其流通产业固定资产投资略显不足以及流通产业基础交通运输建设发展较慢是制约该省流通发展支撑能力的重要因素。因此，采取有效措施鼓励流通产业的固定资产投资，并增加流通产业发展所需基础交通设施建设的投入将对海南省流通发展基础能力的提升，从而对进一步提升其流通发展支撑力起到重要作用。

（二）流通发展现代化

从总量数据上来看，2004～2012年间海南省在其提高流通发展现代

化水平的工作中取得了较好的成绩。其中，流通产业固定资产投资额从
58.00 亿元增加至 398.60 亿元，批发零售业销售额由 257.90 亿元增至
1 939.50 亿元，零售业商品购进总额增加了 404.44 亿元，连锁零售销售
总额由 3.1 亿元增至 179.7 亿元。

在总量指标大幅上升的同时，这一期间海南省的流通发展现代化指数
在总体上也呈上升趋势，指数值由 2004 年的 47.61 上升至 2012 年的
277.37，平均指数值为 126.03。说明在这一期间，海南省流通发展现代
化水平有了很大程度的上升。从全国范围看，海南省的流通发展现代化指
数在全国 30 个省（市）中的排名先由 2004 年的第 27 名上升至 2007 年的
第 20 名，2009 年又下滑至第 30 名，2009 ~ 2011 年一直保持在 30 名，至
2012 年又上升至 23 名。从总体排名上看，海南省流通发展现代化指数一
直处于 20 名之后，这说明海南省流通发展现代化水平在全国范围内还是
比较落后的。历年的流通发展现代化指数值及其在全国的排名情况如表
7 - 6 - 4 所示。

表 7 - 6 - 4　海南省各年流通发展现代化指数值及其在全国各省（市）中的排名

指标＼年份	2004	2005	2006	2007	2008	2009	2010	2011	2012
现代化指数	47.61	84.43	134.58	148.59	89.47	111.68	135.08	105.48	277.37
排名	27	21	21	20	29	30	30	30	23

2004 ~ 2012 年间，构成海南省流通发展现代化指数的技术现代化指数
除 2011 年外都呈上升趋势，技术现代化指数的平均指数值为 172.76。而业
态现代化指数历年指数值的波动非常大，2004 ~ 2007 年间逐年增长，2007
年之后业态现代化指数值则大幅下跌，2012 年又大幅增长。且 2004 ~
2012 年间技术现代化指数值基本大于业态现代化指数值，说明技术现代
化指数在流通发展现代化指数中所占的份额相对较大，业态现代化发展的
不稳定是海南省流通发展现代化的薄弱之处。

这一期间，技术现代化和业态现代化两个指标对流通发展总指数增长
的贡献率分别为 70.29% 和 - 26.35%，说明 2004 ~ 2012 年间业态现代化
水平的不断下降是制约海南省流通发展现代化水平增长的主要因素。因

此，相关政府部门和企业采取有效激励措施，鼓励物流业新生业态发展，提高连锁经营程度，将有利于海南省流通产业发展现代化总体水平的进一步提升。

2004～2012 年间，构成海南省流通发展现代化指数的各二级指标值的情况如图 7 - 6 - 2 所示。

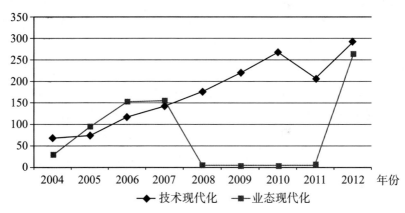

图 7 - 6 - 2　海南省发展现代化指数构成要素的变动趋势

（三）流通发展国际化

海南省在 2004～2012 年间影响物流发展国际化水平的一些绝对量指标实现了大幅提升。其中，海南省的货物出口总额由 2004 年的 109 255 万美元增加至 2012 年的 313 610 万美元。这些指标的上升，为海南省流通产业发展的国际化程度的提高起到了重要的基础作用。

从指数方面来看，2004～2012 年间海南省的流通发展国际化指数呈现升降起伏的波动状态，由 2004 年的 39.38 增至 2008 年的 54.80，然后由 2008 年的 54.80 降至 2009 年的 44.66，最后又由 2009 年的 44.66 升至 2012 年的 104.26。从全国排名上看，海南省流通发展国际化指数在全国 30 个省（市）中的排名先由 2004 年的第 23 名上升至 2006 年的第 18 名，然后又下降至 2009 年的第 26 名，最后上升至 2012 年的 20 名。从总体上来看，海南省流通发展国际化指数排名基本处于全国 30 个省（市）中的 20 名之后，说明这一期间海南省的流通发展国际化程度在全国范围内的排名有所进步但仍处于欠发达的地位。海南省历年的流通发展国际化指数值及其排名情况如表 7 - 6 - 5 所示。

表 7 - 6 - 5　海南省各年流通发展国际化指数值及其在全国各省（市）中的排名

指标＼年份	2004	2005	2006	2007	2008	2009	2010	2011	2012
发展国际化指数	39.38	36.42	48.52	47.62	54.80	44.66	78.74	85.46	104.26
排名	23	24	18	22	24	26	19	21	20

（四）流通发展绩效

海南省流通产业流动资产总额由 2004 年的 65.90 亿元增加到 2012 年的 530.10 亿元，批发和零售业主营业务收入由 2004 年的 186.20 亿元增加至 2012 年的 1 604.80 亿元。2004～2012 年间，流通产业增加值由 172.28 亿元增至 532.88 亿元。商品销售税金及附加费由 2004 年的 0.35 亿元增加至 8.00 亿元。从这些总量数据上看，在这一期间海南省流通产业的发展绩效指标在总量上有所提高。

从指数上看，海南省在 2004～2012 年间的流通发展绩效指数虽然各年间有所波动，但总体上呈略有下降趋势，说明海南省的流通发展绩效能力在这一期间有所下降。就其在全国排名来看，除 2009 年外，海南省的流通发展绩效指数的排名一直波动于全国 30 个省（市）中的前 5 名，总体上排名有所下降，说明海南省的流通发展绩效能力位于全国前列。历年的流通发展绩效指数值及其在全国 30 个省（市）中的排名情况如表 7 - 6 - 6 所示。

表 7 - 6 - 6　海南省各年流通发展绩效指数值及其在全国各省（市）中的排名

指标＼年份	2004	2005	2006	2007	2008	2009	2010	2011	2012
发展绩效指数	183.91	146.07	155.34	167.46	146.07	107.25	166.88	167.47	175.87
排名	1	1	3	2	4	14	3	3	3

在影响海南省流通发展绩效指数的两个二级指标中，效率指数在这一

期间总体上呈上升的趋势，除 2010 年之外逐年上升，平均指数值为
130.73；社会经济贡献指数呈升降波动状态，总体上有上升趋势，由
2004 年的 183.91 升至 2012 年的 215.16，平均指数值为 169.58。这一期
间，效率指数和社会经济贡献指数对流通发展总指数变化的贡献率分别为
23.34% 和 10.25%，故海南省流通发展绩效指数的上升是由效率指数和
社会经济贡献指数总体上共同的上升引起的，且效率指数对发展绩效指数
的拉动作用较大。2004～2012 年间，影响流通发展社会经济贡献指数的
各三级指标的指标值变化情况如图 7 - 6 - 3 所示。

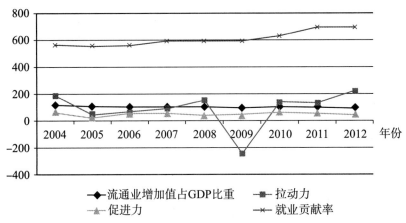

图 7 - 6 - 3　海南省流通发展社会经济贡献指数构成要素的变动趋势

由图 7 - 6 - 3 可知，拉动力指数变化的波动性较大，流通产业增加值
占 GDP 的比重和促进力这两个指标较稳定，指标值在总体上都有下降，
而就业贡献率则一直远远高于其他指标值，且总体上呈上升趋势。因此，
海南省流通产业发展的社会经济贡献呈总体下降趋势的主要原因在于海南
省流通产业的发展对消费的促进作用和对工业产出的拉动作用表现出的不
稳定性。因此，在保证工业增加值和社会消费品零售总额增长的同时，着
重提高流通产业的增加值，将有利于海南省流通产业发展绩效水平和海南
省流通发展总水平的进一步提升。

第八章　西南地区流通发展分析

　　西南地区，中国七大地理分区之一，指四川、云南、贵州、西藏、重庆省区。西南地区以山地为主、地形结构十分复杂，自然资源丰富，其中四川盆地为最大的盆地，人口稠密、交通、经济相对发达。改革开放以来，西南地区的旅游经济得到了长足发展：主要包括重庆大足石刻、长江三峡、武隆天生三桥、仙女山、金佛山、云南丽江古城、昆明世博园，贵州安顺黄果树瀑布，西藏拉萨布达拉宫等世界级旅游胜地。无论是自然景观还是人文景观，西南地区都拥有一批驰名中外的旅游精品，大西南已成为我国旅游业的一个重要增长极和世界知名的旅游胜地。除了资源禀赋优势以外，西部大开发战略提出后，国家出台了一系列优惠措施，以促进西部地区经济社会的发展，西南地区也享受到诸多优惠政策，形成了政策优势。四川、云南、贵州、西藏属于经济欠发达地区，而重庆市属于经济发达地区，从人均国内生产总值来看，重庆市为 38 742.28 万元/人，四川、云南、贵州、西藏分别为 29 560.18 万元/人、22 128.07 万元/人、19 667.62万元/人、22 760.71万元/人，各地区差距还是较大。

　　从图 8-1 可以看出，重庆市的流通发展总指数数值除了 2005 年低于云南外，其他年份，都大于其他三个地区，说明重庆市流通发展状况相对较好；从 2008 年开始，四川省相对于云南、贵州来说，也总是处于领先的态势；但是西南地区的四个省区各年的总指数数值均低于全国水平，且差距还是较大的，单从 2012 年来看，全国的总指数为 313.58，重庆、四川、贵州、云南总指数分别为 231.26、193.69、122.97、147.82，说明西南地区的流通发展有待进一步加强。

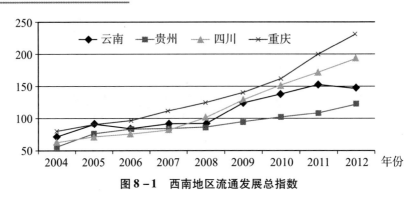

图 8 - 1　西南地区流通发展总指数

从图 8 - 2 可以看出，西南地区流通发展总指数 2004～2012 年的排名大部分都比较靠后，除了近两年，重庆市的排名进入前 15 名外，其他各地区各年份的排名都未能进入前 15 名，相对全国其他较发达的省区，差距还是蛮大的。

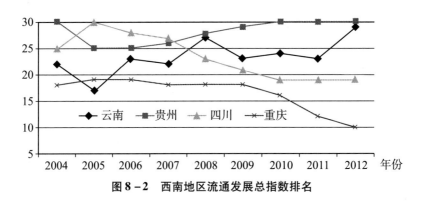

图 8 - 2　西南地区流通发展总指数排名

第一节　重庆市

重庆市是国家中心城市，国家历史文化名城，世界温泉之都，国务院定位的四大国际大都市，长江上游地区经济中心、金融中心和创新中心，及政治、航运、文化、科技、教育、通信等中心，我国五大国际航运中心之一，西部地区最大的水陆空综合交通枢纽和最大的工商业中心城市，东邻湖北、湖南，南靠贵州，西接四川，北连陕西。2012 年，全市常住人口达 2 945.00 万人，国内生产总值为 11 409.60 亿元，从 2004 年开始，年平均增长速度为 15.85%，增长速度较快。

一、重庆市流通产业发展的总体情况

为推进流通现代化，加快商贸流通产业的发展，重庆市人民政府于 2002 年正式发文，给予重庆市现代商贸企业七大政策支持；截至 2006 年，重庆市流通产业规模迅速扩张，结构不断优化，体系日臻完善，先导作用彰显，既体现了现代流通，又体现了地方特色，构建了组团式、多中心、分层次的商贸流通网络和规模化、现代化、多元化、开放化的大流通、大市场、大贸易格局，加速构筑商贸流通经济高地，迈上了一个新的台阶；重庆市商委确定 2013 年商贸流通产业发展思路，将做好"四抓"。重庆市较早确定了流通产业发展战略，但是发展比较缓慢。2004～2012年，重庆市的流通发展总指数排名，从 2004 年的第 18 名上升至 2012 年的第 10 名。其中，从 2009 年的第 18 名一直上升到 2012 年的第 10 名，说明重庆市对流通产业的发展越来越重视，虽然发展比较缓慢，但一直在增长。历年重庆市流通发展总指数排名如图 8－1－1 所示。

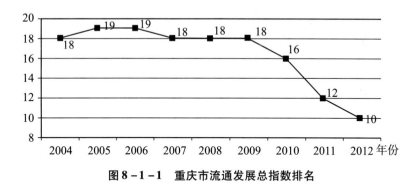

图 8－1－1　重庆市流通发展总指数排名

2004～2012 年，在影响重庆市流通发展总指数的四个一级指标中，流通发展支撑力指数和流通发展现代化指数一直处于上升状态，年平均增长速度分别为 9.61% 和 14.41%，流通发展国际化指数与流通发展绩效指数有升有降，平均指数值为 91.81 和 88.35，对于流通发展总指数的贡献率分别为 14.87%、25.80%、17.05%、42.28%，说明流通发展现代化与流通发展绩效对流通发展总指数的影响较大，而流通发展支撑力与流通发展国际化影响相对较小。历年的重庆市流通发展总指数的四个一级指标的指数值如图8-1-2至图8-1-6。

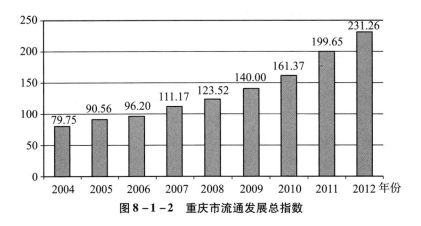

图8-1-2　重庆市流通发展总指数

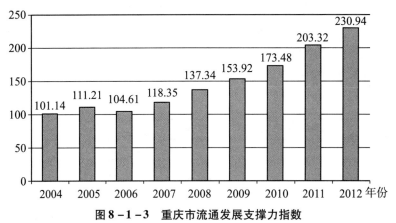

图8-1-3　重庆市流通发展支撑力指数

图8-1-4　重庆市流通发展现代化指数

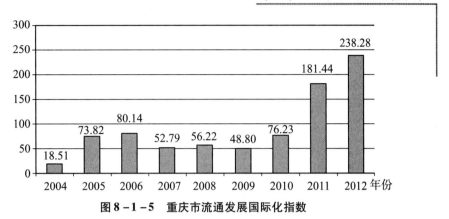

图 8 - 1 - 5　重庆市流通发展国际化指数

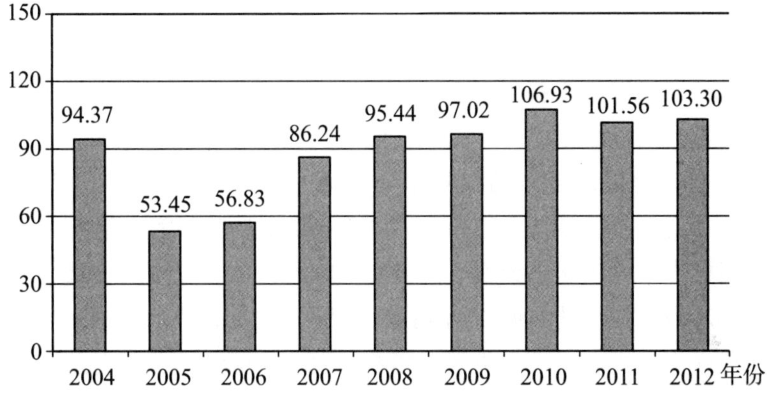

图 8 - 1 - 6　重庆市流通发展绩效指数

二、流通发展要素分析

(一)流通发展支撑力分析

2004～2012 年,重庆市的流通发展支撑力指数的最高排名为 2005 年的第 11 名,最低排名为 2006 年的第 18 名,平均排名为 14.89 名,排名的标准差为 2.26,排名的变异系数为 0.15。历年流通发展支撑力指数的排名如图 8 - 1 - 7 所示。

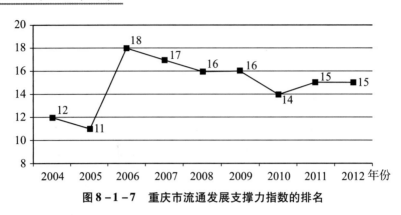

图 8 - 1 - 7　重庆市流通发展支撑力指数的排名

2004～2012 年，影响流通发展支撑力指数的两个二级指标中，基础指数与潜力指数对流通发展支撑力指数的贡献率为 51.89% 和 48.11%，它们对流通发展支撑力指数的影响差别不大。基础指数的三个三级指标中，人均社会消费品零售总额指数、流通产业固定资产投资额指数、流通里程强度指数对基础指数的贡献率分别为 58.08%、13.82%、28.10%，说明人均社会消费品零售总额指数对基础指数的影响最大，潜力指数的两个三级指标中，城镇居民家庭人均可支配收入指数与农村居民家庭人均纯收入指数对潜力指数的贡献率分别为 15.81% 和 84.19%，说明农村居民家庭人均纯收入指数对潜力指数的影响较大，重庆流通发展支撑力指数从 2005 年的第 11 名下降到 2006 年的第 18 名，主要是流通产业固定资产投资额指数、流通里程强度指数的下降幅度较大，特别是流通里程强度指数下降额达到 70 个百分点，之后排名变动幅度不大。

（二）流通发展现代化分析

重庆流通发展现代化指数在 2004～2012 年的排名都未能进前 10 名，最高排名在 2004 年的第 11 名，最低排名为 2006 年的第 18 名，2010～2012 年，排名较 2009 年的排名下降得较大，说明重庆近三年来，对流通发展现代化的重视程度在下降。重庆市 2004～2012 年间流通发展现代化指数的平均排名为 14.33 名，排名的标准差为 2.69，排名的变异系数为 0.19，相对于流通发展支撑力有较小的波动。历年流通发展现代化指数的排名如图 8 - 1 - 8 所示。

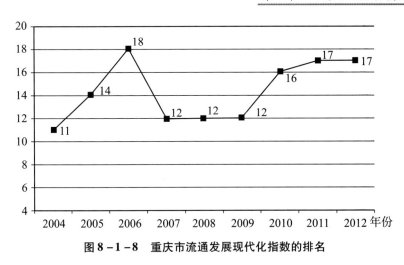

图8-1-8 重庆市流通发展现代化指数的排名

2004~2012年，影响流通发展现代化指数的两个二级指标中，技术现代化指数与业态现代化指数对流通发展现代化指数的贡献率为15.76%和84.24%，技术现代化指数的两个三级指标中，人均流通资本指数与批发零售餐饮住宿业资产总额指数对技术现代化指数的贡献率分别为－24.84%和124.84%，即人均流通资本指数对技术现代化指数具有负的拉动作用，而批发零售餐饮住宿业资产总额指数对技术现代化指数具有正的拉动作用，业态现代化指数的三个三级指标中，物流配送化程度指数、连锁经营化程度指数、人均连锁经营规模指数对业态现代化指数的贡献率分别为112.09%、－33.18%、21.09%，说明物流配送化程度指数对业态现代化具有非常重要的意义。重庆流通发展现代化指数排名从2004年的第11名下降到2006年的第18名，主要是批发零售餐饮住宿业资产总额指数和连锁经营化程度指数低于全国水平，对流通发展现代化指数具有负的拉动作用；而从2006年的第18名上升到2007年的第12名，主要是因为人均连锁经营规模上升幅度较大，对流通发展现代化指数具有正的拉动作用；流通发展现代化指数从2009年的第12名下降到2010年的第16名，主要是因为物流配送化程度指数、连锁经营化程度指数的降低。

（三）流通发展国际化分析

重庆流通发展国际化指数在2004~2012年的排名呈现先升后降再升的情况，从2004年的第29名上升到2006年的第13名，再从2007年的第20名下降到2009年的第25名，之后一直上升到2012年的第11名，变动幅度较大。重庆流通发展国际化指数2004～2012年的平均排名为18.67名，排名的标准差为6.30，排名的变异系数为0.34，比流通发展支撑力和流通发展现代化有更大的波动。历年流通发展国际化指数的排名如图8-1-9所示。

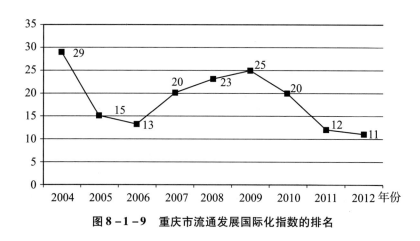

图8-1-9　重庆市流通发展国际化指数的排名

2004～2012年，影响流通发展国际化指数的两个二级指标中，外向度指数和开放度指数对流通发展国际化指数的贡献率分别为192.52%、-92.52%，即开放度指数对流通发展国际化指数具有负的拉动作用，开放度指数的三个三级指标中，流通产业实际利用外资占比指数、外资商业销售额占比指数、外资住宿餐饮营业额占比指数对开放度指数的贡献率分别为210.98%、-42.27%、-68.71%，即流通产业实际利用外资占比指数是促使开放度指数具有正向值的因素。重庆流通发展国际化指数排名呈现先升后降再升的情况，主要是由于流通产业实际利用外资占比指数具有较大的波动，特别是2004年，波动幅度大，从0.99直接上升到289.67，致使排名从2004年的第29名上升到2005年的第15名；近两年人均商品出口额快速增长，是重庆流通发展国际化指数排名上升的主要原因。

（四）流通发展绩效分析

重庆流通发展绩效指数在2004～2012年的排名都比较靠后，除了

2010 年排在第 13 名外。其中排名的中位数为第 22 名，平均排名为 20.78 名，排名的标准差为 4.71，排名的变异系数为 0.23。历年流通发展绩效指数的排名如图 8 - 1 - 10 所示。

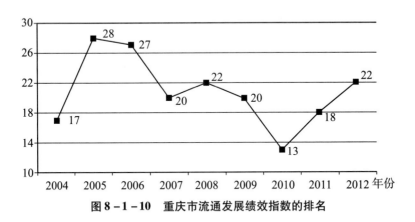

图 8 - 1 - 10　重庆市流通发展绩效指数的排名

　　从对流通发展绩效指数的贡献上分析，二级指标效率指数与社会经济贡献指数对流通发展绩效指数的贡献率分别为 14.29% 和 85.71%，说明社会经济贡献指数是影响流通发展绩效指数的主要原因。重庆流通发展绩效指数排名从 2004 年的第 17 名下降到 2005 的第 28 名，主要是因为流动资产周转率指数、库存周转率指数、流通产业增加值占 GDP 比重指数、拉动力指数、促进力指数不同程度的下降，其中拉动力指数和促进力指数下降幅度较大；重庆流通发展绩效指数排名从 2006 年的第 27 名上升至 2007 年的第 20 名，主要是拉动力指数有很大程度的上升；重庆流通发展绩效指数排名从 2009 年的第 20 名上升到 2010 年的第 13 名，主要是构成流通发展绩效指数的三级指标都出现了上升；之后排名都在下降主要是大部分三级指标都出现了下降。

第二节　四川省

　　四川省位于中国大陆西南腹地，自古就有"天府之国"之美誉，是中国西部门户。四川省今与重庆、贵州、云南、西藏、青海、甘肃、陕西诸省市交界。四川省东部为川东平行岭谷和川中丘陵，中部为成都平原，西部为川西高原。四川现辖 18 个地级市，3 个少数民族自治州。2012 年末，常住人口数达 8 076.20 万人，国内生产总值 23 872.80 亿元，从 2004 年开始，年平均增长速度为 15.79%。

一、流通发展总指数分析

2004 年，在放开外资零售业等政策鼓动下，四川省内新增连锁经营门店 16 133 个，同比增长 1.5 倍，连锁店总量达到 26 917 个。连锁经营企业新增 635 家，增长 67%，总量达到 1 583 家。2008 年 12 月 5 日，四川省旺季扩销座谈会暨促进流通产业发展培训班在双流县举行，来自全省各市州商务局、扩权强县试点县（市）商务主管部门和相关行业协会的有关负责人参加了会议。为贯彻落实《国务院关于深化流通体制改革加快流通产业发展的意见》，进一步加快流通产业发展，四川省于 2013 年发表了关于加快流通产业发展的意见。虽然四川省比较重视流通产业的发展，但是发展比较慢。2004~2012 年，四川流通发展总指数的排名一直都比较靠后，最高排名是 2010~2012 年的第 19 名，最低排名是 2005 年的第 30 名。从流通发展总指数来看，一直处于上升状态，从 2004 年的 64.60 上升到 2012 年的 193.69，平均指数值为 115.94，年平均增长速度为 12.98%，增长相对较快。历年流通发展总指数的排名如图 8-2-1 所示。

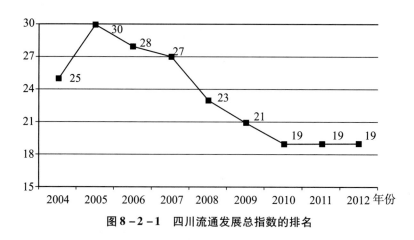

图 8-2-1　四川流通发展总指数的排名

2004~2012 年，影响流通发展总指数的四个一级指标中，流通发展支撑力指数、流通发展现代化指数、流通发展国际化指数、流通发展绩效指数的平均值为 135.23、194.40、58.44、75.68，流通发展支撑力指数和流通发展现代化指数一直处于上升情况，而流通发展国际化指数和流通发展绩效指数则有升有降，它们对流通发展总指数的贡献率分别为 64.24%、129.86%、-47.47%、-46.63%，即流通发展支撑力指数和流通发展现代化指数对流通发展总指数具有正的拉动作用，而流通发展国际化指数和流通发展绩效指数具有负的拉动作用，说明四川省对流通发展国际化和流通发展绩效的重视程度不够，导致总排名一直处于较落后的状态。历年的流通发展总指数的四个一级指标的指数值如图 8-2-2 至图 8-2-6 所示。

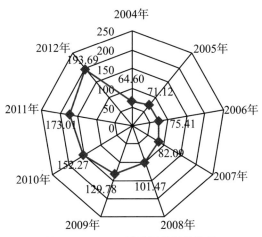

图 8-2-2　四川流通发展总指数

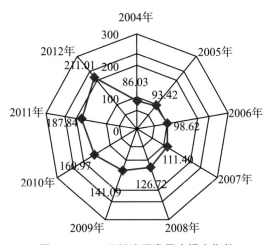

图 8-2-3　四川流通发展支撑力指数

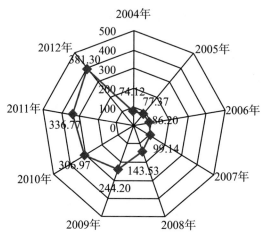

图 8-2-4　四川流通发展现代化指数

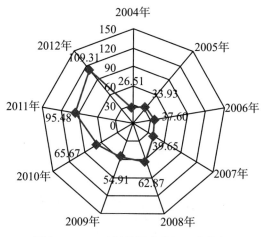

图 8-2-5　四川流通发展国际化指数

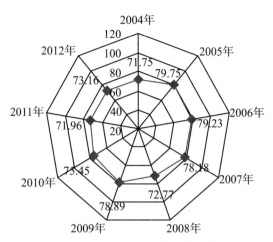

图 8-2-6 四川流通发展绩效指数

二、流通发展要素分析

（一）流通发展支撑力分析

2004～2012 年，四川的流通发展支撑力指数在全国的排名波动较小，在第 21 名上下波动。其中，最高排名在 2012 年的第 19 名，最低排名在 2005 年的第 24 名，排名的平均数是 21.22 名，中位数为 20 名，排名的标准差为 1.48，排名的变异系数为 0.07。历年流通发展支撑力指数的排名如图 8-2-7 所示。

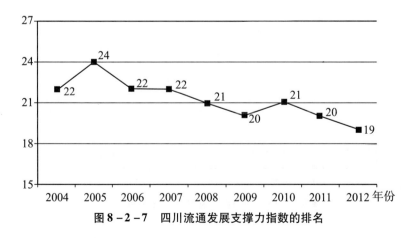

图 8-2-7 四川流通发展支撑力指数的排名

2004～2012 年，影响四川流通发展支撑力指数的两个二级指标中，基础指数与潜力指数对流通发展支撑力指数的贡献率分别为 11.21%、88.79%，即潜力指数是影响流通发展支撑力指数的主要原因，基础指数的影响相对小。影响基础指数的三个三级指标中，人均社会消费品零售总额指数、流通产业固定资产投资额指数、流通里程强度指数对基础指数的贡献率分别为 251.19%、−65.41%、−85.78%，即流通产业固定资产投资额指数和流通里程强度指数对基础指数具有负的拉动作用，人均社会消费品零售总额指数是影响基础指数的主要因素；构成潜力指数的两个三级指标中，城镇居民家庭人均可支配收入指数与农村居民家庭人均纯收入指数对潜力指数的贡献率分别 46.53%、53.47%，说明农村居民家庭人均纯收入指数对潜力指数的影响相对较大。四川流通发展支撑力指数的排名相对较稳定，三级指标中，人均社会消费品零售总额指数、城镇居民家庭人均可支配收入指数与农村居民家庭人均纯收入指数一直处于上升态势。

(二) 流通发展现代化分析

四川省流通发展现代化指数在 2004～2011 年的排名呈现"倒 V"字形，先下降再上升，在 2006 年排名处在最低位置，2012 年较 2011 年，只差一个名次。其中，最高排名为 2011 年的第 11 名，最低排名在 2006 年的第 28 名。历年流通发展现代化指数的排名如图 8-2-8 所示。

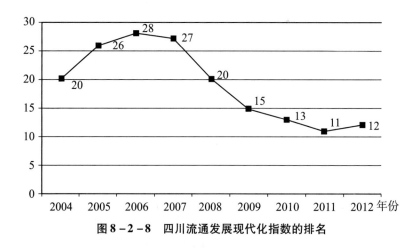

图 8-2-8　四川流通发展现代化指数的排名

2004～2012 年，影响四川流通发展现代化指数的两个二级指标中，技术现代化指数和业态现代化指数对流通发展现代化指数的贡献率分别为116.78% 与 -16.78%，即业态现代化指数对流通发展现代化指数具有负的拉动作用。构成技术现代化指数的两个三级指标中，人均流通资本指数和批发零售餐饮住宿业资产总额指数对技术现代化指数贡献率分别为124.91% 与 -24.91%，构成业态现代化指数的三个三级指标中，物流配送化程度指数、连锁经营化程度指数、人均连锁经营规模指数对业态现代化指数的贡献率分别为 70.55%、61.46%、-32.01%。四川省流通发展现代化指数由 2004 年的第 20 名下降到 2006 年的第 28 名，主要是物流配送化程度指数一直在下降，由 2006 年的第 28 名一直上升至 2011 年的第11 名，主要是人均流通资本指数在不断的增长，在这期间，年平均发展速度为 34.09%，增长速度很快。

（三）流通发展国际化分析

四川省流通发展国际化指数在 2004～2011 年的排名都未能进前 15名，最高排名为 2011 年和 2012 年的第 18 名，最低排名为 2004 年和 2005年的第 26 名，排名的中位数为第 23 名，说明四川在促进流通发展国际化方面，做得努力还不够，还需加强和国外的交流，引进外资。历年流通发展国际化指数的排名如图 8 - 2 - 9 所示。

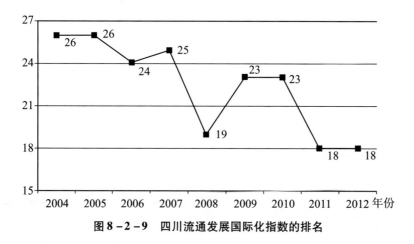

图 8 - 2 - 9　四川流通发展国际化指数的排名

2004～2012 年，影响四川流通发展国际化指数的两个二级指标中，

外向度指数和开放度指数对流通发展国际化指数的贡献率分别为73.36%
与26.64%，即外向度指数对流通发展国际化指数具有很大的拉动作用。
四川省人均商品出口额指数一直在上升，年平均增长速度为29.77%，增
长速度较快，但外资商业销售额占比指数与外资住宿餐饮营业额占比指数
有升有降，所以排名没有表现出一直上升或一直下降趋势，2008年排在
第19名，主要是外资商业销售额占比指数相比2007年，有较大的增长，
增长率为63.89%，从2010年的第23名上升到2011年的第18名，主要
是外资住宿餐饮营业额占比指数增长了142.93%。

（四）流通发展绩效分析

2004~2012年，四川省流通发展绩效指数的排名除了2004年的第20
名和2005年的第19名，其他年份都没能进入前20名。其中，最高排名
在2005年的第19名，最低排名在2011年的第29名，2012年排在第28
名，说明近两年，四川省在流通发展绩效上重视不足。历年流通发展绩效
指数的排名如图8-2-10所示。

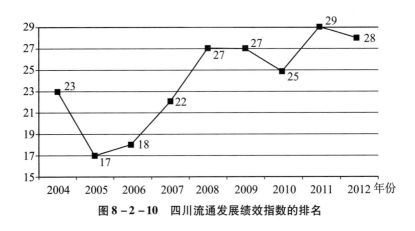

图8-2-10　四川流通发展绩效指数的排名

2004~2012年，影响四川流通发展绩效指数的两个二级指标中，效
率指数和社会经济贡献指数对流通发展绩效指数的贡献率分别为-7.80%
与107.80%，说明社会经济贡献指数是影响流通发展绩效指数主要因素。
四川流通发展绩效指数的排名由2004年的第23名上升到2005年的第17
名，主要是流动资产周转率指数的上升，从2006年的第18名下降到2007
年的第22名，主要是流通产业增加值占GDP比重指数、拉动力指数和促

进力指数在下降，之后排名一直在靠后，也主要是流通产业增加值占GDP 比重指数、拉动力指数和促进力指数维持在较低的水平。

第三节　贵州省

贵州省位于中国西南的东南部，东毗湖南、南邻广西、西连云南、北接四川和重庆市，平均海拔在 1 100 米左右，全省地貌可概括分为：高原、山地、丘陵和盆地四种基本类型，高原山地居多，素有"八山一水一分田"之说，是全国唯一没有平原支撑的省份。贵州省属亚热带湿润季风气候，四季分明、春暖风和、雨量充沛、雨热同季。2012 年末常住人口 3 484.00 万人，国内生产总值 6 852.20 亿元，从 2004 年开始，年平均增长速度 17.00%，发展速度相对较慢，属于欠发达地区。

一、流通发展总体情况

2004 ~ 2012 年，贵州流通发展总指数呈上升趋势，从 2004 年的 56.51 上升到 2012 年的 122.97，年平均增长速度为 9.02%，相对于全国水平的 4.19%，高于全国水平，但从总指数的绝对量来看，还是远远不如全国水平，说明贵州省的流通产业发展缓慢。历年流通发展总指数数值如图 8-3-1 所示。

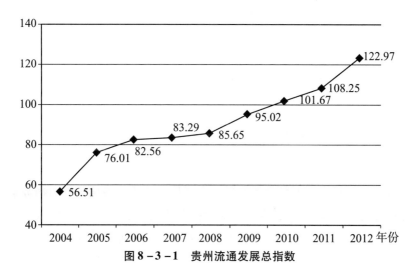

图 8-3-1　贵州流通发展总指数

从排名来看，贵州流通发展总指数在 2004~2012 年间的排名都未能进入前 20 名，最高排名为 2005 年、2006 年的第 25 名，最低排名是 2010 年、2011 年、2012 年的第 30 名，近几年，流通发展停滞不前。历年流通发展总指数的排名如图 8-3-2 所示。

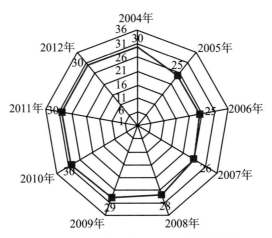

图 8-3-2　贵州流通发展总指数的排名

2004~2012 年，影响贵州流通发展总指数的四个一级指标中，流通发展支撑力指数、流通发展现代化指数、流通发展国际化指数、流通发展绩效指数对流通发展总指数的贡献率为 58.05%、109.08%、-50.73%、16.40%，即流通发展支撑力指数、流通发展现代化指数、流通发展贡献绩效指数对流通发展总指数具有正的拉动作用。

二、流通要素发展分析

（一）流通发展支撑力分析

贵州流通发展支撑力指数在 2004~2012 年的排名都在倒数几名，说明贵州省在流通发展支撑力方面是一大短板；从流通发展支撑力指数绝对量来看，只有 2005 年是下降的，平均指数值为 102.78，年平均增长速度为 8.60%。历年流通发展支撑力指数的排名及数值如图 8-3-3 及图 8-3-4 所示。

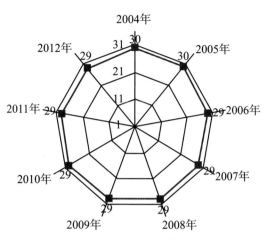

图8-3-3 贵州流通发展支撑力指数的排名

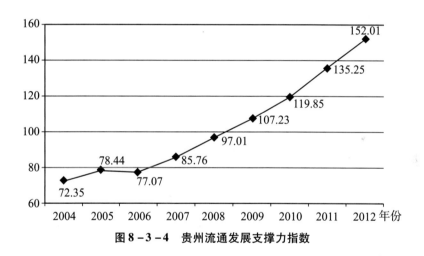

图8-3-4 贵州流通发展支撑力指数

2004~2012年，构成贵州流通发展支撑力指数的两个二级指标中，基础指数与潜力指数对流通发展支撑力指数的贡献率分别为12.92%和87.08%，即潜力指数对流通发展支撑力指数具有较大的拉动作用。构成贵州流通发展支撑力指数的三级指标中，人均社会消费品零售总额指数、城镇居民家庭人均可支配收入指数与农村居民家庭人均纯收入指数一直处于上升态势，但与全国水平相比，还有一定的差距，所以流通发展支撑力指数的排名一直靠后。

（二）流通发展现代化分析

贵州流通发展现代化指数的排名只有前 3 年进入前 20 名，最高排名在 2005 年的第 11 名，从 2008 年开始，排名都在 27 名外，最低排名为 2012 年的第 30 名，说明贵州的流通发展现代化未能得到好的发展，相对其他省份，是贵州的一大短板。从贵州流通发展现代化指数的绝对量来看，2004 年和 2008 年的数值都小于 100，每个年份都低于全国水平，而且差距较大。历年流通发展现代化指数的排名及数值如图 8 - 3 - 5 及图 8 - 3 -6所示。

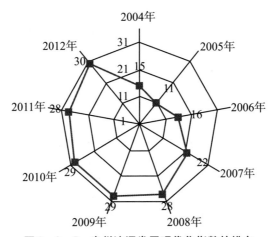

图 8 - 3 - 5　贵州流通发展现代化指数的排名

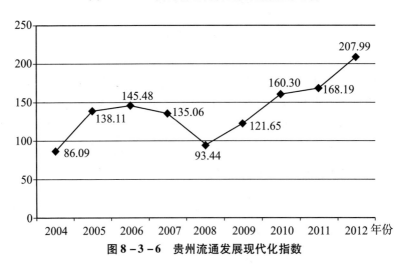

图 8 - 3 - 6　贵州流通发展现代化指数

2004～2012 年，构成贵州流通发展现代化指数的两个二级指标中，技术现代化指数一直处于上升状态，年平均增长速度为 19.17%，业态现代化指数最高为 2005 年的 185.08，最低为 2011 年的 6.48，波动幅度很大，而且均低于全国水平。贵州流通发展现代化指数的排名从 2004 年的第 15 名上升到 2005 年的第 11 名，主要是连锁经营化程度指数的大幅度上涨，增长率为 346.15%，之后降到 2006 年的第 16 名，主要是物流配送化程度指数下降所致，又一直下降到 2008 年的第 28 名，主要是物流配送化程度指数、连锁经营化程度指数、人均连锁经营规模指数的下降，特别是 2007 年到 2008 年，下降值都超过了 100，之后几年，变动幅度不大，所以排名较稳定。

（三）流通发展国际化分析

贵州流通发展国际化指数的排名在 2004～2012 年都未能进入前 20名，最高排名在 2009 年的第 21 名，最低排名在 2004 年的第 30 名。从贵州流通发展国际化指数的绝对量来看，每个年份的值都小于 80，最低在 2004 年的 15.24，最高在 2008 年的 70.86，相对于全国水平，差距相当大，最大差距额为 463.88。历年流通发展国际化指数的排名及数值如图 8-3-7 及图 8-3-8 所示。

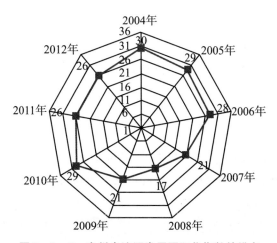

图 8-3-7　贵州省流通发展国际化指数的排名

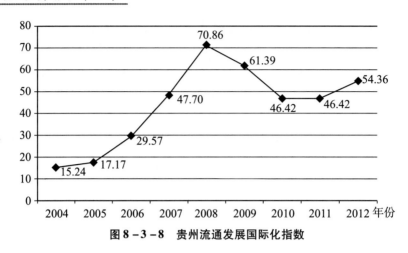

图 8 - 3 - 8 贵州流通发展国际化指数

2004～2012 年，构成贵州流通发展国际化指数的两个二级指标中，外向度指数和开放度指数对流通发展国际化指数的贡献率分别为 58.26% 与 41.74%，说明外向度指数对流通发展国际化指数的影响较大。构成开放度指数的三个三级指标中，流通产业实际利用外资占比指数、外资商业销售额占比指数、外资住宿餐饮营业额占比指数对开放度指数的贡献率分别为 11.57%、34.12%、54.31%。贵州流通发展国际化指数的排名从 2006 年的第 28 名上升到 2007 年的第 21 名，主要是流通产业实际利用外资占比指数的增长率为 91.42%，增长幅度相对较大，之后又上升到 2008 年的第 17 名，主要还是流通产业实际利用外资占比指数的增长，又从 2008 年的第 17 名下降到 2010 年的第 29 名，主要是流通产业实际利用外资占比指数和外资商业销售额占比指数的下降，特别是流通产业实际利用外资占比指数的大幅度下降。

（四）流通发展绩效分析

贵州流通发展绩效指数的排名在 2004～2012 年都未能进入前 20 名，最高排名在 2006 年的第 21 名，最低排名在 2004 年的第 29 名。从贵州流通发展绩效指数的绝对量来看，每年的数值都小于 90，最高为 89.82，最低为 52.37，平均指数值为 75.26，相对于全国水平，最大差距在 2009 年，额度为 89.82。历年流通发展绩效指数的排名及数值如图 8 - 3 - 9 及图 8 - 3 - 10 所示。

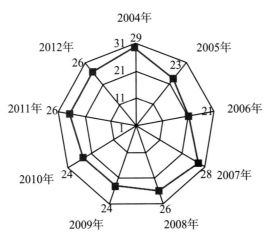

图8-3-9 贵州流通发展绩效指数的排名

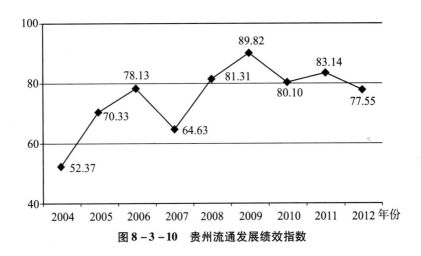

图8-3-10 贵州流通发展绩效指数

2004~2012年，构成贵州流通发展绩效指数的两个二级指标中，效率指数和社会经济贡献指数对流通发展绩效指数的贡献率分别为-1.93%与101.93%，即效率指数对流通发展绩效指数具有负的拉动作用。贵州流通发展绩效指数的排名从2004年的第29名上升到2005年的第23名，主要是拉动力指数和促进力指数的快速增长，增长率分别为1 102.28%、893.73%，从2006年的第21名下降到2007年的第28名，主要是流动资产周转率指数的极速下降，下降幅度在100左右，之后排名比较稳定。

第四节　云南省

云南省位于中国西南边陲，总面积约 39 万平方千米，占全国面积
4.11%，在全国各省级行政区中面积排名第 8 名。与云南省相邻的省区有四
川、贵州、广西、西藏，此外云南省与缅甸、老挝和越南三个国家毗邻。
云南省总人口 4 687 万人（2013 年），地区 GDP 总量达 11 720.91 亿元。改
革开放以来，云南交通、通信、口岸建设日新月异，基础设施有了较大改
善，一个以中国西南地区为依托，昆明市为中心，边境对外开放城市为前
沿，东南亚、南亚为重点，面向世界的全方位对外开放格局正在形成。

一、流通发展总指数排名分析

云南省流通发展总指数排名在 2004～2012 年间均未能进入到前 10 名
之列，最高排名是 2005 年的第 17 名，2012 年总指数在全国排名垫底，
详见表 8-4-1。云南省流通发展总指数在 2004～2012 年期间排名曲线
总体上呈下降趋势，详见图 8-4-1。从排名稳定性上分析，云南省流通
发展总指数在 2004～2012 年间的平均排名为第 24.33 名，排名的标准差
是 3.35，排名的变异系数则为 0.14。

表 8-4-1　　云南流通发展总指数及 4 要素发展力排名

年份＼指标	总指数	支撑力	现代化	国际化	绩效
2004	23	29	17	16	28
2005	18	28	17	14	26
2006	24	26	14	24	30
2007	23	28	22	16	31
2008	28	29	22	21	31
2009	24	27	21	16	16
2010	25	27	22	16	31

续表

指标 年份	总指数	支撑力	现代化	国际化	绩效
2011	24	27	22	15	29
2012	30	27	30	18	30

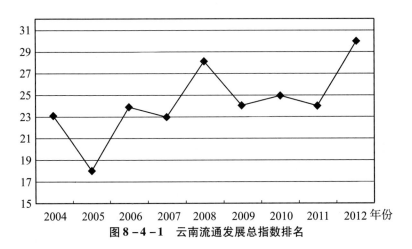

图 8 - 4 - 1　云南流通发展总指数排名

　　从对总指标的贡献率上分析，2012 年云南发展支撑力指数、发展现代化指数、发展国际化指数和发展绩效指数对流通发展指数增长的贡献率分别为 38.53%、70.57%、7.90% 和 - 17.00%，支撑力、现代化、国际化和绩效指数分别拉动总指数上升了 18.42 点、33.75 点、3.78 点和 - 8.13 点。绩效指数为负，是因为其二级指标效率指数和社会经济绩效指数均不到全国水平。但是，效率指数近四年来开始表现出上升趋势，而 2008 年以前一直处在下降趋势，具体来看效率指数从 2010 年的 64.66 上升到了 2011 年的 71.71，2012 年继续上升到 76.08。社会经济绩效指数在 2004～2012 年间呈波动趋势，趋势一直不稳定。表 8 - 4 - 2 为云南流通发展总指数及 4 要素发展力分值。

表 8 - 4 - 2　　　云南流通发展总指数及 4 要素发展力分值

指标 年份	总指数	支撑力	现代化	国际化	绩效
2004	71.44	77.37	80.58	69.58	58.23
2005	90.87	86.44	121.05	91.14	64.84

年份 ＼ 指标	总指数	支撑力	现代化	国际化	绩效
2006	84.57	90.83	155.28	37.80	54.38
2007	91.30	98.07	147.27	63.92	55.95
2008	91.97	106.91	142.59	61.51	56.87
2009	124.21	118.51	190.18	83.43	104.72
2010	137.79	139.79	261.15	93.91	56.30
2011	151.72	160.51	260.20	111.69	74.47
2012	147.82	173.70	234.98	115.10	67.48

通过近四年来云南省流通发展力4要素的雷达图，详见图8-4-2至图8-4-5，可以看出云南省流通发展力2004~2012年间呈现如下变化特征：各年份各要素对流通发展力的作用并不均衡，在2012年发展支撑力与发展现代化较发展绩效和国际化比重较大，特别是发展现代化的表现尤为突出，一直以来都是居4要素的首位。从时间趋势上看，2009年这四大要素的结构仍比较均匀，从雷达图中可以明显地看到最近三年其发展重点往支撑力和现代化转移，4要素的构成分布见表8-4-5。

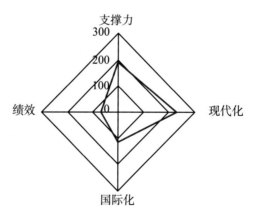

图8-4-2　云南流通发展力4要素雷达图（2012）

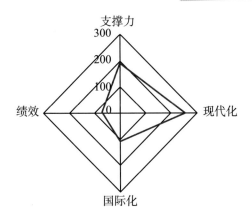

图8-4-3　云南流通发展力4要素雷达图（2011）

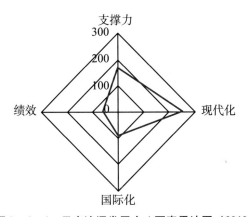

图8-4-4　云南流通发展力4要素雷达图（2010）

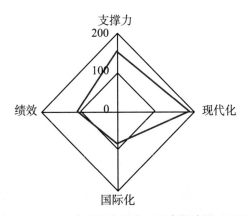

图8-4-5　云南流通发展力4要素雷达图（2009）

二、流通发展要素分析

（一）流通发展支撑力分析

云南省流通发展支撑力指标排名在 2004～2012 年间总体趋势不容乐观，一直处于下降趋势。在 2009 年支撑力指标略有回升，然后情况在接下来的两年并没有改善，2011 年、2012 年云南省流通发展支撑力排名一直保持在 26 名，详见图 8 - 4 - 6。

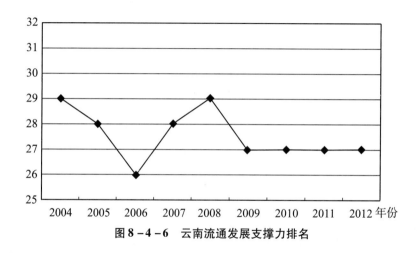

图 8 - 4 - 6　云南流通发展支撑力排名

从排名稳定性上分析，云南省 2004～2012 年间的发展支撑力排名平均为第 27.56 位，排名的标准差是 1.01，排名的变异系数则为 0.04，两数值都远远地小于流通发展总指数的相应数值，发展支撑力的排名较总指数更稳定。

从对流通发展总指数增长率的贡献上分析，2012 年两个二级指标基础指数和潜力指数对流通发展总指数的贡献率分别为 5.16% 和 33.37%，基础指数和潜力指数分别拉动总指数上升了 2.46 点和 15.96 点。在 2012 年三级指数人均社会消费品零售总额、流通产业固定资产投资额占比、流通里程强度、城镇居民家庭人均可支配收入和农村居民人均纯收入对流通发展总指数的贡献率分别是 7.44%、0.75%、- 3.05%、19.44% 和 12.1%，分别推动总指数上升了 3.56 点、0.36 点、- 1.46 点、9.30 点和 6.66 点。所有指标除了流通里程强度均达到了全国 2005 年水平，所以每一个指标对总指数的贡献率表现基本上都为正值。

（二）流通发展现代化分析

云南省流通发展现代化在 2004～2012 年间均未能进入到前 10 名，其中最高排名是 2006 年的第 14 名，而最低排名则为 2012 年第 30 名，详见表 4－5－1。云南省流通发展现代化排名曲线在 2007～2011 年间振幅较小，曲线未表现出趋势性变化，但 2012 年突然出现名次的大幅度降低，将近有 10 个名次，详见图 8－4－7。

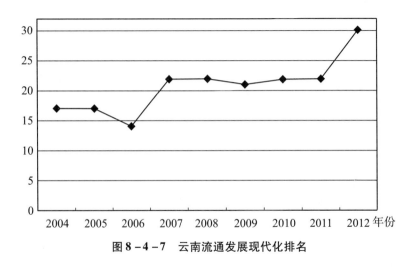

图 8－4－7　云南流通发展现代化排名

从排名的稳定性上分析，云南省发展现代化指数在 2004～2012 年间的平均排名为第 20.78 位，排名的标准差是 4.55，排名的变异系数则是 0.22，两数值均大于发展总指标的相应数值，表明后者的排名较之前者更为稳定。

从对流通发展总指数增长率的贡献上分析，2012 年二级指标技术现代化和业态现代化指数对流通发展总指数的贡献率分别为 55.08% 和 10.44%，技术现代化和业态现代化分别推动总指数上升了 28.37 点和 5.38 点。2012 年三级指标人均流通资本、物流配送化程度和人均连锁经营规模对总指数的贡献率分别是 65.28%、－3.69% 和 16.81%，三者分别拉动总指数上升了 33.62 点、－1.90 点和 8.66 点。物流配送化程度不到全国 2005 年的水平，所以在贡献率上表现为负值。但是，人均连锁经营规模正在逐年上升，表现出一定的良好发展态势。

（三）流通发展国际化分析

云南省流通发展国际化指标在 2004～2012 年都未曾进到前 10 名之列，最近几年排名相对稳定在 15 名左右，在 2011～2012 年期间又有了退步的趋势。云南省流通发展国际化指数在 2004～2012 年间发展平稳，排名曲线振幅小，曲线未表现出趋势性变化，详见图 8 - 4 - 8。

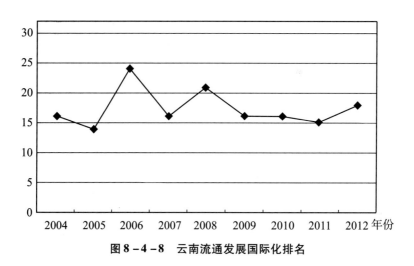

图 8 - 4 - 8　云南流通发展国际化排名

从排名稳定性上分析，云南省流通发展国际化指数 2004～2012 年间的平均排名是第 17.33 位，排名的标准差为 3.20，排名的变异系数则为 0.18，两数值都小于总指数的相应数值，所以发展国际化排名的稳定性要比发展总指数排名的稳定性强。

从对流通发展总指数增长率的贡献上分析，2012 年两个二级指标外向度指数和开放度指数对总指数的贡献率分别为 - 8.88% 和 16.21%，外向度和开放度分别推动总指数上升了 - 4.57 点和 8.35 点。三级指标人均商品出口额、流通产业实际利用外资占比、外资商业销售额占比和外资住宿餐饮营业额占比在 2012 年对总指数的贡献率分别是 - 8.88%、22.14%、 - 0.62% 和 - 5.33%，他们分别拉动了总指数上升 - 4.57 点、11.4 点、 - 0.32 点和 - 2.74 点。人均商品出口额和外资商业销售额占比均未能达到全国 2005 年水平，所以它们对总指数的贡献率表现为负值。但值得关注的是，虽然外资商业销售的贡献率低于平均水平，实际上这些年外资商业销售的贡献率一直保持着显著的上升趋势，从 2009 年的 -7.89 上升到 2012 年的 -0.62。

（四）流通发展绩效分析

云南省流通发展绩效指数排名在 2004～2012 年间一直在 15 名开外，其中，最高排名是 2009 年的第 16 名，而基本都在倒数位置，详见表 8-4-1。云南省流通发展绩效指数排名曲线在 2004～2012 年间振幅不大，除了 2009 年出现的一次排名的突然上升，其他年份曲线未出现显著的趋势性变动，详见图 8-4-9。

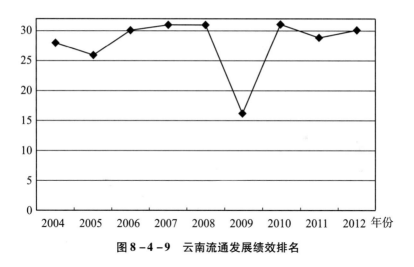

图 8-4-9　云南流通发展绩效排名

从排名稳定性上分析，云南省流通发展绩效指数在 2004～2012 年间的平均排名为第 28.00 名，排名的标准差是 4.80，排名的变异系数是 0.17，两数值都要小于流通发展总指数的相应数值，也就是说，发展绩效的排名较总指数更稳定。流通发展绩效的波动主要源自于 2009 年排名的突然提升，通过进一步分析，发现这一突变是因为拉动力在 2009 年突然大幅增长引起的。

从对流通发展总指数增长率的贡献上分析，二级指标效率指数和社会经济绩效指数在 2010 年对总指数的贡献率分别为 -11.69% 和 -17.22%，效率指数和社会经济绩效指数分别拉动总指数上升了 -4.42 点和 -6.51 点。

三、相对优势与相对弱势要素分析

为了分析云南省自身的 4 大要素发展情况，我们将云南省的 4 大要素按照平均排名进行排序，并将处于第一名的要素称为云南省流通发展力的相对优势要素，将排在最后一名的要素称为云南省流通发展力的相对弱势要素。

根据上述规则，云南省流通发展力的相对优势要素是流通发展国际化，而相对弱势要素则为流通发展绩效。进一步分析这些指标的变异系数我们可以发现，相对弱势要素的排名要与相对优势要素的排名稳定相当。详见表 8 - 4 - 3。

表 8 - 4 - 3　云南流通发展力 4 大要素的平均排名和变异系数

指标	支撑力	现代化	国际化	绩效
平均排名	27.56	20.78	17.33	28.00
变异系数	0.04	0.22	0.18	0.17

第九章 西北地区流通发展分析

西北地区位处边陲，南依青藏高原，北傍蒙古高原，大体位于大兴安岭以西，昆仑山—阿尔金山、祁连山以北。大致包括陕西、甘肃、新疆、青海、宁夏等省。西北地区拥有广袤的土地资源，国土面积大429.6万平方千米，占到全国土地总面积的44.8%，在七大经济区中居于第一位，遥遥领先于其他地区。西北处于欧亚经济带的核心区域，是未来欧亚经济区的黄金地段。西北地区的光热资源、风能资源和矿产资源都十分丰富，该地区是有、天然气、煤、太阳能、风力等资源丰富，是我国能源的富集区。但是，西北地区也存在诸多问题，例如人口素质低、人才流失严重和经济结构不合理等。因此，虽然西北地区幅员辽阔，资源禀赋总体较好，但经济总体上较之其他经济区比较落后。

从图9-1可以看出，西北地区各省份流通发展总指数差距较大，青海省流通发展总指数在2004~2012年均领先于其他省份，通过进一步观察西北地区的数据发现，青海的领先地位主要是因为其支撑力指数均远大于其他四省。此外，从图9-1中不难看出这五个省份的流通发展指数呈现出逐年上升趋势，尤其是陕西省近年来上升的速度特别快，未来有超越多年来一直领先的青海省，通过下面四个指数的构成情况来看，国际化水平的提升是陕西省流通指数得以快速上升的最主要因素。

西北地区4个要素的平均水平发展态势有些差异，支撑力指数的平均水平在2004~2012年间发展比较有规律，呈现稳步上升的态势，支撑力指数是流通产业发展的基础，支撑力的高水平有利于西北地区流通产业更有效率的发展，由此可见西北地区的流通产业未来发展应该是乐观的。国际化指数和发展绩效指数的都存在不小的波动，这主要是由西北地区的经济情况和地理位置导致的，西北地区经济水平落后而且地处内陆，这使得它的外向度和开放度都受到自然灾害和当年天气状况的影响。但是，可喜的是这两项指标在2010年以后平均水平总体上呈上涨趋势。这4个指标中发展最为迅速的可以说是现代化指标了，2004年的平均水平62.43，为4个指标中最低；然而，从2004~2012年这九年中，西北地区的现代化指标一路稳步、快速上升，2012年平均水平286.83，处在4个指标中遥遥领先地位。详见图9-2。

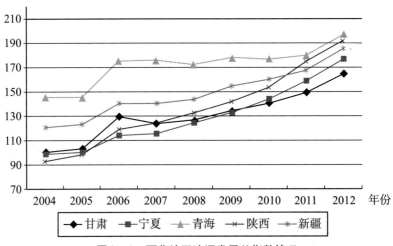

图9-1　西北地区流通发展总指数情况

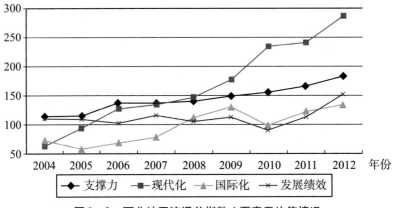

图9-2　西北地区流通总指数4要素平均值情况

第一节　陕西省

　　陕西，为中国西北一省级行政单位，省会古都西安，位于中国内陆的腹地，属于黄河中游和长江上游。陕西省面积约 21 万平方千米，2013 年底人口 3 764 万人次，GDP 为 16 045.21 亿元。东邻山西、河南，西连宁夏、甘肃，南抵四川、重庆、湖北，北接内蒙古。陕西是连接东、中部地区和西北、西南的交通枢纽，具有承东启西、连接南北的区位之便，西安火车站及其编组站构成西北最大的铁路交通枢纽，西安航空港是西北最大的空中交通枢纽，为全国第四大航空港。

一、流通发展总指数排名分析

陕西省流通发展总指数排名在整个研究期间基本在 10 名之外，近年来较高排名是 2004 年的第 10 名和 2009 年的第 11 名，最低排名则是 2010 年的第 19 名，详见表 9 - 1 - 1。陕西流通发展总指数排名曲线在 2004 ~ 2012 年间振幅偏大，在最近几年趋于平缓，详见图 9 - 1 - 1。

表 9 - 1 - 1　　　　陕西省流通发展总指数及 4 要素发展力排名

年份＼指标	总指数	支撑力	现代化	国际化	绩效
2004	10	24	29	9	11
2005	14	21	26	10	17
2006	17	22	25	10	20
2007	14	24	26	10	9
2008	16	24	25	10	16
2009	11	25	23	9	4
2010	19	25	25	12	24
2011	17	25	23	11	15
2012	17	25	28	13	5

从排名稳定性上分析，陕西省流通发展总指数在 2004 ~ 2012 年间的平均排名为第 15 名，排名的标准差为 3.00，排名的变异系数为 0.20。总指数主要的波动来源于 2009 年，通过对陕西省的数据进一步观察发现，这是由于发展绩效和发展国际化指数在 2009 年的突发变化导致的。

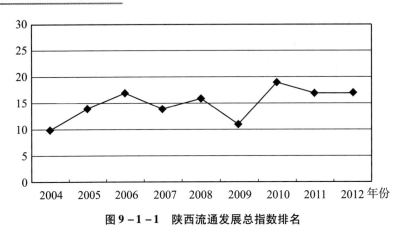

图 9 - 1 - 1　陕西流通发展总指数排名

从对总指标的贡献率上分析，2012 年陕西发展支撑力指数、发展现代化指数、发展国际化指数和发展绩效指数对流通发展指数增长的贡献率分别为 23. 35%、35. 32%、27. 67% 和 13. 65%。支撑力、现代化、国际化和绩效指数分别拉动总指数上升了 24. 63 点、37. 25 点、29. 18 点和 14. 40 点。陕西省 2012 年的总指数为 203. 68，未能达到全国 2005 年的总指数 309. 11 的水平，详见表 9 - 1 - 2。

表 9 - 1 - 2　　　　　陕西流通发展总指数及 4 要素发展力分值

年份 ＼ 指标	总指数	支撑力	现代化	国际化	绩效
2004	107. 70	85. 75	43. 64	180. 84	120. 58
2005	103. 16	97. 45	80. 92	148. 63	85. 63
2006	108. 39	99. 89	111. 47	144. 06	78. 16
2007	125. 28	109. 35	108. 74	166. 63	116. 39
2008	141. 43	123. 82	127. 44	205. 47	109. 00
2009	177. 95	133. 42	176. 88	253. 00	148. 51
2010	152. 28	151. 28	201. 77	174. 57	81. 52
2011	189. 25	178. 26	233. 29	235. 93	109. 54
2012	205. 47	198. 50	249. 02	216. 75	157. 60

通过陕西省流通发展力 4 要素的雷达图，可以看出陕西省流通发展力
2004～2012 年间呈现如下变化特征：各个年份各要素之间的发展并不均
衡，其中，流通发展现代化和发展国际化指数一直都是明显的优势要素，
他们具体结构占比基本上都大于其他要素。而发展绩效指数一直都是明显
的弱势要素，是流通发展力的短板。除了 2009 年之外，其他年份的雷达
图形状较为相似，各要素得分的相对位置没有太大变化，4 要素的得分详
见图 9 - 1 - 2 至图 9 - 1 - 5。

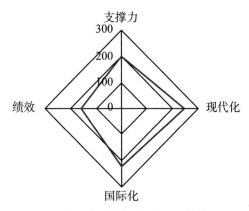

图 9 - 1 - 2　陕西流通发展力 4 要素雷达图（2012）

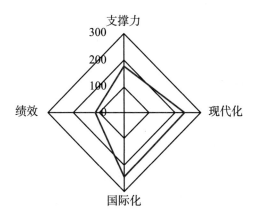

图 9 - 1 - 3　陕西流通发展力 4 要素雷达图（2011）

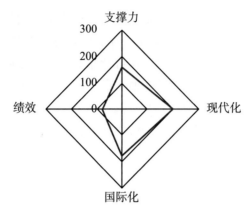

图9-1-4　陕西流通发展力4要素雷达图（2010）

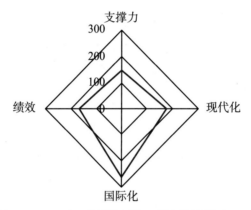

图9-1-5　陕西流通发展力4要素雷达图（2009）

二、流通发展要素分析

（一）流通发展支撑力分析

陕西省流通发展支撑力在整个研究期间均未能进入到前20名，其中，最高排名是2005年的第21名，最低排名则是2009年以后的第25名，详见表9-1-1。陕西省流通发展支撑力排名在2004～2012年间发展平稳，但排名较低，最近三年排名一直保持在25名，详见图9-1-6。

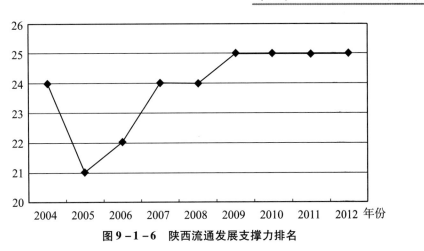

图 9 - 1 - 6　陕西流通发展支撑力排名

从排名稳定性上分析，陕西省 2004～2012 年间的发展支撑力排名平均为第 23.89 位，排名的标准差是 1.45，排名的变异系数为 0.06，两者的值远小于流通发展总指数的相应值，所以流通发展支撑力的排名稳定。

从对流通发展总指数增长率的贡献上分析，2012 年两个二级指标基础指数和潜力指数对流通发展总指数的贡献率分别为 7.68% 和 15.67%，基础指数和潜力指数分别拉动总指数上升了 8.10 点和 16.53 点。在 2012 年，陕西省人均社会消费品零售总额、流通产业固定资产投资额占比、流通里程强度、城镇居民家庭人均可支配收入和农村居民人均纯收入对流通发展总指数的贡献率分别是 7.40%、- 0.65%、0.92%、8.58% 和 5.11%，它们分别拉动总指数上升了 7.80 点、- 0.68 点、0.97 点、9.05 点和 7.48 点。其中只有人均社会消费品零售总额、流通里程强度、城镇居民家庭人均可支配收入和农村居民人均纯收入的贡献值为正，陕西省 2012 年流通产业固定资产投资额占比和流通里程强度尚未能达到全国 2005 年水平。

（二）流通发展现代化分析

陕西省流通发展现代化在 2004～2012 年间都未能排在 20 名之前，排名总体靠后且相对稳定，详见表 9 - 1 - 1。陕西省流通发展现代化指数在 2004～2012 年间发展平稳，排名曲线振幅不大，曲线总体趋势不明显，排名总体靠后，详见图 9 - 1 - 7。

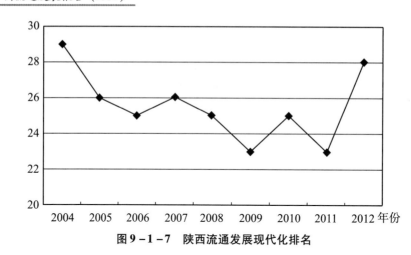

图9-1-7 陕西流通发展现代化排名

从排名稳定性上分析，陕西省流通发展现代化指数在2004～2012年中的平均排名为第25.56名，排名的标准差为2.01，排名的变异系数为0.08，发展现代化的标准差与变异系数均要小于总指数的相应值，所以其排名稳定性相对较大。

从对流通发展总指数增长率的贡献上分析，2012年二级指标技术现代化和业态现代化指数对流通发展总指数的贡献率分别为36.21%和-0.88%，技术现代化和业态现代化分别推动总指数上升了38.19点和-0.93点。2012年三级指标人均流通资本、物流配送化程度和人均连锁经营规模对总指数的贡献率分别是41.47%、-3.17%和-2.69%，三者分别推动总值数上升了43.74点、-3.33点和-2.84点。陕西省2012年的总指数未能达到全国2005年的水平，技术现代化指数对总指数的贡献率表现为正值，是因为物流配送化程度和人均连锁经营规模均未能达到全国2005年水平，但是两指标贡献率在近三年来呈现增长的趋势。

（三）流通发展国际化分析

陕西省流通发展国际化指数排名在2004～2012年间，2009年之前基本维持在10名之前，在2009年之后排名开始波动，总趋势是下降的，详见表9-1-1。陕西省流通发展国际化指数分为两个阶段，在2004～2009年排名曲线振幅不大，曲线没有表现出显著的趋势性变化；但2009年以后曲线上升趋势明显，表明排名正逐渐下降，详见图9-1-8。

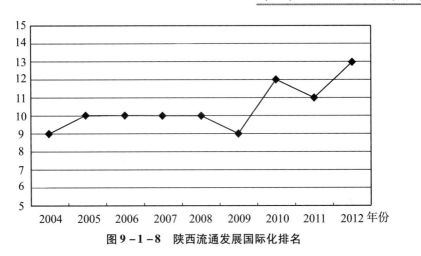

图 9 - 1 - 8　陕西流通发展国际化排名

从排名稳定性上分析，陕西省流通发展国际化指数 2004～2012 年间的平均排名是第 10.44 名，排名的标准差是 1.33，排名的变异系数则为 0.13，两数值都小于总指数的相应数值，所以发展国际化排名的波动性要比发展总指数排名的稳定性好。排名的波动主要源于 2009 年之后，该年排名突然向前大幅下降，向前追溯发现是因为外资商业销售额占比在 2009 年的异常变化引起的波动。另外，这一异常变动也是总指数在 2009 年之后大幅变动的原因之一。

从对流通发展总指数增长率的贡献上分析，2012 年两个二级指标外向度指数和开放度指数对总指数的贡献率分别为 - 3.79% 和 31.47%，外向度和开放度分别推动总指数上升了 - 4.00 点和 33.19 点。三级指标人均商品出口额、流通产业实际利用外资占比、外资商业销售额占比和外资住宿餐饮营业额占比在 2012 年对总指数的贡献率分别是 - 3.79%、4.28%、5.17% 和 22.05%，它们分别推动总指数上升了 - 4.00 点、4.52 点、5.46 点和 23.25 点。二级指标外向度指数对总指数的贡献率为负值，是因为总指数在 2012 年的值小于全国 2005 年的值，三级指标中人均商品出口额未能达到全国 2005 年的相应水平。

（四）流通发展绩效分析

陕西省流通发展绩效指数排名在 2004～2012 年间有两年排在 10 名之前，其中，最高排名是 2009 年的第 4 名，最低排名则为 2010 年的第 24 名，详见表 9 - 1 - 1。陕西省流通发展绩效指数排名曲线 2004～2012 年

间的振幅偏大，曲线表现出最近三年排名出现一定的上升趋势，详见图
9－1－9。

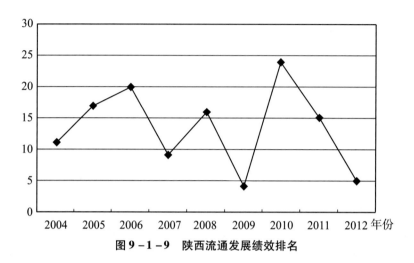

图9－1－9　陕西流通发展绩效排名

从排名稳定性上分析，陕西省流通发展绩效指数在 2004～2012 年间
的平均排名为第 13.44 名，排名的标准差是 6.73，排名的变异系数是
0.50，绩效指数的标准差与变异系数均较之总指数明显大很多，说明其稳
定性不如总指数。

从对流通发展总指数增长率的贡献上分析，二级指标效率指数和社会
经济绩效指数在 2012 年对总指数的贡献率分别为 17.16% 和 －3.51%，
效率指数和社会经济绩效指数分别拉动总指数上升了 18.10 点和 －3.73
点。从三级指标上分析，流通产业增加值占 GDP 比重和拉动力指数未能
达到全国 2005 年水平，但是其在近三年内总体上呈增长趋势。

三、相对优势与相对弱势要素分析

为了分析陕西省自身的 4 大要素发展情况，我们将陕西省的 4 大要素
按照平均排名进行排序，并将处于第一名的要素称为陕西省流通发展力的
相对优势要素，将排在最后一名的要素称为陕西省流通发展力的相对弱势
要素。

表 9 - 1 - 3　　　　陕西流通发展力 4 大要素的平均排名和变异系数

指标	支撑力	现代化	国际化	绩效
平均排名	23.89	25.56	10.44	13.44
变异系数	0.06	0.08	0.13	0.50

根据上述规则，陕西省流通发展力的相对优势要素是流通发展国际化，而相对弱势要素则是流通发展支撑力。进一步分析这些指标的变异系数我们可以发现，相对优势要素比相对弱势要素的排名稳定性要差。详见表 9 - 1 - 3。

第二节　甘肃省

甘肃省位于祖国西部地区，地处黄河中上游，地域辽阔。东接陕西，南控巴蜀、青海，西倚新疆，北扼内蒙古、宁夏。东西蜿蜒 1 600 多千米，纵横 45.37 万平方千米，占全国总面积的 4.72%。据国家统计年鉴显示，2012 年底全省常住人口为 2 582 万人。2013 年甘肃省实现生产总值 6 268.01 亿元，比上年增长 10.93%。

一、流通发展总指数分析

甘肃省展总指标的绝对量在这九年间的发展态势大致可以分成两个阶段，第一个阶段是 2009 年以前流通产业发展缓慢，基本是波浪式前进；到了 2010 年以后迎来了增长高峰，持续几年稳定的增长，从 2010 年的 111.02 达到了 2012 年的 151.97。但从全国的相对排名来看不容乐观，从折线图上来看，总指数排名表现持续垫底，甘肃省在流通发展方面不应沉静在自身绝对量的提高，更要着眼于大环境背景下，提高自己排名，从而更大力度提高本省的流通发展力水平。

甘肃省在 2004～2012 年这九年间的流通发展总指数排名基本在最后几名的行列，而且一直很稳定，最高排名是 2004 年的第 18 名，近年来一直排名全国的末尾，详见表 9 - 2 - 1 和表 9 - 2 - 2。

表9－2－1　　甘肃省流通发展总指数及4要素发展力排名表

年份＼指标	总指数	支撑力	现代化	国际化	绩效
2004	18	26	23	12	15
2005	25	27	21	31	10
2006	25	30	24	22	17
2007	31	31	25	31	19
2008	31	31	27	30	25
2009	31	31	27	30	31
2010	30	31	24	25	29
2011	30	31	28	23	24
2012	29	31	27	31	2

表9－2－2　　甘肃省流通发展总指数及4要素发展力分值表

年份＼指标	总指数	支撑力	现代化	国际化	绩效
2004	83.73	80.72	59.89	91.05	103.26
2005	77.41	87.07	100.12	11.76	110.69
2006	83.96	84.61	122.50	41.30	87.44
2007	75.94	85.27	111.16	10.39	96.95
2008	78.55	93.67	104.66	26.93	88.92
2009	76.03	100.69	154.36	27.62	21.47
2010	111.02	113.95	204.39	64.05	61.71
2011	117.85	129.36	174.30	76.66	91.09
2012	151.97	146.48	249.89	33.88	177.64

　　从时间上分析，甘肃省流通发展指数在2004～2012年间排名持续走低，但是在2007排名降到了最低点之后一直稳定在此。但该省流通发展力指数在接下来几年丝毫没有触底反弹的迹象，详见图9－2－1。甘肃省流通发展总指数九年间的平均排名为27.78，排名的标准差为4.38，排名的变异系数为0.16。

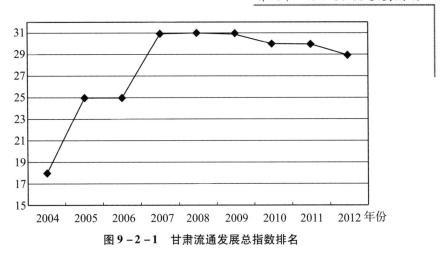

图9－2－1　甘肃流通发展总指数排名

2004～2012年间，影响甘肃省流通发展总体情况的四个一级指标，即流通发展支撑力、流通发展现代化、流通发展国际化和流通发展绩效的指数平均值分别为102.42、142.36、42.63和96.36。四要素各年对总指数的贡献程度对比详情，见图9－2－2至图9－2－5。

在2004～2012年间，甘肃省流通发展现代化指数在流通总指数中所占份额的平均值最大，其次是流通发展支撑力指数，而流通发展国际化化指数所占份额最小。这表明，这一期间，甘肃省的流通产业发展主要表现在流通产业的发展现代化和发展支撑力两个方面，发展国际化方面较为薄

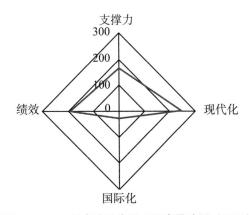

图9－2－2　甘肃流通发展4要素雷达图（2012）

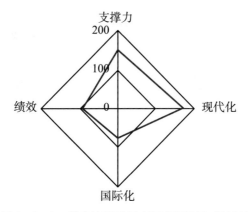

图9-2-3 甘肃流通发展4要素雷达图（2011）

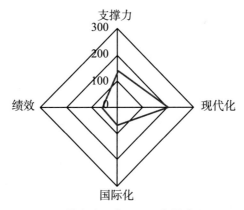

图9-2-4 甘肃流通发展4要素雷达图（2010）

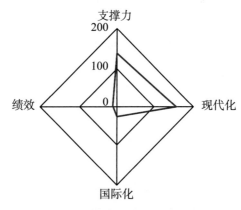

图9-2-5 甘肃流通发展4要素雷达图（2009）

弱。2012年发展支撑力指数、发展现代化指数、发展国际化指数和发展绩效指数对流通发展指数增长的贡献率分别为28.02%、65.04%、−28.68%和35.63%，由此可见发展现代化指数在2012年对流通总指数的拉动作用贡献最大，而发展绩效指数拉动作用是负值。4要素的分值见表9-2-2。

二、流通发展要素分析

（一）流通发展支撑力分析

甘肃流通发展支撑力在2004～2012年五年间的排名出2006年以外均没有进入过前15位，其中，最高排名为2006年的第19名，而最低排名则为2008年之后，一直处在全国倒数位置，详见表9-2-1。

从时间上分析，甘肃省2004～2012年发展支撑力排名，在2007年前处在全国中下水平，2008年之后表现的"相当稳定"，毫无见地反弹的趋势，在图像上就是折线图表现出明显的水平线，详见图9-2-6。

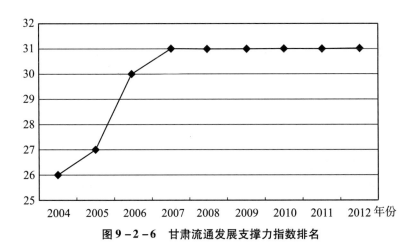

图9-2-6　甘肃流通发展支撑力指数排名

从排名稳定性上分析，甘肃省5年间发展支撑力的平均排名为第29.89名，排名的标准差为1.96，排名的变异系数为0.07。

甘肃省流通发展支撑力的构成中，三级指标中流通产业固定资产投资额占比指标的贡献率几年来一直是负值，这很大程度上拉低了甘肃省流通发展支撑力指数。

（二）流通发展现代化分析

甘肃省流通发展现代化指数在2004~2012年间基本都处于第20名开外。其中，最高排名为2005年的第21名，详见表9-2-1。

从时间上分析，甘肃省流通现代化排名一直以来并没有出现大幅度的波动。从最近几年排名的趋势性上来看，现代化指数的排名总体表现出了一定的波动，但波动并没有显示出未来有一定程度的上升趋势，详见图9-2-7。

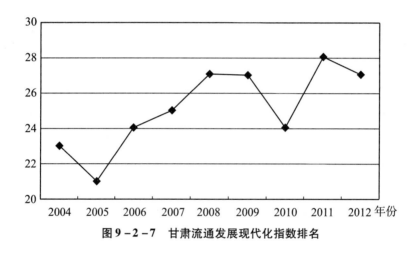

图9-2-7　甘肃流通发展现代化指数排名

从排名稳定性上分析，甘肃省流通现代化指数在九年间的平均排名是第25.11名，排名的标准差是2.32，排名的变异系数为0.09。

甘肃省流通发展现代化的相对优势在于技术现代化程度，在2012年，此二级指标对总指标贡献率高达60.53%，由于电子商务成交额占比这一指标值的缺失，再加上其下的三级指标批发、零售、餐饮、住宿业资产总额指标对总指数贡献为负值，则技术现代化指数的贡献可以说全部来自于人均流通资本。甘肃省流通发展现代化的相对弱势是业态现代化，此二级指标下的物流配送化程度和人均连锁经营规模各三级指标表现都差强人意，2012年最终导致业态现代化对总指数的贡献率仅为4.5%，这极大地降低了甘肃省流通发展现代化水平。总的来说，甘肃省在流通发展现代化方面表现得还算可以，但是还需要在弱势指标上多多加强。

（三）流通发展国际化分析

甘肃省流通发展国际化在九年间的排名只有刚开始的 2004 年进入前 20 名，其余各年都在 20 名以外。期间最低排名出现在 2007 ~ 2009 年，处于全国末尾。近五年来最好排名为 2011 年的第 24 名。详见表 9 - 2 - 1。

从时间上分析，甘肃省流通发展国际化的排名在九年间表现出了较大幅度的变化。折线图在最近五年内呈现出先降后升的态势，发展国际化不容乐观。详见图 9 - 2 - 8。

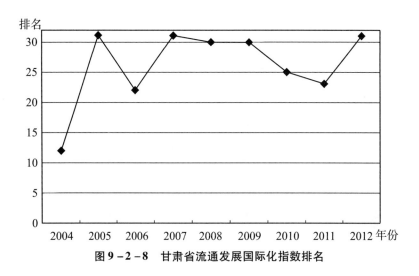

图 9 - 2 - 8　甘肃省流通发展国际化指数排名

从排名稳定性上分析，甘肃省流通发展国际化 2004 ~ 2012 年间平均排在第 26.11 位，排名的标准差是 6.41，排名的变异系数则为 0.25。

甘肃省流通发展国际化的弱势在于外向度和开放度的全线萎靡，这两个指标在此期间的贡献率均值分别为 - 12.83% 和 - 15.86%。根源在于其下三级指标的表现普遍差强人意，人均商品出口额、流通产业实际利用外资占比、外资销售额占比、外资住宿餐饮营业额占比全线溃败，全都是负贡献率，甘肃省在流通发展国际化方面需要大力加强。

（四）流通发展绩效分析

甘肃省流通发展绩效在 2004 ~ 2012 年期间排名几乎未曾进入过前 10 名，最高排名为 2005 年的第 10 名，最低排名则为 2009 年的第 30 名，几乎为所有省份中的最后一名，详见表9-2-1。

从时间上看分析，甘肃省流通发展绩效九年间的排名在第11名和第30名之间大幅度的变动，其中2006年和2007年分别达到较高的第18、19位，然而在此之后一路跌至全国倒数。然而2009年以来，图像表现出一定的下降趋势，即流通发展绩效的排名表现出一定的上升迹象，详见图9-2-9。

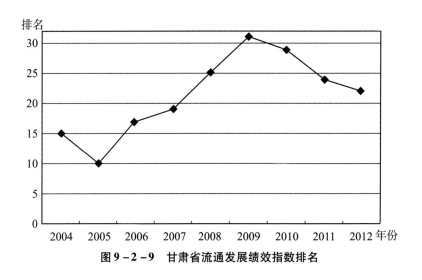

图9-2-9　甘肃省流通发展绩效指数排名

从排名稳定性上分析，甘肃省流通发展绩效2004~2012年间平均排在第21.33位，排名的标准差为6.76，排名的变异系数为0.32。

甘肃省流通发展绩效的相对优势在于其效率指数的发展，它对于总指数的贡献度均值在2012年达到了历史峰值42.68%。纵观各三级指标，表现较为抢眼的是库存周转率，贡献了半壁江山。然而社会经济绩效指标却是负值，它对于总指数的贡献率仅为-7.05%。虽然甘肃省流通发展绩效指数对于该省总指数起到了较大的促进作用，但是相对于其他表现较好的各省市来说，还存在着较大的差距。甘肃省的流通发展绩效指数还有很大提升空间，尤其是在社会经济贡献上需要大力加强。

三、相对优势与相对弱势要素分析

为了分析甘肃省自身的4大要素发展情况，我们将甘肃省的4大要素按照平均排名进行排序，并将处于第一名的要素称为甘肃省流通发展力的相对优势要素，将排在最后一名的要素称为甘肃省流通发展力的相对弱势要素。表9－2－3为甘肃流通发展力4大要素的平均排名和变异系数。

表9－2－3　　甘肃省流通发展力4大要素的平均排名和变异系数

指标	支撑力	现代化	国际化	绩效
平均排名	29.89	25.11	26.11	21.33
变异系数	0.07	0.09	0.25	0.32

根据这一原则，甘肃省流通发展力的相对优势要素是流通发展绩效，但不明显；而相对弱势要素是通发展支撑力要素。进一步分析这些要素排名的变异系数可以发现，相对弱势要素国际化的排名比相对优势要素绩效的排名稳定性要好一些。

第三节　新疆维吾尔自治区

新疆维吾尔自治区，简称"新"，位于亚欧大陆中部，地处中国西北边陲，总面积166.49万平方千米，占中国陆地总面积的六分之一，周边与俄罗斯、哈萨克斯坦、吉尔吉斯斯坦、塔吉克斯坦、巴基斯坦、蒙古、印度、阿富汗等8个国家接壤；陆地边境线长达5 600多千米，占中国陆地边境线的1/4，是中国面积最大、陆地边境线最长、毗邻国家最多的省区；新疆沙漠广布，石油、天然气丰富，是西气东输的起点、我国西部大开发的主要阵地。根据最新的新疆维吾尔自治区统计局公布的统计数据显示，2013年底新疆全区常住人口将近2 264万人，GDP总值达到了8 360.24亿元。

一、流通发展总指数分析

新疆流通发展总指标的相对量在2004～2012年这九年间的流通发展

总指数经历了起伏，大体上表现为2008年以前流通发展总指数排名呈上升趋势，2008年金融危机之后流通发展受到一定的影响，其排名迅速滑落，但在之后几年中仍表现出上升趋势。值得注意的是新疆的支撑力指标排名自从2004年以来，几乎在持续的下降。在2012年一度降到全国倒数。然而可喜的是，虽然国际化和发展绩效在此期间出现一定的波动，其发展态势仍然较好，排名逐渐提高。详见表9－3－1。

表9－3－1　　　　新疆流通发展总指数及4要素发展力排名表

年份 \ 指标	总指数	支撑力	现代化	国际化	绩效
2004	22	28	24	20	13
2005	21	26	24	15	16
2006	18	28	21	12	13
2007	11	29	15	11	15
2008	11	28	17	9	18
2009	17	28	17	14	23
2010	15	28	19	11	21
2011	15	28	21	12	14
2012	12	28	15	11	14

从以下的新疆流通发展总指数排名的时序图，可以更加清楚直观地看出2004～2012年间新疆流通产业总指数在全国的发展情况。总体来说，排名有起有伏，但近三年排名逐渐靠前。详见图9－3－1。

新疆流通发展总指标的绝对量在这九年间虽然表现出较小的波动，但该市的流通发展指数在近几年呈现出一种上升的趋势，由2004年的72.61上升至2008年的168.88，然而在接下来的2009年迅速回落到150.79。在最近三年新疆流通总指数绝对量开始有上升的趋势，从2010年的168.46，到2011年的197.46，再到2012年的229.58，明显感觉到有稳步提升的发展态势。详见表9－3－2。

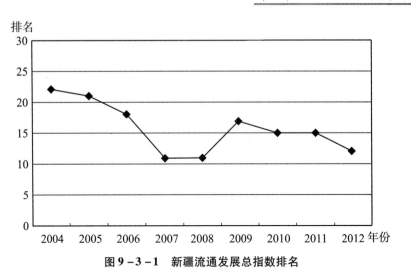

图9-3-1　新疆流通发展总指数排名

表9-3-2　　　　新疆流通发展总指数4要素发展力分值表

年份＼指标	总指数	支撑力	现代化	国际化	绩效
2004	72.61	106.53	45.77	58.98	79.15
2005	85.37	96.62	73.95	82.69	88.24
2006	107.73	101.17	102.70	138.68	88.37
2007	133.31	99.87	161.91	175.39	96.08
2008	168.88	101.73	267.06	198.70	108.04
2009	150.79	93.30	147.83	243.57	118.44
2010	168.46	95.69	175.04	269.10	134.02
2011	197.46	111.40	224.65	304.83	148.97
2012	229.58	126.99	255.49	366.76	169.07

　　从排名的平稳性上分析，新疆流通发展总指数九年间的平均排名为15.78，排名的标准差为4.09，排名的变异系数为0.26。

　　此外在2004~2012年间，影响新疆流通发展总体情况的四个一级指标，即流通发展支撑力、流通发展现代化、流通发展国际化和流通发展绩效的指数平均值分别为114.49、204.30、161.60和103.70。四要素各年对总指数的贡献程度对比详情，见雷达图9-3-2至图9-3-5。

　　在2004～2012年间，新疆流通发展现代化指数在流通总指数中所占份额的平均值最大，其次是支撑力指数和国际化指数，而流通发展绩效指数所占份额最小。这表明，这一期间，新疆的流通产业发展主要表现在流通产业的发展现代化和发展国际化两个方面，发展绩效方面较为薄弱。以2012年为例，流通发展总指数为229.58，发展支撑力指数、发展现代化指数、发展国际化指数和发展绩效指数对流通发展总指数构成的贡献分别为13.32%、51.47%、30.00%和5.2%，表明2012年，发展现代化指数和发展国际化指数对新疆流通总指数构成的拉动作用贡献较大。从以下近四年的雷达图大致可以看出，这一构成情况基本保持不变。

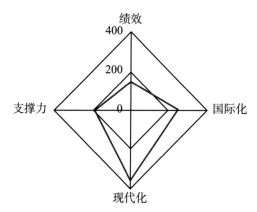

图9－3－2　新疆流通发展4要素雷达图（2012）

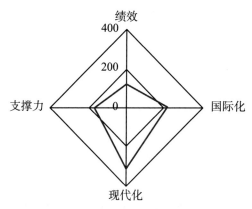

图9－3－3　新疆流通发展4要素雷达图（2011）

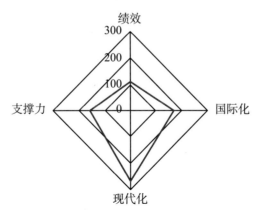

图 9 - 3 - 4　新疆流通发展 4 要素雷达图（2010）

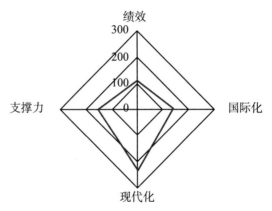

图 9 - 3 - 5　新疆流通发展 4 要素雷达图（2009）

二、流通发展要素分析

（一）流通发展支撑力分析

新疆流通发展支撑力在 2004～2012 年九年间的排名都在前 10 名以外，自 2004 年以来新疆流通发展支撑力指标在全国的排名持续下降，近两年来发展支撑力都维持在 27 名左右，支撑力指标的历史最好排名仍为2004 年的第 10 名。在图像中的直观表现就是其折线呈现逐年上升的趋势，即在全国支撑力指标的排名中持续下降，详见图 9 - 3 - 6。

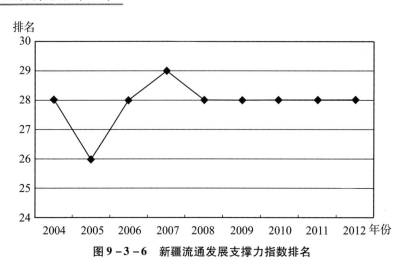

图9-3-6　新疆流通发展支撑力指数排名

从排名稳定性上分析，新疆九年间发展支撑力的平均排名为27.89，排名的标准差为0.78，排名的变异系数也为0.03。

新疆流通发展支撑力的下降主要来自于基础指数，其在从2006年以来流通里程强度逐年下降，其次流通产业固定资产投资额占比也于2009年以来持续下降，近年来这两项基础指数贡献的持续下降是导致新疆流通发展支撑力在全国排名中逐步下降的主要原因。购买力指数表现平平，但是从近五年间的基础数据可以看到，无论是农村还是城镇，居民家庭人均纯收入都处于逐年上升的态势，这对于新疆未来流通发展力的提升是个良好的态势。

(二) 流通发展现代化分析

新疆流通发展现代化指数在2004～2012年间的现代化水平一直以来都不是很高，最好成绩是2007年的全国17名，在2007～2011年期间其现代化发展逐年落后。可见新疆在流通发展现代化方面做得并不够。直到最近2012年，出现了复苏现象，发展现代化指数排名从全国的21名直接上升到15名，详见图9-3-7。

从排名稳定性上分析，新疆流通现代化指数在九年间的平均排名是第19.22名，排名的标准差是3.49，排名的变异系数为0.18。

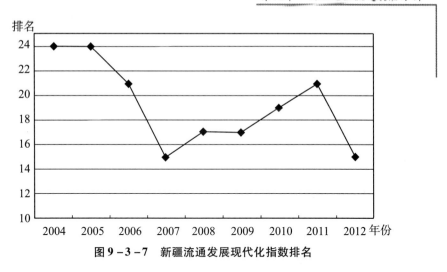

图 9 - 3 - 7　新疆流通发展现代化指数排名

　　新疆流通发展现代化在全国的相对排名不高的原因，很大一部分是在三级指标的人均流通资本（即每人拥有流通资本规模）相比其他省份不高，再加上电子商务成交额占比这一指标值的缺失，使得技术现代化指数的总体贡献不高。当然，其业态现代化程度的表现是比较优秀的，而且此指数一直以来都呈现出逐年上升的态势，到 2012 年时，新疆的业态现代化水平已经超过了全国的 1/3 之多。技术现代化和业态现代化的两方均衡，是导致新疆流通发展现代化水平位于全国中间水平的原因所在。

　　（三）流通发展国际化分析

　　新疆流通发展国际化在九年间的排名在 2008 年达到了历史最好成绩第 9 名，其余年份基本在 10 ~ 15 名之间波动，最近一次的低排名是 2009 年的第 14 名，近三年基本维持在 11 名左右，详见表 9 - 3 - 1。

　　从时间上分析，新疆流通发展国际化的排名在此年间并未出现较大幅度的波动，自 2004 年到 2008 年排名逐年走高，发展国际化指数蒸蒸日上，可能受到金融危机的影响，随后的 2009 年出现了一次很大的跳跃，从折线图中曲线的走势就可以清晰地看见排名波动起伏的状态，折线在最近三年呈现平稳的态势，详见图 9 - 3 - 8。

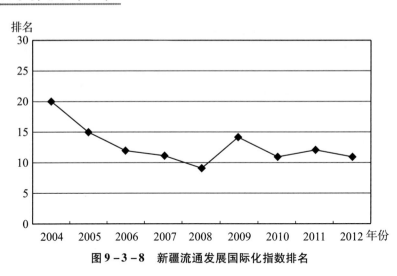

图9-3-8　新疆流通发展国际化指数排名

从排名稳定性上分析，新疆流通发展国际化九年间平均排在第12.78名，排名的标准差是3.23，排名的变异系数则为0.25。

新疆流通发展国际化的优势在于外向度，在2006～2012年此二级指标对总指数的平均贡献率达到了13.33%，且外向度指数在此期间呈现出一种上升的趋势，到2012年的贡献率达到15.00%。新疆开放度指数表现不尽如人意，九年间此二级指标对总指数的贡献率均值为负，其值为-9.65%。究其原因，是因为新疆地处大陆内部，缺少得天独厚的交通，以及其他能够吸引外资投资的因素。因此，流通产业实际利用外资占比、外资商业销售额占比、外资住宿餐饮营业额占比等三级指标对总指数的贡献率都为负值。即便如此，新疆凭借较强的外向度，还是将国际化水平提升到了全国中等水平的位置。

（四）流通发展绩效分析

新疆流通发展绩效在2004～2012年期间排名波动幅度较大，最好排名为2006年的第13名，最低排名出现在2009年度，仅仅排在二三名。从趋势图来看，排名在逐年上升，详见图9-3-9。

从排名稳定性上分析，新疆流通发展绩效九年间平均排在第16.33位，排名的标准差为3.61，排名的变异系数为0.22。

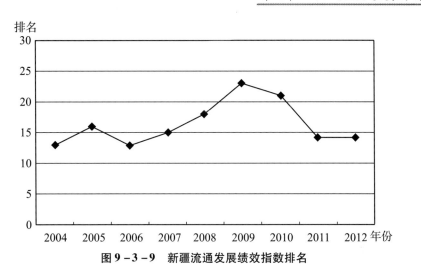

图9－3－9 新疆流通发展绩效指数排名

新疆流通发展绩效的各个子指标之间的差异虽然比较大，但是却不存在一直保持优势地位的子指标，也不存在长期处于劣势的子指标，各个子指标在一定时间内都有一定程度的波动，所以难以找出优势指标和弱势指标。2006～2012年间对总指数的平均贡献率为7.94%，在四大一级指标中，属于贡献率小的。但从其在全国排名的情况来看，发展绩效指数对于新疆总指数在全国的排名有一定的拉动作用，只是拉动力有限。

三、相对优势与相对弱势要素分析

为了分析新疆自身的4大要素发展情况，我们将新疆的4大要素按照平均排名进行排序，并将处于第一名的要素称为新疆流通发展力的相对优势要素，将排在最后一名的要素称为新疆流通发展力的相对弱势要素。

根据这一原则，新疆流通发展力的相对优势要素是流通发展国际化，而相对弱势要素是流通发展现代化。进一步分析这些要素排名的变异系数可以发现，相对优势要素的稳定性比相对弱势要素的稳定性要差。变动最不稳定的是流通发展国际化要素，其变异系数达到了0.25。流通发展支撑力要素表现最为稳定，变异系数仅仅为0.03，详见表9－3－3。

表9-3-3　　新疆流通发展力4大要素的平均排名和变异系数

指标	支撑力	现代化	国际化	绩效
平均排名	27.89	19.22	12.78	16.33
变异系数	0.03	0.18	0.25	0.22

第四节　青海

青海位于中国西北地区，地处青藏高原东北部，面积72万平方千米，居全国第4位。西北邻接新疆，北和东接甘肃，东南紧靠四川，南和西南毗连西藏。东西长1 200千米，南北宽800公里。长江、黄河之源头在青海，中国最大的内陆高原咸水湖也在青海，因此而得名"青海"。青海地处中国内陆，交通运输发展缓慢，加之地势高峻，河流比降大，流速急，无航运之利。陆运以公路运输占绝对优势。1949年仅有公路472千米，20世纪50年代以来，已初步形成以西宁为中心的公路、铁路、民航等现代交通运输体系，2012年公路里程数达到65 988千米。青海的地势决定了其流通发展情况，下面是具体情况分析。

一、青海省流通发展总体情况

青海省在2003～2012年的流通发展总指数情况如表9-4-1所示。

表9-4-1　　　　青海省流通发展总指数及子指标排名

年份	总指数	支撑力	现代化	国际化	绩效
2004	19	29	19	27	6
2005	27	29	22	28	9
2006	21	28	25	29	8
2007	21	26	23	29	7
2008	25	26	23	30	18
2009	27	28	24	30	8

年份　＼　指数	总指数	支撑力	现代化	国际化	绩效
2010	28	28	27	30	10
2011	28	28	29	30	8
2012	27	28	20	29	11

　　青海省流通发展总指数在全国的平均排名为 24.78 名，2005 年后排名均在 20 名以后，总的来说该指数在 2012 年的排名比 2004 年的排名下降了 8 个名次。先从 2004 年的第 19 名降至第 27 名，再升至 2006 年的第 21 名，后又降至第 28 名，2012 年稍有回升，但相比于 2011 年只提升了一名。青海省流通发展支撑力指数的平均排名为 27.78，该指数排名有比较平稳的趋势，一直处于第 28 名、第 29 名的位置。流通发展现代化指数在全国排名的平均值为 23.56，该指数的排名变化波动相对较大。流通国际化指数在全国的平均排名为 29.11 名，只有微弱的变化，先从 2004 年的第 27 名下降至第 30 名，最后在 2012 年升为第 29 名。流通发展绩效指数在全国排名的平均值为 9.44 名，排名相对靠前，变化幅度比较小，在平均值上下浮动。图 9-4-1 为青海省各指数排名趋势图。

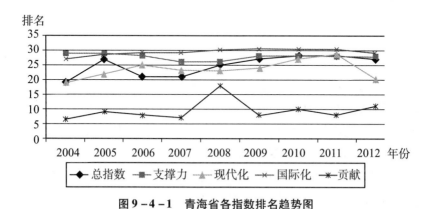

图 9-4-1　青海省各指数排名趋势图

　　下面从 2012 年青海省各二级指标的雷达图来分析其对总指数的贡献（如图 9-4-2 所示）。

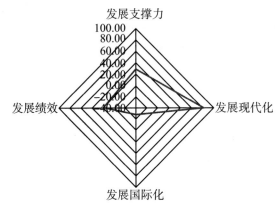

图9-4-2　青海省各二级指标雷达图（2012）

从图9-4-2可以看出，对青海省总指数贡献最大的是发展现代化指数，其次是发展支撑力指数，发展绩效指数排第三名。这说明，青海省的流通产业发展得不错，在发展现代化这一块做得不错，对经济的拉动作用也很明显。而发展国际化指数的贡献为负向，需要进一步提高，这就需要吸引外资，加大在流通领域的外商投资额，加强与国外的交流与合作。

二、影响流通产业发展的各因素分析

（一）流通发展支撑力

流通发展支撑力由人均社会消费品零售总额、流通产业（交通运输、仓储和邮政业，批发和零售业，住宿和餐饮业）固定资产投资额、财富流通里程强度指标来体现。2003～2012年，青海省的社会消费品零售总额从102.70亿元升至476亿元，增长了363.49%。限额以上流通产业的固定资产投资额2012年比2003年增加了249.70亿元，增幅为372.13%。青海省的城镇居民家庭人均可支配收入由2003年的6 745.32元升至2012年的17 566.28元，增加了160.42%，农村居民家庭人均纯收入在十年间增长了3 570.30元，增幅为199.00%。

2012年青海省发展支撑力指数中人均社会消费品零售总额、流通产业固定资产投资额占比对基础支撑力指数的贡献为正，财富流通里程强度对基础支撑力指数的贡献为负。这与青海的交通发展程度不高有关。

（二）流通发展现代化

流通发展现代化分为技术现代化、业态现代化和城乡一体化。技术现代化指标有人均流通资本投资额、电子商务成交额占比以及资产总额占比。人均流通资本从批发和零售业、住宿和餐饮业、交通运输仓储和邮政业、租赁和商务服务业及居民服务和其他服务业全社会固定资产投资来看；电子商务成交额占比从电子商务成交额、批发和零售业销售总额来看；资产总额占比从批发和零售业、餐饮业、住宿业以及全国批发零售餐饮住宿业资产总额来看。业态现代化从物流配送化程度、连锁经营化程度和人均连锁经营规模来看。

从绝对值来看，在2003年至2012年间，青海省的批发和零售业全社会固定资产投资额由32 600万元降至181 000万元，批发零售销售总额由59.6亿元升至1 080.8亿元，连锁零售企业统一配送商品购进额在十年内增加了6.18亿元，这些成绩的取得使得青海省流通产业发展技术现代化和业态现代化两方面在绝对量上有了较大的提高。而连锁门店总数十年间增加了33家，城乡一体化指标并没有太大的提高。

从2012年来看，流通发展现代化指数的构成中，人均流通资本和人均连锁经营规模起着正向的促进作用，批发零售餐饮住宿业资产总额、物流配送化程度、连锁经营化程度对指数起着负向的拉动作用。

其中连锁经营化程度负向拉动力的贡献点为 - 2.38。说明连锁经营销售额占零售业销售总额的比重并不是很大，连锁经营化程度比较低，需要加快发展。

（三）流通发展国际化

流通发展国际化以外向度和开放度衡量。外向度以流通产业对外直接投资净额、流通产业对外直接投资占比、人均商品出口额、商品出口额占比来体现；开放度从流通产业实际利用外资占比、外资商业销售额占比、外资住宿餐饮营业额占比来体现。从绝对量上来看，青海省商品出口额由2003年的27 389万美元增长到2012年的72 876万美元。外商直接投资由2003年的1.92亿美元增长到2012年的2.06亿美元。批发零售业商品销售额由2003年的59.6亿元增至2012年的1 080.8亿元，增长了1 021.2亿元。这些绝对量的增长对发展国际化指数的构成起到了举足轻重的作用。

2006 年、2007 年、2009 年、2010 年开放度指数各三级指标对其的贡献均为负值，对开放度的拉动点数也为负值，这说明在利用外资这方面，青海省是比较弱的，发展程度较低。唯有 2008 年流通产业实际利用外资占比、外资商业销售额占比及外资住宿餐饮营业额占比对开放度指数的贡献率均为正，即对开放度指数有正向的促进作用。

（四）流通发展绩效

流通发展绩效从效率和社会经济贡献来体现，其中效率从流动资产周转率、库存周转率、物流费用来看；社会经济贡献从流通产业增加值占GDP 比重、拉动倾向、促进倾向、就业贡献率、税收贡献来体现。

青海省在 2003～2012 年间的变化如下：2012 年批发零售业流动资产总额达 247.30 亿元，2003 年为 18.10 亿元，2012 年比 2003 年增长了 1 266.30 个百分点，批发和零售业主营业务收入达 1 029.40 亿元，比 2003 年增加了 970.30 亿元。2003～2012 年间，青海省流通产业增加值由 69.13 亿元上升至 202.70 亿元，就业人数增加 1.70 万人。因此，从这些总量上看，青海省流通产业在 2003～2012 这十年间的发展效率及其对社会经济的贡献都有所提高。2012 年构成社会经济贡献指数的各指标在其中所占份额的贡献情况如图 9-4-3 所示。

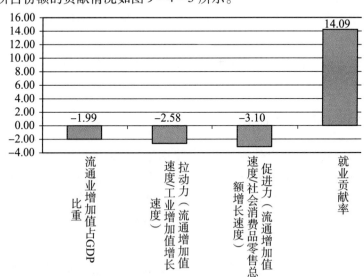

图 9-4-3　青海省 2012 年构成社会经济贡献指数的各指标所占份额情况

由图9-4-3可知，青海省流通产业社会经济贡献指数中就业贡献率指数对社会经济贡献指数的贡献为正，而拉动力、流通产业增加值占GDP比重、促进力指数对社会经济贡献指数的拉动力为负。说明流通产业的总体发展程度不高，流通产业增加值较低，需要政府加大对青海省流通产业发展的支持力度。

三、相对优势及相对劣势分析

为了分析青海自身的四大要素发展状况，我们将青海的四大要素按平均排名排序，并将处于第一名的要素称为青海省流通发展力的相对优势要素，将排名第四名的称为该省的流通发展力的相对弱势要素。

从表9-4-2中可以看出，青海省流通发展力的相对优势要素是流通发展绩效，而相对弱势要素是流通发展国际化。

表9-4-2　　　　　　青海省流通发展力四大要素平均排名

排名 ＼ 指数	支撑力	现代化	国际化	绩效
平均排名	27.78	23.56	29.11	9.44

第五节　宁夏回族自治区

宁夏回族自治区，1958年10月25日成立，位于中国西北地区东部，黄河上游、河套西部。宁夏是中国面积最小的省区之一，面积5.18万平方千米。

一、宁夏回族自治区流通发展总体情况

宁夏回族自治区在2003～2012年间的流通发展总指数情况如表9-5-1所示。

表 9 - 5 - 1 　　　　　宁夏流通发展总指数及子指标排名

年份 \ 指数	总指数	支撑力	现代化	国际化	绩效
2004	26	26	18	28	21
2005	28	28	18	23	27
2006	26	26	14	30	28
2007	25	25	18	28	28
2008	24	25	19	27	26
2009	15	25	25	9	11
2010	20	25	12	26	27
2011	22	25	13	29	27
2012	22	25	22	15	15

宁夏回族自治区流通发展总指数 2004~2012 年九年间在全国的平均排名为第 23.11 名。总指数的排名变化趋势中间年份波动较大，从 2004 年的第 26 名升到 2009 年的第 15 名，后又于 2012 年降至第 22 名。流通发展支撑力指数在全国排名的平均数为第 25.56 名，该指数的变化比较平稳，2007 年开始一直处于第 25 名。流通现代化指数在全国排名的平均值为第 17.67 名，最高排名为 2010 年的第 12 名，最低排名为 2009 年的第 25 名，从 2006 年的第 14 名，排名逐渐变化，在 2012 年的排名是第 22 名。流通国际化指数在全国排名的平均数为 23.89，该指数在 2009 年的排名突然由 2008 年的第 27 名升至第 9 名，变化迅速。流通绩效指数全国排名的均值为 23.33，该指数的排名变化比较大，最高排名与最低排名相差 17 名。这说明宁夏的流通产业的流动资产变化比较大。从图 9 - 5 - 1 可以清晰地看到各指数的排名变化趋势。

下面从 2012 年各二级指标的雷达图来分析其对总指数的贡献。

从图 9 - 5 - 1、图 9 - 5 - 2 可以看出，对宁夏地区流通发展总指数贡献最大的二级指标是发展现代化指数，发展支撑力指数、发展现代化指数、发展国际化指数、发展绩效化指数对指数的影响都是正值，其正向拉动点数分别为 20.71、45.01、7.17、5.58。这说明宁夏回族自治区与外商的合作不够，在流通领域应该大力吸引外商投资，加大出口，增加开放度。

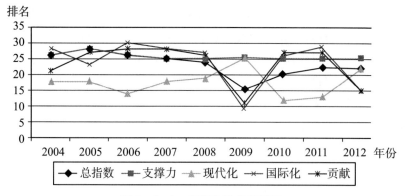

图 9 - 5 - 1　各指数排名趋势图

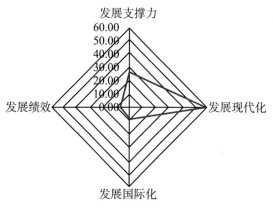

图 9 - 5 - 2　各二级指标雷达图

二、影响流通产业发展的各因素分析

(一) 流通发展支撑力

流通发展支撑力通过人均社会消费品零售总额、流通产业全社会固定资产投资额、财富流通里程强度等指标来体现。2003～2012 年间,宁夏的社会消费品零售总额从 120.80 亿元升至 548.80 亿元,增长了 354.30%。限额以上的流通产业的固定资产投资额 2012 年比 2003 年增加了 155.94 亿元,增幅为 370.76%。宁夏的城镇人均可支配收入由 2003 年的 6 530.48 元升至 2013 年的 19 831.41 元,增加了 13 300.93 元,农村人均纯收入在十年间增长了 4 137.02 元,增幅为 202.47%。

2012 年三级指标在流通发展支撑力基础指数中所占份额的贡献情况如图 9－5－3 所示，人均社会消费品零售总额、流通里程强度对发展支撑力基础指数的促进作用为正，而流通产业固定资产投资额占比对发展支撑力基础指数的促进作用为负，说明流通产业固定资产投资额相对于全社会固定资产投资额来说，值还是比较低的，几乎没有促进作用。其各自的拉动点数分别为 4.53，0.83，－1.52。

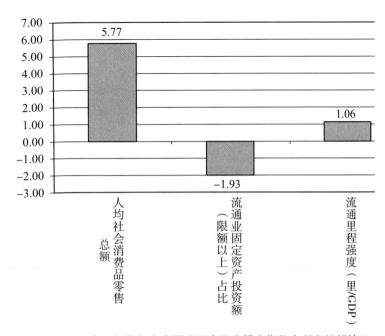

图 9－5－3　各三级指标在宁夏流通发展支撑力指数中所占份额情况

（二）流通发展现代化

流通发展现代化分为技术现代化、业态现代化和城乡一体化。技术现代化指标有人均流通资本投资额、电子商务成交额占比以及资产总额占比；业态现代化从物流配送化程度、连锁经营化程度和人均连锁经营规模来看；城乡一体化用乡镇连锁覆盖率表示。其中人均流通资本从 5 个行业的全社会固定资产投资来看。物流配送化程度从连锁零售业统一配送商品购进额和零售业销售总额来体现；连锁经营化程度用连锁经营销售额和零售业销售总额来表示，人均连锁经营规模用连锁经营销售额和地区常住人口体现。

从绝对值来看，在 2003～2012 年间，宁夏的批发和零售业的全社会固定资产投资额由 11.90 亿元增至 53.55 亿元，连锁零售企业统一配送商品购进额由 15.32 亿元增加至 152.90 亿元，连锁零售销售额十年间增加了 137.58 亿元，这些成绩的取得，使得宁夏流通产业发展技术现代化和业态现代化两方面的在绝对量上有了较大的提高。

从贡献率来看，2003～2012 年间，人均流通资本的贡献率由 2003 年的 -25.47%，变为 2012 年的 39.57%，表示人均流通资本对发展支撑力的主要贡献由负向转为正向，是其进步之处。2012 年人均流通资本的贡献点数为 31.19，表明 2012 年人均流通资本对发展支撑力的贡献为正，也就是说它对发展支撑力指数起着正向推动作用。业态现代化指数中，物流配送化程度、连锁经营化程度及人均连锁经营规模对其贡献有正有负。其中 2012 年物流配送化程度对业态现代化指数的贡献点数为 0.96，连锁经营化程度对业态现代化指数的贡献点数为 -0.92，人均连锁经营规模对业态现代化指数的贡献点数为 19.97。

（三）流通发展国际化

流通发展国际化指数从外向度及开放度两方面来表示，外向度主要由人均商品出口额表示，开放度从流通产业实际利用外资占比、外资商业销售额占比、外资住宿餐饮营业额占比来体现。

从绝对量上来看，宁夏的商品出口额由 2003 年的 51 195 万美元升至 2012 年的 164 112 万美元，增长幅度为 220.56%。外资批发业销售额由 2003 年的 0.13 亿元增至 2012 年的 4.13 亿元，增长了 4 亿元，外资住宿餐饮营业额 2012 年比 2003 年增加了 1.59 亿元，住宿餐饮业营业额 2012 年比 2003 年增加了 16.58 亿元。这些绝对量的增长对发展国际化指数的构成起到了举足轻重的作用。

影响宁夏 2012 年流通产业开放度指数的各指标在其中所占份额的贡献情况如图 9-5-4 所示。

流通产业实际利用外资占比贡献率为正，外资商业销售额占比与外资住宿餐饮营业额占比贡献率为负。说明外资批发零售、住宿餐饮业开放度不高，需要加强与外商的合作。

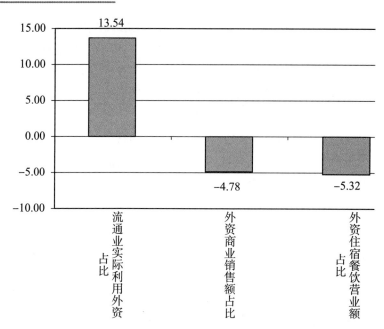

图9-5-4　各指标对宁夏流通发展开放度指数的贡献情况

（四）流通发展绩效

其中效率从流动资产周转率、库存周转率、物流费用来看；社会经济贡献从流通产业增加值占 GDP 比重、拉动倾向、促进倾向、就业贡献率、税收贡献来体现。

宁夏在 2003~2012 年间的变化如下：2012 年流通产业流动资产总额达 297.10 亿元，2003 年为 33.80 亿元，2012 年比 2003 年增长了 778.70 个百分点；2012 年批发和零售业主营业务收入达 903.20 亿元，比 2003 年增加了 830.90 亿元。2003~2012 年间，宁夏流通产业增加值由 74.16 亿元上升至 428.35 亿元，就业人数增加 1.62 万人。因此，从总量上看，宁夏流通产业在 2003~2012 年这十年间的发展效率及其对社会经济的贡献都有所提高。

2012 年构成社会经济贡献指数的各指标在其中所占份额的贡献情况如图 9-5-5 所示。

宁夏回族自治区流通产业社会经济贡献指数各三级指标对其的贡献除了拉动力均为负值，拉动力对社会经济贡献指数的贡献点数为 0.17。其中促进力指数负向拉动力最大，就业贡献率负向拉动作用相对较小。这与流通产业增加值占社会消费品零售总额的比重较小有很大的之间关系，宁夏流通产业增加值的贡献比较低，需要加快宁夏流通产业的发展。

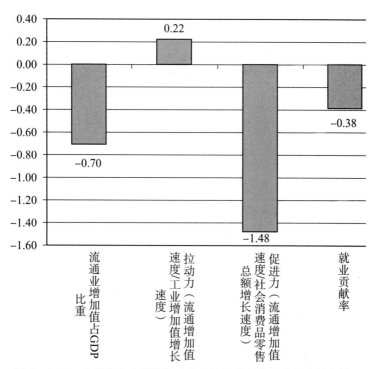

图 9 - 5 - 5　各指标在宁夏流通业社会经济贡献指数中所占份额情况

三、相对优势及相对劣势分析

为了分析宁夏自身的四大要素发展状况，我们将宁夏的四大要素按平均排名排序，并将处于第一名的要素称为宁夏流通发展力的相对优势要素，将排名第四的称为该省的流通发展力的相对弱势要素。

从表 9 - 5 - 2 中可以看出，宁夏流通发展力的相对优势要素是流通发展现代化，而相对弱势要素是流通发展支撑力。

表 9 - 5 - 2　　宁夏流通发展力四大要素平均排名

排名　　指数	支撑力	现代化	国际化	绩效
平均排名	25.56	17.67	23.89	23.33

第十章　结论与展望

　　流通产业发展是我国经济发展的重要内容，是经济增长方式快速转变的重要途径，它的发展状况是影响国民经济运行的重要因素。本书构建了我国流通发展的综合评价指标体系，以中国流通发展指数刻画其发展的轨迹，寻找短板和发展方向。

　　本书主要通过综合评价分析方法对全国及 30 个省区市 2003~2012 年的流通发展综合指数进行了测算。测算首先从整体角度，对我国流通发展状况进行了总体性的分析；其次从要素结构角度，进一步对我国流通产业发展的构成要素（流通发展支撑力、发展现代化、发展国际化、发展绩效）分别展开了具体的分析，以便对流通发展指数的构建有更进一步的理解；最后从区域角度，将我国 30 个地区分为华北地区、东北地区、华东地区、中南地区、西南地区、西北地区六个区域分别详细分析了各个省市区的流通发展状况和其影响要素。通过测算和分析，本书得到以下主要结论。

一、 流通资源集聚产生的支撑力是促进中国流通发展的重要力量

　　2012 年流通支撑力拉动中国流通指数提升 50.83 个百分点，贡献率达 13.64%，是中国流通产业得以快速发展的重要促进力量。

（一）流通发展基础支撑能力逐年增强

　　2012 年流通基础指数值为 310.70，是 2003 年的 3 倍多，对中国流通产业发展的贡献率也稳步上升，2012 年贡献率达 7.07%，拉动中国流通发展指数 26.34 个百分点，为 2003 年来最高水平。从具体构成来看：

1. 城乡居民的购买和消费能力大幅提高。人均社会消费品零售总额指数逐年稳定递增，从 2004 年的 113.42 上升到 2012 年的 382.19，是 2003 年的 3 倍多。2012 年该指数拉动中国流通发展指数提升了 8.82 个百分点，贡献率达 2.37%，这表明我国居民消费水平大幅提高，消费市场发展稳步上升，且表现出明显的扩张趋势。

2. 流通产业固定资产投资额逐年上升，但在总投资中占比逐年下降。尽管流通产业的固定资产投资近年来有较大幅度上升，2012 年达 53 014 亿元，比 2011 年（为 44 513 亿元）提高 8 501 亿元。但是流通产业固定资产投资额占比指数波动起伏较大，2012 年仅为 95.27。因此，虽然商贸流通产业固定资产投资总额不断提高，但其在固定资产投资中占比呈现下降趋势，从而拉低了中国流通发展指数 0.15 个百分点。

3. 流通里程强度指数呈上升趋势，流通布局优化。流通里程强度指数值在 2006~2012 年期间呈上升趋势，2012 年指数值为 167.49，是 2003 年的 1.5 倍，表明每单位流通里程所创造的 GDP 逐年上升，2012 年所创造的 GDP 为 2003 年的 1.5 倍，说明生产布局与流通网络布局日趋协调合理。

4. 东部地区商贸流通发展基础排名位居前列。2012 年基础指数排名前十位的省市依次是北京、天津、上海、江苏、浙江、广东、山东、福建、内蒙古、吉林；排在最后十位的省市是陕西、广西、安徽、江西、宁夏、云南、青海、新疆、甘肃、贵州。可以发现，整体上经济较发达或中等水平的地区，流通产业的基础指数排名较靠前，经济较落后的地区排名较靠后。

（二）流通发展潜力巨大，潜力指数增长较快，为 2003 年的 2.95 倍

潜力指数从 2004 年的 111.59 持续上升至 2012 年的 295.93，为 2003 年的 2.95 倍。对中国流通产业发展的贡献也逐年快速上升，2012 年拉动 24.49 个百分点，贡献率达 6.57%，均为 2004 年以来最高。而且，农村居民纯收入增长速度高于城镇居民可支配收入，除了说明我国的居民收入不断增强外，也反映出我国流通市场的发展潜力越来越大，尤其是农村市场的发展潜力增大，有利于带动未来的流通产业快速发展。

2012 年潜力指数排名前十位的省市依次是上海、北京、浙江、天津、黑龙江、江苏、广东、福建、山东、辽宁；排在最后十位的省市是四川、

山西、广西、宁夏、陕西、新疆、云南、青海、贵州、甘肃。从地域结构来看，上海、北京、浙江、天津、江苏、广东、福建位于中国的东部沿海地区，改革开放以来经济率先发展起来，拥有中国最好的基础设施，交通比较便利，经济发达，城镇居民家庭人均可支配收入和农村居民家庭人均纯收入不仅较其他地区偏高，而且增长速度较大，故表现出较高的潜力指数。然而，山西、广西、宁夏、陕西、新疆、云南、青海、贵州、甘肃位于中国中西部内陆地区，交通不便利，经济不发达，城镇居民家庭人均可支配收入和农村居民家庭人均纯收入普遍较低，故这九个省份的发展潜力综合水平的潜力指数值比较低，在全国排名靠后。

二、现代化水平提高是中国流通产业得以发展的核心

流通现代化指数反映流通产业发展的现代化程度，主要从技术现代化、业态现代化和城乡一体化三个方面进行测度。2012 年流通现代化拉动中国流通指数提升 61.02 个百分点，贡献率达 16.38%。

（一）现代化的信息技术在流通产业中得到广泛应用

技术现代化指数总体呈上升趋势，且增长速度较为快，技术现代化指数在 2004 年之后均在 150 以上，2012 年技术现代化指数已经达 296.84，技术现代化拉动 16.39 个百分点，贡献率 4.40%，说明国家实施的以信息技术改造传统产业的政策，推动信息等现代技术在流通产业中广泛应用，流通产业已逐步由传统产业向现代高技术产业升级。

从技术现代化指数的构成指标来看，流通产业中人均拥有的固定资产指数缓慢上升，对流通发展的贡献率呈下降趋势，2012 年仅为 2.34%，拉动 13.01 个百分点。

（二）业态现代化指数表现出量在扩大，质下降的态势

业态现代化指数主要反映新型流通方式及组织方式的应用，2003～2012 年间，业态现代化指数呈稳步上升变化趋势，2012 年业态现代化指数贡献率偏低，为 4.92%。

从构成要素看，近年来，人均连锁经营规模呈现大幅度上涨趋势，贡献率达到 5.19%，拉动 19.32 个百分点，但相应的物流配送化程度和连

锁经营程度却呈现下降趋势，说明零售总额在规模总量扩张的同时，业态现代化配送质量还需要大幅度提升。

2012 年业态现代化指数最大的三个省份是北京、上海、江苏，指数值分别约为 1 222.11、1 105.58、723.49；业态现代化指数最小的三个省份是青海、内蒙古、贵州，分别为 62.32、14.68、8。从区域结构上看，我国华北和华东地区的省市业态现代化指数普遍靠前，然后是中南地区和个别省市如新疆，华中地区的湖南、山西、河南、陕西处于中下位置，处于最后的主要是西北、西南及东北地区，我们认为沿海地区及直辖市的经济发展较快，相应地，人们的生活要求及形式较为多样化，故现代化流通产业发展迅速。

三、国际化是中国流通发展指数得以提升的关键

流通要素跨国界流动是内外贸一体化的重要表现，流通国际化是一个双向过程，可以将其概括为走出去的外向度（外向国际化）和请进来的开放度（内向国际化）。前者是国内企业通过各种形式参与国际流通市场竞争，使企业经营具有国际化特征；后者是外国流通企业进入国内市场，使国内市场竞争呈现出国际化特征。2012 年流通发展的国际化指数达到 1 077.41，拉动 244.35 个百分点，贡献率达到 65.5%。2004 ~ 2012 年，开放度指数波动幅度小于外向度指数，但从贡献率来看，外向度指数一直高于开放度指数，2012 年两者分别为 61.75% 和 3.84%。

（一）流通产业走出去的步伐越来越大

流通产业外向度指数整体呈上升趋势，2012 年外向度指数是 2003 年的 19.4 倍，对中国流通产业发展指数的贡献也逐年上升，2012 年拉动总指数上升 230.05 个百分点。但同时在对外投资中所占比重波动较大，总体呈下降趋势，影响外向度指数。

2012 年外向度指数排名前 6 位的省市有上海、广东、江苏、浙江、天津和北京；排名最后 6 位的省市依次为山西、湖南、内蒙古、贵州、甘肃、青海。其中排名前 6 位的省市均处在我国东部地区，而排名靠后 6 省市中有 5 个处在我国中西部地区。此外，上海、广东、江苏、浙江、天津和北京连续 9 年排名前 6 名，各年相对排名稍有变动，但依然稳居前 6

名。上海作为金融、贸易和产业中心，是连接东亚、东南亚和中国大陆经济的枢纽，具备强大的经济辐射力。广东位于珠三角，直接毗邻港澳，具备发展对外贸易的优势，外向型经济特征明显。江苏东临黄海、太平洋，地跨长江、淮河南北，京杭大运河从中穿过，与上海、浙江共同构成的长江三角洲城市群已成为国际 6 大世界级城市群之一。截至 2013 年底，江苏有省级以上开发区 131 家，其中国家级开发区总量达 38 个，全省海关特殊监管区域（场所）数量达 21 个，继续保持着中国海关特殊监管区域（场所）数量最多、功能最全、发展最好的领先优势，并与多个国家和地区有港口贸易往来，这为流通产业的发展带来了很好的机遇。而贵州、甘肃及青海三省受地理环境和经济发展水平的限制，主要以农业发展为主，其流通产业发展水平还有待提高。

（二）流通产业对外开放带动国内企业竞争力提高

2004 ~ 2012 年，全国开放度指数总体呈直线上升趋势，最大值为 2012 年的 214.42。流通产业实际利用外资逐年上升，2012 年达到 1 363 720 万美元，在实际利用外商投资额中占比达到 12.2%，拉动中国流通发展指数提高 7.79 个百分点，贡献率为 2.01%。外商投资企业批发和零售企业销售额逐年递增，2012 年达到 36 138 亿元，但是在总销售额中占比从 2008 年（为 10.7%）后呈下降趋势，2012 年仅为 8.8%。究其原因来看，外商投资批发和零售企业主要集中在大城市，近年来中小城镇及农村消费上升较快，这些主要由内资批发和零售企业承担，也说明内资批发和零售企业的竞争力在逐步提高。外资住宿和餐饮业营业额比 2011 年有所下降，在总住宿与餐饮业营业额中占比从 2009 年起呈下降趋势。

2012 年开放度指数大于 300 的地区仅有 2 个，分别为上海和陕西；广东、福建及北京的开放度指数也只大于 200，排名在前五；浙江、江苏流通产业开放度指数分别位列第 11 名及第 13 名，处于中等水平。从区域结构来看，前 15 名中，东部地区占据 5 席，中部地区占据 4 席，西部地区占据 3 席，东北地区占据 3 席。

四、提升流通发展绩效是重中之重

发展绩效指数缓慢上升，2012 年指数值达到 165.48，为中国流通发展指数拉高了4.39个百分点, 贡献16.37%。

(一) 流通效率需要进一步提高

2012年流通效率指数为114.03, 比2003年上涨了14个百分点。制约因素主要表现在流动资金周转率提高不大, 2012年仅为1.56, 较以往年份差别不大。库存周转率2012年为1.44, 高于往年 (2011年和2008年除外, 分别为1.91和2.05), 这说明我国流通效率还需要提高。

2012年甘肃、陕西、天津的流通效率指数分别排在前三名, 分别位于西北、华北三个地区。四个直辖市中天津、上海、重庆排在前列, 而北京排名较为靠后。

从区域上看, 西北、东北、中南及华东等地区各省份的流通效率指数均较高, 西南地区各省份的流通效率指数较低。相对来说, 西南地区的省份的流通成本较高, 流通效率较低。西北地区近年来发展迅速, 尤其是甘肃和陕西两省: 甘肃的流动资产周转率指数和库存率指数均排在首位, 陕西分别排在第5位和第2位, 因此两省的流通效率指数领先于其他省份。东北地区是老工业基地, 经济处于快速发展中, 流通效率指数较高, 其中辽宁的效率指数居第9位, 主要是由于辽宁的流动资产周转率指数为137.23, 排在第6位, 带动了流通效率指数的提高。中南地区除河南之外, 流通效率指数均较高, 尤其是海南和湖南, 主要是由于这三个省近些年经济发展较为活跃, 交通便利, 商贸经济发展迅速, 而河南的库存率指数居于末位, 造成了流通效率指数偏低。华北地区各省份的排名波动较大, 内蒙古排在第5位, 其库存周转率指数为242.6, 居第4位, 主要是由内蒙古的资源优势促进了流通的发展。

(二) 对社会经济的贡献稳步上升

社会经济贡献指数波动上升, 2012年达216.93, 拉动中国流通发展指数3.51个百分点, 贡献率达14.62%。

2012年商品销售税金及附加费占比指数是最大亮点, 指数达389.20, 拉动中国流通发展指数7.23个百分点; 流通产业对工业增长的拉动效应也较大, 指数值为316.88, 拉动了1.46个百分点; 流通产业GDP的比重也在逐年增加, 2012年贡献率为 -0.12%, 这是由于流通增加值的增速低于社会消费品零食总额的增长速度, 使得促进消费的能力较上年下降。

流通产业促进就业的能力一致是第三产业中最高的，2012 年正向拉动就业 2.63 个百分点。

从区域结构上看，排名前十位的省市中，华东地区和华北地区经济较为发达，商贸流通较为发达，商业氛围较为浓厚，商品流通体系完善，流通产业对社会经济发展的贡献度较高，中南地区排名普遍靠前，社会贡献指数较高，尤其湖南和海南，分别排在第 1 和第 2 位：湖南流通产业的就业贡献率排在首位，海南的流通产业的拉动倾向指数居第 2 位。

五、结论与展望

流通产业发展是促进消费和拉动生产的重要途径，本书通过构建我国流通产业发展指数模型研究发现：整体上我国商贸流通发展支撑力越来越强，但是分布不均衡，中东部地区基础条件较好，西部欠发达地区尚有待加强。就技术现代化来讲，现代信息技术在商贸流通产业中得到普遍应用，使得信息化程度和业态现代化程度较高；就国际化而言，流通产业走出去的步伐越来越大。外商投资企业的批发零售销售额虽然逐年递增，但是在总销售额中占比呈下降趋势，说明内资企业的竞争力越来越强。

同时还发现，人均连锁经营规模在呈现大幅度上涨的同时，相应的物流配送化程度和连锁经营程度却呈现下降趋势，说明零售总额在规模总量扩张的同时，物流配送环节还存在制约因素，这可能是流通产业未来发展的障碍。提升流通发展的绩效，特别是拉动生产和促进消费能力，是未来发展的关键。

此外，目前对商贸流通理论的研究尚需加强，如流通产业的范围、统计制度等，也是阻碍深入认识流通发展及其作用的障碍。

附 录 主 要 数 据

一、中国流通发展总指数

表1 中国流通发展总指数

年份地区	2004	2005	2006	2007	2008	2009	2010	2011	2012
北京	245.51	302.55	318.47	366.59	396.31	433.25	447.80	491.76	493.97
天津	276.29	289.39	393.97	408.09	392.39	399.54	469.94	454.40	475.81
河北	58.99	79.34	94.81	102.87	124.50	133.69	141.84	181.26	193.40
山西	61.51	78.81	71.06	79.26	92.42	108.50	126.92	137.66	163.67
内蒙古	77.20	100.66	110.25	124.24	147.18	177.49	195.17	211.05	201.85
辽宁	116.69	128.15	138.77	160.38	180.38	184.48	210.39	245.59	274.78
吉林	67.64	75.85	75.26	88.98	120.19	129.39	152.95	148.91	166.83
黑龙江	69.70	73.13	86.66	90.17	106.84	109.46	129.86	169.03	189.30
上海	450.00	539.99	581.32	683.43	739.62	642.31	716.73	772.97	782.15
江苏	150.20	189.84	237.17	273.77	318.73	319.43	382.71	429.28	448.48
浙江	165.54	192.87	224.56	249.73	279.47	278.46	316.99	364.97	399.09
安徽	83.73	77.41	83.96	75.94	78.55	76.03	111.02	117.85	151.97
福建	140.63	148.22	171.33	199.34	220.35	238.92	277.89	319.07	338.04
江西	95.96	110.03	137.40	115.48	126.96	158.19	195.85	203.57	222.35
山东	104.36	117.39	128.03	143.55	172.91	185.93	228.53	253.06	275.03
河南	89.98	102.65	76.30	81.21	85.65	99.23	130.41	145.43	168.87
湖北	98.51	104.53	119.59	127.14	148.47	158.73	176.94	194.52	210.91

续表

地区＼年份	2004	2005	2006	2007	2008	2009	2010	2011	2012
湖南	61.86	82.60	100.38	102.57	112.14	132.72	140.57	157.31	166.51
广东	215.25	237.43	279.44	312.41	340.87	342.92	382.21	431.74	459.98
广西	99.85	97.20	108.89	118.20	141.67	157.76	185.73	197.83	210.26
海南	90.16	90.70	113.19	123.97	109.28	104.91	138.49	138.16	194.58
重庆	79.75	90.56	96.20	111.17	123.52	140.00	161.37	199.65	231.26
四川	64.60	71.12	75.41	82.09	101.47	129.78	152.27	173.01	193.69
贵州	56.51	76.01	82.56	83.29	85.65	95.02	101.67	108.25	122.97
云南	71.44	90.87	84.57	91.30	91.97	124.21	137.79	151.72	147.82
陕西	107.70	103.16	108.39	125.28	141.43	177.95	152.28	189.25	205.47
甘肃	83.73	77.41	83.96	75.94	78.55	76.03	111.02	117.85	151.97
青海	78.62	75.41	87.38	93.06	92.82	102.02	112.50	119.20	156.22
宁夏	63.67	75.03	80.38	86.69	99.03	153.17	143.37	152.50	178.47
新疆	72.61	85.37	107.73	133.31	168.88	150.79	168.46	197.46	229.58

二、中国流通发展二级指数

表2　　　　　　　　　　中国流通产业基础指数

地区＼年份	2004	2005	2006	2007	2008	2009	2010	2011	2012
北京	325.57	393.27	384.25	444.54	514.74	547.65	595.13	649.48	711.16
天津	617.46	617.96	604.21	619.74	613.85	575.80	582.40	599.84	624.36
河北	72.16	83.98	89.71	95.07	100.53	116.41	132.11	190.69	209.15
山西	81.71	93.71	86.45	95.28	110.28	133.81	147.50	164.19	175.91
内蒙古	71.02	107.20	106.29	117.66	135.92	158.49	181.61	205.34	225.39
辽宁	139.84	153.97	143.19	159.89	186.15	207.08	240.42	193.93	214.25
吉林	96.73	105.97	97.62	111.42	130.96	151.00	173.68	199.43	225.24

年份 地区	2004	2005	2006	2007	2008	2009	2010	2011	2012
黑龙江	96.09	104.07	94.48	103.36	118.24	135.72	150.93	163.47	178.07
上海	469.67	484.99	450.33	396.24	415.92	470.95	477.12	491.65	501.72
江苏	149.13	178.49	170.31	191.96	222.92	249.53	285.87	329.42	367.50
浙江	193.80	225.99	191.95	212.97	237.78	260.06	295.18	336.01	367.30
安徽	84.26	87.95	75.45	81.46	88.80	99.66	114.69	133.67	145.78
福建	121.68	135.22	133.93	153.62	174.90	201.27	231.16	259.27	286.82
江西	87.30	92.70	81.38	82.81	87.92	98.64	111.63	126.83	140.22
山东	148.07	178.07	133.58	153.47	182.44	202.63	232.98	264.39	290.46
河南	116.23	130.35	94.04	94.93	105.92	115.38	134.90	152.00	169.49
湖北	105.08	109.05	110.92	122.05	136.46	152.77	170.42	191.92	213.15
湖南	83.76	98.82	89.22	99.02	116.13	134.20	140.19	160.94	173.37
广东	158.06	181.58	175.15	195.61	228.03	251.79	280.06	315.99	338.88
广西	78.28	87.41	82.43	92.23	104.53	115.03	135.10	148.45	164.52
海南	80.05	86.50	111.12	127.21	135.44	140.51	153.98	157.15	176.91
重庆	100.00	108.40	86.14	95.49	111.22	129.51	142.88	163.57	185.54
四川	78.52	83.91	84.81	89.68	100.30	115.42	133.71	153.19	168.67
贵州	68.65	72.99	62.50	63.24	71.29	81.25	90.03	94.12	103.02
云南	66.84	79.26	79.31	78.07	76.47	87.66	109.42	121.35	119.75
陕西	91.69	106.95	101.99	104.75	111.94	117.91	131.65	152.97	164.76
甘肃	82.58	88.67	75.88	67.05	70.66	74.15	84.77	95.72	105.77
青海	72.27	77.45	77.96	84.90	91.57	90.65	96.96	98.11	117.20
宁夏	73.49	73.13	71.53	73.46	86.96	94.07	110.29	121.98	130.76
新疆	71.21	81.99	72.18	70.60	81.82	90.50	98.99	102.62	110.47

表 3　　　　　　　　　　　　中国流通产业潜力指数

年份 地区	2004	2005	2006	2007	2008	2009	2010	2011	2012
北京	209.94	244.26	282.27	312.04	350.84	386.35	424.46	475.17	529.39
天津	163.39	180.99	203.05	230.20	265.47	291.96	335.47	393.82	442.28
河北	107.39	120.13	133.31	150.86	170.77	185.06	209.59	243.71	275.34
山西	96.02	107.73	119.83	138.15	155.55	163.53	182.66	213.77	241.67
内蒙古	97.64	110.91	124.85	148.43	173.96	187.69	209.89	247.08	281.76
辽宁	110.32	124.11	139.19	163.61	191.27	206.63	236.25	278.99	315.98
吉林	103.47	113.53	127.12	146.52	169.77	183.07	209.89	248.24	283.21
黑龙江	101.39	110.24	121.93	139.26	160.93	173.44	200.20	371.44	420.54
上海	233.20	267.31	296.23	332.85	375.57	408.21	454.43	519.93	576.66
江苏	152.51	173.31	193.97	221.76	250.51	273.90	309.27	361.48	407.81
浙江	199.19	223.15	247.65	279.02	310.65	336.06	376.98	432.01	481.38
安徽	91.99	100.35	114.28	135.52	156.80	169.02	193.95	228.64	260.61
福建	143.93	157.58	173.36	195.76	224.15	242.91	270.16	314.38	355.63
江西	97.75	110.53	122.33	144.71	165.50	179.52	201.74	234.66	266.50
山东	122.58	138.36	155.25	179.24	203.80	221.79	251.00	293.58	332.12
河南	94.16	105.89	120.08	141.18	163.02	176.48	199.34	233.30	264.13
湖北	102.45	110.95	123.05	144.01	166.41	180.80	205.98	239.97	272.70
湖南	104.97	115.66	126.63	147.00	167.61	182.63	204.97	236.43	267.69
广东	163.67	176.61	191.38	211.69	238.49	259.03	291.49	337.44	379.42
广西	95.24	102.38	111.25	133.48	153.85	167.09	187.34	211.02	239.92
海南	99.38	105.22	117.52	137.19	158.12	171.62	192.55	231.32	264.70
重庆	102.29	114.02	123.08	141.22	163.47	178.34	204.09	243.07	276.33
四川	93.53	102.93	112.43	133.13	153.14	166.76	188.24	222.50	253.34
贵州	76.04	83.90	91.65	108.29	122.73	133.22	149.67	176.39	200.99
云南	87.90	93.62	102.34	118.07	137.36	149.37	170.16	199.67	227.66
陕西	79.81	87.96	97.79	113.95	135.69	148.93	170.90	203.55	232.24
甘肃	78.85	85.48	93.34	103.50	116.67	127.23	143.14	163.00	187.19
青海	80.53	88.58	98.09	111.82	127.07	138.71	155.42	179.96	205.96
宁夏	86.84	95.61	106.79	124.74	146.51	159.96	179.70	206.90	234.88
新疆	87.09	94.49	104.55	121.56	134.26	146.39	169.05	195.33	227.68

年份 地区	2004	2005	2006	2007	2008	2009	2010	2011	2012
北京	30.00	40.53	57.73	71.45	85.56	85.54	93.21	92.77	108.91
天津	66.08	101.36	122.27	186.59	214.45	382.12	493.80	522.79	597.67
河北	91.21	137.97	190.46	227.80	244.71	274.73	340.50	404.93	448.46
山西	55.52	68.63	71.69	83.43	105.83	236.42	291.33	303.38	328.64
内蒙古	137.80	210.32	236.06	278.09	290.52	495.81	632.85	648.91	696.57
辽宁	90.35	119.06	180.35	219.88	276.05	324.84	424.86	407.12	552.68
吉林	45.02	90.53	122.27	169.73	232.75	327.06	392.37	348.88	445.06
黑龙江	39.66	53.87	74.53	92.37	133.15	217.30	267.98	236.16	269.03
上海	59.40	88.38	120.38	155.17	157.78	173.43	136.90	99.58	101.53
江苏	121.41	144.66	192.16	214.48	266.06	355.76	412.16	440.20	535.52
浙江	162.72	200.35	212.75	199.90	188.72	223.57	231.22	222.21	275.51
安徽	94.60	123.46	171.26	215.19	227.97	318.10	351.62	344.49	448.89
福建	106.82	136.86	180.73	257.16	296.36	410.08	511.23	441.33	482.19
江西	142.00	172.57	197.59	215.05	214.34	371.54	493.83	422.67	475.92
山东	100.41	116.62	154.24	183.37	252.96	308.73	419.66	423.11	488.26
河南	73.54	102.38	126.30	124.73	155.67	206.74	296.39	350.12	457.09
湖北	73.00	87.86	133.52	178.68	190.10	277.81	352.05	361.31	409.96
湖南	75.97	119.02	138.77	166.48	213.69	341.90	363.60	437.51	455.31
广东	93.08	104.10	134.34	145.37	183.70	246.77	277.33	249.77	257.79
广西	75.57	93.31	113.11	154.39	211.63	308.36	416.91	391.15	503.56
海南	66.62	74.13	116.20	141.40	174.39	219.76	266.35	205.10	290.85
重庆	98.95	131.58	142.01	177.88	214.16	288.99	316.15	268.93	317.66
四川	106.23	104.10	137.26	152.82	219.95	424.62	547.84	596.08	682.08
贵州	84.15	91.14	106.69	118.71	173.42	235.66	309.99	329.90	407.97
云南	106.51	183.13	202.31	192.38	183.44	257.88	398.45	377.21	326.95
陕西	77.86	101.37	150.93	185.04	203.46	288.56	331.79	382.01	405.49
甘肃	79.21	96.59	106.70	99.37	119.75	157.45	229.75	285.61	379.00
青海	125.10	141.51	178.51	203.13	248.75	266.42	332.69	290.61	514.56
宁夏	114.60	110.34	128.48	125.10	177.71	215.16	328.28	320.00	300.37
新疆	103.23	130.05	117.31	111.57	150.11	212.41	252.32	209.82	268.32

表4　　　　　　　中国流通产业技术现代化指数

表5 中国流通产业业态现代化指数

地区＼年份	2004	2005	2006	2007	2008	2009	2010	2011	2012
北京	552.62	739.07	611.28	705.96	704.81	961.40	1 053.68	1 223.29	1 222.11
天津	223.60	231.52	231.69	229.05	325.14	423.47	545.45	577.57	576.62
河北	9.09	27.04	110.62	101.42	160.63	165.70	190.17	234.99	241.87
山西	19.76	26.02	52.53	41.52	55.24	100.65	104.85	147.59	168.50
内蒙古	48.35	146.85	154.16	173.53	219.93	233.83	271.00	298.19	14.68
辽宁	115.65	120.73	109.74	156.32	173.10	167.07	198.12	326.05	312.96
吉林	4.85	6.00	14.25	12.41	44.16	48.51	52.62	67.70	71.13
黑龙江	95.10	95.88	105.34	47.37	58.34	52.87	64.54	172.89	256.13
上海	635.70	976.10	830.27	1 079.06	1 183.14	1 052.26	1 065.74	1 136.68	1 105.58
江苏	258.10	334.61	467.31	519.37	568.15	598.12	682.54	786.32	723.49
浙江	174.79	213.08	264.73	308.94	359.13	354.24	374.36	450.77	483.95
安徽	104.42	246.03	275.83	267.43	240.99	226.50	261.31	325.43	339.19
福建	113.85	117.31	145.56	179.59	186.69	184.70	228.21	328.46	355.85
江西	76.41	175.94	327.66	145.84	195.37	185.57	307.05	340.93	344.09
山东	154.01	170.97	195.08	201.17	208.00	241.10	272.97	288.95	298.04
河南	25.41	28.11	62.16	82.76	53.71	72.78	82.82	95.63	106.34
湖北	87.36	117.50	127.75	122.24	204.39	201.39	214.09	259.70	324.71
湖南	37.97	123.29	140.11	162.66	191.63	176.22	173.79	179.08	188.97
广东	241.43	250.29	338.97	348.74	397.14	364.36	400.76	507.61	532.96
广西	155.58	155.54	201.92	182.85	185.45	128.51	227.06	253.86	278.90
海南	28.60	94.74	152.96	155.78	4.56	3.59	3.81	5.87	263.89
重庆	110.98	115.94	144.41	196.74	195.99	231.55	261.56	355.66	387.38
四川	42.01	50.63	35.15	45.46	67.12	63.79	66.10	77.46	80.53
贵州	88.04	185.08	184.28	151.41	13.47	7.64	10.61	6.48	8.00
云南	54.64	58.96	108.25	102.17	101.74	122.48	123.85	143.18	143.01
陕西	9.41	60.47	72.01	32.44	51.42	65.20	71.74	84.56	92.55
甘肃	40.56	103.66	138.30	122.95	89.58	151.27	179.03	62.99	120.78
青海	23.60	24.87	42.07	42.63	27.30	45.63	44.90	40.25	62.32
宁夏	36.02	124.85	173.14	189.41	151.88	96.50	290.34	338.98	259.74
新疆	14.74	35.33	160.04	239.21	247.28	274.73	285.89	399.84	465.19

表6　　　　　　　　　　中国流通产业外向度指数

地区 \ 年份	2004	2005	2006	2007	2008	2009	2010	2011	2012
北京	406.27	591.80	707.91	883.51	1 000.34	812.90	833.24	861.85	849.79
天津	600.48	774.13	918.69	1 006.95	1 055.74	717.83	850.94	968.05	1 008.26
河北	40.45	47.02	54.86	72.20	101.28	65.77	92.46	116.35	119.76
山西	35.67	31.01	36.17	56.77	79.99	24.42	38.80	44.53	57.30
内蒙古	16.69	21.77	26.14	35.75	43.34	27.78	39.78	55.69	47.02
辽宁	132.26	163.74	195.53	242.36	287.50	228.14	290.50	343.41	389.41
吉林	18.67	26.78	32.45	41.66	51.47	33.63	48.05	53.60	64.14
黑龙江	28.44	46.85	65.07	94.52	129.57	77.71	125.25	135.93	111.03
上海	1 181.23	1 415.41	1 845.42	2 282.90	2 641.22	1 891.78	2 314.28	2 633.90	2 560.95
江苏	342.96	477.87	617.85	777.44	904.29	752.12	1 013.82	1 166.96	1 223.19
浙江	343.50	446.53	577.13	725.69	862.39	720.09	974.12	1 164.84	1 204.20
安徽	18.64	25.00	33.00	42.48	54.62	42.74	61.45	84.41	131.73
福建	245.62	288.82	339.45	407.76	461.86	428.90	570.87	735.93	769.73
江西	13.73	16.69	25.51	36.76	51.78	49.03	88.66	143.74	164.42
山东	115.14	147.07	185.62	236.46	291.83	247.53	320.55	384.67	391.89
河南	13.35	17.65	22.60	28.67	38.84	27.27	38.23	68.08	100.11
湖北	17.50	22.87	32.43	42.29	60.46	51.44	74.35	100.04	98.98
湖南	13.68	17.47	23.68	30.23	38.88	25.28	35.71	44.28	55.98
广东	620.06	763.86	943.02	1 127.39	1 209.18	1 044.92	1 279.95	1 493.19	1 597.88
广西	14.39	18.20	22.45	31.60	44.99	50.86	61.43	79.09	97.42
海南	39.38	36.42	48.52	47.62	54.80	44.66	78.74	85.46	104.26
重庆	22.07	26.56	35.19	47.20	59.43	44.15	76.56	200.34	386.18
四川	13.46	16.88	23.91	31.23	47.59	51.05	69.06	106.40	140.43
贵州	6.55	6.79	8.15	11.49	14.78	10.53	16.28	25.38	41.92
云南	14.95	17.51	22.31	31.15	32.35	29.12	48.74	60.32	63.41
陕西	19.20	24.59	28.94	37.18	42.68	31.55	49.02	55.42	67.98
甘肃	11.56	12.64	17.48	19.20	18.51	8.49	18.87	24.83	40.88
青海	24.88	17.55	28.75	20.62	22.31	13.33	24.42	34.36	37.50
宁夏	32.41	34.01	46.02	52.48	60.04	35.05	54.50	73.81	74.80
新疆	45.77	73.95	102.70	161.91	267.06	147.83	175.04	224.65	255.49

表7 　　　　　　　　　　　中国流通产业开放度指数

年份 地区	2004	2005	2006	2007	2008	2009	2010	2011	2012
北京	179.10	160.04	219.31	241.65	197.69	249.11	256.55	298.07	223.40
天津	260.43	138.11	805.97	741.53	396.78	513.78	564.83	191.87	187.09
河北	17.53	59.32	28.94	20.85	32.10	41.49	53.32	67.59	54.92
山西	59.07	174.88	59.73	60.04	39.34	40.16	55.44	49.75	34.81
内蒙古	63.19	49.33	43.64	45.44	105.66	107.13	53.32	32.94	103.23
辽宁	133.62	125.02	126.24	112.71	106.16	97.58	86.17	185.60	194.30
吉林	88.44	118.28	33.66	34.60	69.17	109.21	151.51	82.42	62.23
黑龙江	53.76	53.59	85.25	84.38	98.23	83.47	75.98	82.21	97.65
上海	702.94	811.56	694.47	807.25	689.76	829.01	889.57	877.69	1 120.92
江苏	39.49	56.58	109.06	112.42	118.48	128.59	155.94	127.06	126.01
浙江	46.29	38.71	101.61	75.59	77.95	110.87	81.35	111.46	160.05
安徽	136.99	48.87	64.14	103.20	134.13	121.01	104.92	91.84	111.91
福建	152.31	151.59	162.22	180.99	199.47	236.96	193.75	263.57	239.23
江西	87.86	109.54	109.27	77.55	42.59	101.12	73.93	71.47	108.77
山东	36.29	42.14	45.78	42.15	48.60	75.07	96.00	122.75	129.31
河南	258.92	299.50	45.34	32.89	31.99	47.68	110.90	82.60	101.34
湖北	132.11	117.32	103.65	91.23	118.72	115.70	108.66	112.59	91.74
湖南	66.18	87.28	177.37	96.21	54.00	85.53	80.64	74.55	67.08
广东	166.42	156.40	174.17	189.52	216.37	238.11	244.13	252.78	254.34
广西	56.99	40.78	59.94	88.60	193.71	246.59	214.19	265.38	167.38
重庆	14.96	121.08	125.09	58.39	53.01	53.46	75.91	162.53	90.38
四川	39.55	50.98	51.29	48.08	78.15	58.78	62.28	84.56	78.18
贵州	23.93	27.56	50.98	83.91	126.93	112.25	76.56	67.46	66.80
云南	124.21	164.77	53.30	96.70	90.67	137.75	139.09	163.07	166.80
陕西	342.49	272.67	259.18	296.08	368.26	474.45	300.13	416.43	365.52
甘肃	170.53	10.87	65.13	1.58	35.35	46.74	109.24	128.50	26.89
宁夏	14.39	38.83	7.26	6.58	13.30	385.68	58.82	8.98	182.59

表 8　　　　　　　　　　　　中国流通产业效率指数

地区＼年份	2004	2005	2006	2007	2008	2009	2010	2011	2012
北京	104.65	79.83	91.91	86.58	79.23	74.84	79.22	80.65	83.53
天津	201.45	162.10	165.33	152.82	166.58	137.90	274.83	243.48	232.92
河北	100.46	96.67	103.45	106.11	140.78	65.09	57.65	136.46	130.88
山西	91.70	78.48	81.01	94.80	129.25	123.99	126.30	115.31	111.99
内蒙古	106.96	94.14	111.20	126.79	138.78	142.97	109.31	98.98	175.48
辽宁	146.86	151.14	150.81	165.06	156.30	133.78	138.07	156.42	137.40
吉林	130.94	86.19	110.02	133.06	201.50	120.11	140.04	134.60	121.70
黑龙江	76.41	64.33	87.61	90.63	96.64	96.83	82.31	105.85	99.93
上海	209.98	146.45	219.05	212.47	207.57	141.49	141.19	158.91	129.74
江苏	98.25	103.00	98.56	100.83	149.74	114.94	122.04	137.02	122.67
浙江	152.75	144.79	150.99	143.57	143.12	121.97	126.31	118.72	124.30
安徽	131.20	120.55	110.68	97.34	110.08	106.70	102.33	105.50	105.11
福建	115.76	126.83	132.53	117.34	110.89	94.39	100.63	102.81	101.88
江西	136.44	98.67	129.23	123.09	147.47	171.14	189.68	180.15	160.18
山东	113.46	100.46	103.85	100.16	120.46	114.05	135.11	145.33	150.31
河南	79.73	83.08	84.52	89.22	91.46	85.79	116.27	109.37	72.68
湖北	111.47	109.96	160.08	166.46	152.07	133.73	135.43	137.47	122.04
湖南	112.36	99.28	107.26	118.99	115.15	115.97	125.64	125.73	123.67
广东	128.60	139.90	138.58	145.95	129.89	119.87	125.20	119.77	116.02
广西	166.09	142.84	140.36	124.87	122.31	105.91	112.29	100.12	91.86
海南	0.00	0.00	0.00	0.00	115.02	116.84	147.63	137.56	136.59
重庆	92.66	80.46	114.94	123.79	133.02	137.85	151.25	134.92	124.24
四川	122.34	124.81	118.81	119.95	107.92	114.73	109.31	98.53	95.39
贵州	78.75	81.48	88.45	42.90	86.34	87.08	89.76	85.65	82.21
云南	83.39	74.59	73.10	68.51	69.10	62.16	64.66	71.71	76.08
陕西	136.91	131.72	146.70	183.03	121.38	140.11	101.77	154.55	244.81
甘肃	158.63	153.71	128.37	154.06	131.30	93.40	85.63	127.76	296.75
青海	0.00	0.00	0.00	0.00	95.31	111.07	102.11	164.71	165.63
宁夏	88.85	66.35	71.81	80.41	118.52	100.73	68.04	95.73	178.05
新疆	0.00	0.00	0.00	0.00	108.51	102.67	103.70	113.88	114.64

表9 　　　　　　　　　　中国流通产业社会经济贡献指数

地区＼年份	2004	2005	2006	2007	2008	2009	2010	2011	2012
北京	155.91	171.61	193.13	187.02	237.28	348.26	246.91	252.82	223.43
天津	77.42	108.95	100.51	97.82	101.08	153.43	111.80	137.79	137.26
河北	33.61	62.61	47.16	48.68	45.20	155.26	58.92	55.35	66.84
山西	52.65	49.98	61.05	64.11	63.86	44.99	68.48	62.73	190.57
内蒙古	75.94	64.78	79.71	68.27	69.31	66.21	63.61	101.29	70.67
辽宁	64.64	67.40	65.07	63.20	66.49	110.74	68.75	73.16	81.28
吉林	53.03	59.49	64.67	62.47	61.71	62.55	55.49	56.43	61.93
黑龙江	66.74	56.23	59.07	69.47	59.59	38.37	71.72	84.29	82.06
上海	107.84	129.74	194.45	201.50	246.01	171.33	254.61	265.43	160.13
江苏	39.74	50.21	48.17	51.88	69.64	82.48	80.07	85.81	81.66
浙江	51.30	50.40	49.68	52.18	56.05	100.78	76.40	83.79	96.00
安徽	122.15	148.27	113.51	114.34	118.75	96.32	111.62	112.07	111.86
福建	125.08	71.54	102.85	102.50	108.46	112.13	117.11	106.83	113.04
江西	126.18	103.57	106.21	98.06	110.68	108.95	100.27	108.12	118.73
山东	44.91	45.45	50.26	52.39	75.22	76.59	99.99	101.66	119.83
河南	58.50	54.28	55.33	55.29	44.61	61.70	64.40	72.34	79.80
湖北	159.12	160.76	165.32	150.14	159.17	156.17	154.54	153.13	154.01
湖南	153.81	125.40	114.83	117.45	112.18	161.27	129.22	128.96	138.10
广东	150.67	126.68	139.94	135.00	124.15	218.53	158.75	177.34	202.54
广西	156.63	137.14	139.69	137.59	116.85	139.71	131.51	133.59	138.51
海南	183.91	146.07	155.34	167.46	177.11	97.67	186.13	197.39	215.16
重庆	96.07	26.43	−1.28	48.70	57.86	56.20	62.61	68.20	82.35
四川	21.15	34.69	39.65	36.41	37.61	43.06	41.60	45.39	50.93
贵州	25.98	59.18	67.82	86.37	76.27	92.56	70.45	80.63	72.89
云南	33.08	55.10	35.66	43.39	44.65	147.28	47.94	77.23	58.88
陕西	104.26	39.54	9.61	49.76	96.62	156.91	61.27	64.54	70.39
甘肃	47.88	67.66	46.52	39.83	46.53	−50.47	37.79	54.41	58.52
青海	138.86	117.89	122.44	130.37	107.97	136.97	119.06	111.26	109.07
宁夏	62.76	57.10	38.05	41.35	37.34	138.17	56.98	53.61	66.55
新疆	106.53	96.62	101.17	99.87	94.95	83.94	87.68	108.91	139.34